# Warum Frauen den besseren Fußball spielen

NIA KÜNZER
BERND SCHMELZER

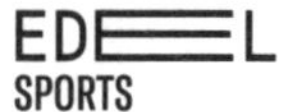

# INHALT

# PROLOG

Ein schmutziger Hinterhof in London. Dosenbier. Es ist längst dunkel in London. EM-Finale verloren. Sonntag, 31. Juli 2022. Wir hatten uns vor längerer Zeit schon mal über das Thema unterhalten. Aber nun wird die Idee konkret. Wenn nicht jetzt, wann dann? Diese kleine Sitzecke ist genau der richtige Ort, um die Entscheidung zu treffen: Okay, packen wir's an. Es gibt so viel zu erzählen, so unendlich viele spannende Geschichten, verbunden mit so vielen Emotionen. Seit 15 Jahren berichten wir über den Frauenfußball, national wie international. Und es hat immer großen Spaß gemacht, diese Sportart mit all ihren Protagonisten zu begleiten. Egal wohin auf der Welt. Der Frauenfußball, den wir intern eigentlich nur Fußball nennen, hat eine rasante Entwicklung hingelegt. Das Interesse ist größer denn je. Die Aufmerksamkeit hoch. Ach ja, in diesem Moment lagen uns noch gar keine

Einschaltquoten vom Finale in Wembley bei dieser famosen Europameisterschaft vor. England gegen Deutschland. Die Quoten gab es erst am nächsten Tag, wir erfuhren sie auf der Anreise zur Übertragung des Empfangs der Nationalmannschaft am Römer in Frankfurt: im Durchschnitt 18 Millionen Zuschauer in der ARD, in der Spitze über 20 Millionen. Zahlen, die uns fast ohnmächtig werden ließen, die gleichzeitig eine Bestätigung dafür waren, dass wir auf der richtigen Spur sind. Aber da stand unser Entschluss ja schon fest: Wir schreiben dieses Buch. Um den Menschen die Hintergründe aufzuzeigen, zu beschreiben, was den Fußball der Frauen wirklich ausmacht, welche Alleinstellungsmerkmale er hat, wo er herkommt und welche Chancen er bietet. Warum Mädchen so unfassbar gerne dem Ball hinterherjagen. Welche Bedeutung der Fußball für die Rolle der Frau in der Gesellschaft hat. Und, und, und …

Und dann kam Katar 2022. Im selben Jahr wie die Europameisterschaft der Frauen. Die Männer-WM der Superlative, die umstrittenste aller Zeiten. Nie zuvor wurde über ein Fußballturnier so politisch berichtet, gab es im Vorfeld und während der Spiele eine größere Ablehnung in Deutschland. Der Hashtag #boycottqatar trendete wochenlang in den sozialen Netzwerken. All das, was sich rund um diese Veranstaltung ereignete, hinterließ den Otto Normalfan ratlos. Ist das noch mein Fußball, fragen sich viele. Gibt es einen anderen, womöglich einen besseren Fußball? Wir schauen auf den Fußball der Frauen. Ganz objektiv. Aus zwei Perspektiven. Innensicht, Außensicht, wenn Sie so wollen. Von Frau und Mann. Oder andersherum. Das nehmen wir nicht so genau. Sie werden es im Verlauf der Lektüre sicher merken.

# DER GRUNDGEDANKE

## Tatsächlich der bessere Fußball?

Frauenfußball, was ist das eigentlich ganz genau? Google liefert zu dem Stichwort ungefähr 4 820 000 Ergebnisse binnen 0,44 Sekunden. Wikipedia beschreibt ihn als „die Sportart Fußball, wenn sie nur von Frauen ausgeübt wird. Das Regelwerk unterscheidet sich nach anfänglichen Abweichungen inzwischen nicht mehr von dem im ‚Männerfußball'. Der Frauenfußball galt zeitweilig als unangemessen und in vielen Staaten kämpft er noch immer um gesellschaftliche Anerkennung." Auch und gerade in Deutschland war das nicht anders. 1955 verbot der DFB den Frauenfußball. Begründung damals: aus Sorge um das weibliche Wohl und die Aufrechterhaltung der Moral. Wir kommen später noch darauf zu sprechen.

Insgesamt leben in Deutschland übrigens rund 42 Millionen Frauen, damit etwa eine Million mehr als Männer. Während die durchschnittliche Lebenserwartung der Frauen hierzulande bei 83,4 Jahren liegt, sind dies bei den Männern 78,6 Jahre. Es gibt also mehr Frauen, und sie leben auch noch länger als die Männer. Das sind bereits erste wichtige Indikatoren, warum die Rolle der Frau im Fußball möglicherweise häufig falsch gesehen wird. Oder warum die Bedürfnisse der Frauen nicht adäquat berücksichtigt werden. Oder ist das zu weit hergeholt? Was denken Sie? Bevor Sie das Buch weglegen, geben Sie ihm eine Chance. Am Ende kommt es womöglich ganz anders, als Sie denken.

Frauenfußball ist der bessere Fußball, behaupten wir im Titel dieses Buches. Der ehrlichere. Der Fußball, in dem der Sport im Vordergrund steht. Ohne dieses ganze Brimborium, diesen Finanzwahnsinn, bei dem es teilweise ja schon in den Milliardenbereich geht. Ohne diesen Größenwahn von bestimmten Personen, die einfach völlig die Bodenhaftung verloren haben. Die glauben, übers Wasser gehen zu können, und sich so immer weiter von den Fans entfernen. Das ist doch alles nicht mehr normal, denken mittlerweile selbst die Treuesten der Treuen. Wenn man die Zeitung aufschlägt, Radio hört, im Netz surft oder einen Bericht im Fernsehen anschaut, schlägt einem viel zu bald vor allem eines entgegen: Gier, Neid und Charakterlosigkeit. Das sind die Themen, die uns aus den Schlagzeilen anspringen. Und der Sport? Na ja, nebenbei natürlich auch. Aber fast schon an zweiter Stelle, überspitzt formuliert.

Stellen wir uns folgendes Gespräch vor:

„Hallo, Nia, wo erwische ich dich gerade? Am hauseigenen Pool deiner Finca oder bist du gerade in deinem Sportwagen unterwegs?“

„Haha, ich sitze im Büro hinter meinem Schreibtisch und arbeite.“

„Du arbeitest? Als Weltmeisterin? Du hast doch damals, 2003, das Golden Goal erzielt?“

„Ja, stimmt. Damals habe ich übrigens auch gearbeitet bzw. studiert. Einziger Unterschied: Ich war nebenbei noch Nationalspielerin. Aber auch diese Jahre habe ich genossen. Ich arbeite gerne.“

„Gab es denn keine Prämien, keine gut dotierten Werbeverträge, von denen du hättest leben können?“

Spätestens hier ist dieser ausgedachte Dialog an einem Punkt angelangt, an dem es etwas zu klären gilt. Obwohl wir das permanente Vergleichen mit den Männern in unserem Buch vermeiden wollen, dieser eine Vergleich muss sein. Denn das Geld ist einer der gravierendsten Unterschiede zwischen Frauen- und Männerfußball. Fakt ist: Frauen verdienen einen Bruchteil von dem, was beim anderen Geschlecht bezahlt wird. Ein Grundgehalt gibt es in der Bundesliga bis heute nicht, weder für Frauen noch für Männer, aber die Dimensionen sind völlig andere. Selbstverständlich üben Spielerinnen, die bei Topclubs unter Vertrag stehen, daneben keinen zweiten Beruf aus. Aber die Regel ist das nicht. Andere Länder sind da weiter. Viel weiter. Ein Equal Pay, wie es Bundeskanzler Olaf Scholz kurz nach der Europameisterschaft für die deutschen Nationalmannschaften forderte, ist auf absehbare Zeit allerdings nicht einmal in den kühnsten Träumen denkbar. Kommen wir zurück zu unserem Gespräch.

„Warum hast du dich überhaupt für den Fußball entschieden, Nia? Bei solchen Aussichten?"

> „Aus Begeisterung für den Sport. Das soziale Miteinander hat mir gefallen. Ich habe das gemeinsame Erlebnis von Siegen und Niederlagen genossen und das Reisen mit meinen Freunden, später Freundinnen. Es war wie eine nicht enden wollende Klassenfahrt. Und dazu noch sportlich aktiv sein! Das war einfach großartig."

„Aber ohne adäquates Auskommen? Ohne entsprechende Aufmerksamkeit, es sei denn bei Großveranstaltungen wie Weltmeisterschaften, Europameisterschaften oder Olympischen Spielen?"

> „Der Sport hat meinem Leben eine Struktur gegeben. Das prägt mich bis heute. Wir haben uns immer als Team

präsentiert, waren füreinander da, das war ganz wichtig. Eine Team zu sein, das habe ich beim Fußball gelernt und geschätzt. Der Berufswunsch Fußballerin ist bei den wenigsten das Ziel, wenn sie sich für diese Sportart entscheiden. Die Gründe sind andere, zum Beispiel die genannten. – Aber jetzt mal zu dir, Bernd: Warum kommentierst du so gerne Frauenfußball? Und das schon seit fast 30 Jahren?"

„Na, wegen der 20 Millionen Zuschauer beim EM-Finale! Nein, das war ja eine absolute Ausnahme. Grundsätzlich ist es wie bei dir: weil es Spaß macht! Tolle Menschen, angenehmes Miteinander, ob bei uns im Team oder in der Zusammenarbeit mit der Nationalmannschaft oder den Vereinen. Respektvoll-vertraulich. Das empfinde ich als außergewöhnlich."

„Und du wirst nicht schief angeschaut, nach dem Motto: Ach, der überträgt ja nur Frauenfußball? Für die Männer hat es wohl nicht gereicht ...?"

„Doch, diese Stimmen gibt es auch. Aber sie sind nicht die Regel. Inzwischen ist Frauenfußball voll akzeptiert. Und zwar von allen. Ein gutes Zeichen, finde ich. Und es war längst überfällig."

Was wir damit sagen wollen: Für uns ist der Fußball der Frauen die Mutter des Fußballs. Weniger Kommerz.

Weniger Hype. Mehr Familie. Mehr fürs Herz. Aber vor allem mehr Sport an sich! Ehrlich, leidenschaftlich. Klingt nach Provokation? Soll es ruhig. Warum denn auch nicht? Wir haben in den vergangenen Jahren alles erlebt: Mitleid, Bedauern, Achselzucken, zu guter Letzt Begeisterung bis hin zu Verehrung. Die ganze Palette. Komplett schwarz, aber auch leuchtend weiß. Wir haben zig Diskussionen geführt. Und jetzt liefern wir die ultimativen Argumente für diesen wunderschönen Fußball. Damit auch die und der Letzte begreifen, was Sache ist.

Während der EM 2022 kommentierte Lena Oberdorf, 20-jährige Spielerin des VfL Wolfsburg, die Diskussion um ihren Sport mit den Worten: „Frauenfußball, Männerfußball. Es ist ein Fußball!“ Bei der Verleihung des Deutschen Fußball-Kulturpreises 2022 wurde dieser Satz als Fußball-Spruch des Jahres mit 5000 Euro prämiert, die einem gemeinnützigen Zweck zugutekamen. Auf Platz zwei landeten die Fans des SV Werder Bremen mit einem Transparent, das sie beim DFB-Pokalspiel gegen den FC Schalke 04 zeigten: „Choreo fällt heute aus, haben das Geld beim Aufstieg versoffen!“ Dritter wurde Ex-Nationalspieler und Weltmeister Toni Kroos mit: „Ed Sheeran hat etwas geschafft, was ich selten gesehen habe: dass die Leute nach einem Event auf Schalke glücklich nach Hause gegangen sind aus dem Stadion.“ Oberdorf schlägt Kroos – man stelle sich diese Schlagzeile vor. Sei’s drum. Auch in diesem Wettbewerb hat sich der Fußball der Frauen jetzt mal so richtig durchgesetzt. Sie merken: Es tut sich was im Land!

## Liebe auf den ersten Blick

**Nia**

„Sie soll bitte wiederkommen." Ich erinnere mich noch genau an die Worte meines ersten Trainers. Das Besondere daran: Ich war damals erst fünf Jahre alt, ein sehr bewegungsaffines Mädchen, und spielte bei den Jungs mit. Teams für Mädchen waren in dieser Zeit kaum zu finden. Der Trainer kam also zu meinen Eltern und sagte, die kleine Nia möge bitte wiederkommen, denn sie habe Talent. Das hat sich mir eingeprägt. Fußball war so etwas wie Liebe auf den ersten Blick. Und so fühlt es sich heute noch an. Krass, irgendwie.

Es gibt aber weitere Momente, die durchaus in diese Kategorie passen. 1996 habe ich mit meinen Eltern bei den Olympischen Spielen in Atlanta das Frauenturnier verfolgt. Wir waren mit dem Wohnmobil unterwegs in den USA. Für mich als 16-Jährige war es unfassbar beeindruckend, welchen Hype es um die US-Amerikanerinnen gab, etwa um Mia Hamm. Die hat die Massen elektrisiert. Das war eine regelrechte Hysterie. Das ganze Stadion hat ihren Namen geschrien. Die USA gewannen damals übrigens die Goldmedaille – und das nicht zum letzten Mal. Frauenfußball und Mädchen bzw. junge Frauen, das ist in den USA mehr als nur Liebe auf den ersten Blick. Das ist etwas sehr Spezielles. In den Jahren danach habe ich genau das des Öfteren wieder erlebt. Immer im Zusammenhang mit den USA. Die Bedeutung des Frauenfußballs ist dort extrem hoch. Ich werde später darauf zurückkommen. Aber just in diesen Wochen um das olympische Fußballturnier herum, da ist mir erst so richtig klar geworden, was in meiner geliebten Sportart alles möglich sein kann.

Ein weiteres Schlüsselerlebnis war mein Wechsel zur SG Praunheim 1997. Ich war 17 und hatte noch andere Optionen, auch der TSV Siegen und der FSV Frankfurt damals Topmannschaften – waren an mir interessiert. Doch dann hatte ich ein Gespräch mit Monika Staab, der damaligen Trainerin in Praunheim. Eine absolute Fachfrau, eine Pionierin; sie genoss einen exzellenten Ruf, und das absolut zu Recht. Monika Staab überzeugte mich. Sie gab mir das unglaublich gute Gefühl, etwas bewegen, etwas aufbauen zu können. Sie hatte eine Vision, wollte den Frauenfußball nach vorne bringen. Monika Staab und Siegfried „Siggi" Dietrich waren ihrer Zeit weit voraus. Sie merken, auch hier: Liebe auf den ersten Blick ... Damals hatte ich noch keinen Führerschein. Ich musste aber dreimal die Woche von Wetzlar nach Frankfurt. Also tat ich mich mit anderen Spielerinnen zusammen, wir bildeten eine Fahrgemeinschaft. Siegen – Wetzlar – Frankfurt. Das war unsere Route. Wir trainierten auf Ascheplätzen, aber immerhin gab es einen Masseur! Zum ersten Mal in meiner Karriere. Ein großer Fortschritt.

Das waren Meilensteine, die mir das Gefühl gaben, die richtige Entscheidung getroffen zu haben. Auch die Abspaltung der Frauenfußball-Abteilung des SG Praunheim und Gründung des 1. FFC Frankfurt war richtungsweisend. Für den Frauenfußball, aber auch für mich persönlich. Mit den Männern bzw. dem Hauptverein hat es nicht mehr gepasst. Wir mussten uns also selbstständig machen. Monika Staab und Siggi Dietrich, der bis heute mein Manager ist, schafften es, die Lizenz zu behalten. Wir konnten also weiter Bundesliga spielen. Dazu war es den beiden gelungen, einen Megakader zusammenzustellen. Monika Staab und Siggi Dietrich haben damals ein neues Kapitel aufgeschlagen und eine Ära geprägt. Fantastisch, einzigartig.

Und dann war da noch das WM-Finale 2003. Verlängerung mit Golden Goal (wer das erste Tor der Verlängerung erzielt, gewinnt das Spiel) – das war natürlich auch wieder Liebe auf den ersten Blick! Nein, nur im Spaß. Keine Frage, mein Tor hat vieles verändert. Für den deutschen Fußball, für mich selbst auch. Aber vor allem hat dieser WM-Titel, nach diversen EM-Triumphen zuvor, insgesamt etwas bewirkt. Einige bekannte Spielerinnen hatten vor der Weltmeisterschaft ihren Rücktritt angekündigt. Maren Meinert und Steffi Jones wollten nach der WM aufhören, das war klar. Dann wurde das Turnier kurzfristig verlegt, von China in die USA. In China war die SARS-Epidemie ausgebrochen, der Weltverband FIFA zog die Notbremse. Durch unseren Erfolg steigerte sich die Aufmerksamkeit von Übertragung zu Übertragung. Das Finale am Sonntag wurde ab 20.15 Uhr in der ARD übertragen. Statt ARD-*Tatort* Tatort Carson sozusagen. Das Ende ist bekannt. Anschließend die Rückkehr und der Empfang am Frankfurter Römer. Das sorgte für einen immensen Schub. Ich glaube, es war das erste Mal, dass Frauenfußball so richtig wahrgenommen wurde. Danach stieß er als Mädchensport auf große Resonanz. Das

**Nia**

Golden Goal wurde Tor des Jahres, aber die Golden-Goal-Regel danach abgeschafft. Liebe auf den ersten und den letzten Blick.

**Bernd**

Bei mir ging es 1997 los. Ein Länderspiel, das in Bayern ausgetragen wurde. Die Begeisterung für Frauenfußball hielt sich damals in Grenzen. Für mich als jungen Reporter war es aber eine große Chance. Mein damaliger Chef, Eberhard Stanjek, einer der renommiertesten TV-Reporter Deutschlands (legendär seine Weigerung, bei der WM 1982 die „Schande von Gijon" weiter zu kommentieren. Österreich und Deutschland hatten sich auf einen Nichtangriffspakt geeinigt und schoben sich die Bälle zu), Programmbereichsleiter Sport beim Bayerischen Rundfunk, fragte an, ob ich das Spiel übertragen wolle. Ich hatte gerade erst als Kommentator angefangen, im Wintersport, bei alpinen Skirennen und beim Fußball als Aushilfe in unteren Ligen. Daher empfand ich das Angebot als große Ehre. Was sich daraus entwickelte, ist im Nachhinein schlicht einmalig. Seit nunmehr 25 Jahren bin ich dem Frauenfußball als Livekommentator verbunden. Häufig belächelt im Kollegenkreis („na ja, es ist halt Frauenfußball"), da werden jetzt einige zustimmend nicken, und wenn sie es nicht tun, dann schummeln sie. Regelmäßig bekam ich Sprüche mit auf den Weg (etwa „Grüße an den Frauenversteher"), aber mir war das immer egal. Ich war und bin mit großer Leidenschaft und Freude bei der Sache. Fünf Olympische Spiele, vier Weltmeisterschaften und vier Europameisterschaften stehen zu Buche, insgesamt sechs Endspiele. Ein EM-Titel ist dabei. Ganz okay, denke ich. (Für sämtliche Daten und Fakten in diesem Buch gilt: Stand Februar 2023.)

Einer, der mich dabei von Anfang an begleitet hat, ist Carsten Flügel, leitender Redakteur beim Norddeutschen Rundfunk. Wieso NDR, werden Sie fragen. Ganz einfach, weil der NDR innerhalb der ARD seit jeher für den Frauenfußball verantwortlich ist. Bedeutet: Wann immer ich ein Länderspiel übertragen habe, egal welcher Art – Freundschafts-, Qualifikations- oder Turnierspiel –, Carsten „Caschi" Flügel war dabei. Anfangs war er auch noch selbst als Kommentator tätig, so bei jenem legendären WM-Finale 2003, von dem Nia eben erzählt hat. Später war er für das Programm verantwortlich. Mein Vorgesetzter in Sachen Frauenfußball also. Als ich ins Team für die Olympischen Spiele 2000 in Australien berufen wurde, war ich dort zunächst als Filmemacher für Beiträge rund um den Sport, aber auch abseits des Sportes vorgesehen. In der Fernsehsprache nennt man das Storymacher. Je näher die Spiele rückten, desto konkreter wurden die Programm- und Sendepläne bei der ARD. Irgendwann klingelte das Telefon. Caschi, ich erinnere mich, als wäre es gestern gewesen, kam nach kurzem Geplänkel direkt zur Sache. Ob ich den Frauenfußball kommentieren könne? Das war ungewöhnlich, es waren schließlich meine ersten Sommerspiele. Es gebe aber, so gestand er, sonst niemanden im Team, der das machen könne, und einen zusätzlichen Kollegen wolle man aus Kostengründen nicht mitnehmen. Doppelaufgaben sind bei sportlichen Großereignissen in TV-Teams keine Ausnahme, sondern eher die Regel. Nahezu alle

Kolleginnen und Kollegen haben mindestens zwei unterschiedliche Jobs bei derartigen Anlässen. Also Reporter und Moderator, oder eben Storymacher und Kommentator und so weiter. Einem Frischling wie mir das zuzutrauen, war trotzdem ungewöhnlich. Ja, natürlich, ich konnte mir das sehr gut vorstellen! Ich war sogar begeistert! Es wurden dann deutlich mehr Spiele als gedacht.

# DIE ANFÄNGE

## Training

**Nia**

„Das wird ein harter Winter." Diesen Satz hörten wir beim Start bei der SG Praunheim oft. Aber für die Frauen war jeder Winter hart. Bis Ende der 90er-Jahre war das Training in der kalten Jahreszeit nur auf Ascheplätzen möglich. Rasen- oder Kunstrasenplätze: keine Chance! Zwei- bis dreimal in der Woche. Eine eigene Kabine hatten wir dort auch nicht, die teilten wir uns mit den Männern. Die Jungs hatten immer Vorrang. Obwohl sie viele Klassen unter uns spielten und wir in der Bundesliga. Egal. Im Zweifel zogen immer wir den Kürzeren.

Noch um die Jahrtausendwende mussten wir durch die Gegend tingeln, um nach Trainingsplätzen zu suchen. Der 1. FFC Frankfurt (Frauen-Fußball-Club Frankfurt) teilte sich – wie übrigens heute noch – die Anlage mit Rot-Weiss Frankfurt. Wenn sämtliche Kapazitäten ausgelastet waren, mussten wir auf viele verschiedene Sportplätze in ganz Frankfurt ausweichen. Das war ein generelles Problem damals. In den Ballungsgebieten gibt es bis heute einfach viel zu wenig Sportplätze. Der Zulauf an jungen Mädchen, die Fußball spielen wollen, ist riesig. Hier haben wir enormen Nachholbedarf. Es können gar nicht alle in die Vereine aufgenommen werden. Gleichzeitig ist die Bereitschaft, ein Ehrenamt zu übernehmen, in den letzten Jahren extrem zurückgegangen. Es gibt immer weniger Menschen, die bereit sind, sich unentgeltlich im Kinder- und Jugendsport zu engagieren. Das ist keine gute Tendenz. Nur wenn wir dieses Problem lösen, kann die Entwicklung nachhaltig in eine positive Richtung gehen.

Das Problem der Trainingsplatzsuche gibt es in dieser Form nicht mehr. Zumindest bei den Topclubs ist der Standard heute deutlich höher. Das gilt auch für die Kabinen, die damals über keine besondere Ausstattung verfügten, sondern eher der Kategorie „einfach" zuzuordnen waren. Trainingsklamotten mussten wir uns selber besorgen, erst beim 1. FFC Frankfurt wurde dann für ein einheitliches Outfit gesorgt. Dort hatten wir auch zum ersten Mal eine Zeugwartin beziehungsweise Betreuerin. Ähnliches gilt für das Thema Fitness. Eigene Ergometer (oder vergleichbare Geräte) standen uns natürlich nicht zur Verfügung. Immerhin ging der FFC schon relativ früh eine Kooperation mit den Titus Thermen in Frankfurt ein und wir konnten deren Anlage mitbenutzen. Erste kleine Schritte auf dem langen Weg zur Professionalisierung.

Unser Betreuerstab war nicht sehr groß. Er bestand aus der Trainerin, einem Torwarttrainer und einer Betreuerin. Fertig. Immerhin kam einmal in der Woche ein Physiotherapeut zu uns. Da konnte man sich tapen lassen oder wurde ein bisschen durchgeknetet. Zu den Spielen fuhren dann später auch ein Masseur und ein Arzt mit, er ist bis heute der Eintracht verbunden. Auch das war ein Meilenstein. Andere Mannschaften hatten diesen „Luxus" nicht.

Bei meinen ersten beiden Kreuzbandrissen (insgesamt hatte ich vier) war ich als Kassenpatientin nahezu komplett auf mich allein gestellt. Besonders in Sachen Reha. Die habe ich bei mir zu Hause organisiert. Bei der Berufsgenossenschaft (BG) waren wir nicht versichert. Die Vereine konnten sich schlicht die Beiträge nicht leisten. Die Kasse hat mir dann erst mal lediglich sechs Termine für Krankengymnastik gewährt. Nach einem Kreuzbandriss! Glücklicherweise ist die Versicherung über die BG inzwischen Pflicht in den Vereinen. Anders geht es auch gar nicht. Erst nach langem Hin und Her wurden meine schweren Verletzungen auch von der BG anerkannt. Immerhin.

Zum festen Bestandteil des Trainings gehörten übrigens auch die Vor- und Nachbesprechungen in einer Konditorei in Dietzenbach, die von den Eltern von Moni Staab betrieben wurde (und die sie später eine Zeit lang übernahm). Das Café mit angeschlossener Pension war so etwas wie unsere Kommandozentrale. Wir frühstückten häufig gemeinsam und einige Spielerinnen übernachteten vor Spielen regelmäßig dort. Manchmal auch

**Nia**

nach Spielen, wenn es spät wurde. Das war legendär und bleibt unvergessen. Bis heute ist Moni Staab übrigens in sehr vielen Ländern der Welt unterwegs und stärkt Mädchen und Frauen(fußball). Aktuell ist sie Nationaltrainerin in Saudi-Arabien.

Frauen und Fußball – es hat eine ganze Weile gedauert, bis alle verstanden haben, wie gut das zusammenpasst. Carmen Thomas war in den 70er- und 80er-Jahren eine der bekanntesten Journalistinnen in Deutschland. Die erste Frau, die eine Livesendung im Fernsehen moderierte: *das aktuelle sportstudio*. Im Gespräch mit der Teleschau (02.02.2023) antwortete sie auf die Frage, ob sie damals wirklich eine Fußballfachfrau gewesen sei: „Das ging doch gar nicht. Sich als Mädchen zu dieser Zeit mit Fußball beschäftigen! Das galt als abschreckend unweiblich. Nicht vergessen: Von 1955 bis 1970 hatte der DFB den Frauenfußball sogar unter Strafandrohung verboten. Und wer sich als Mädchen mit Fußball beschäftigte, galt als lesbisch oder gestört – und das waren üblerweise damals beides Schimpfwörter." Seither hat sich diese Anschauung verändert.

**Nia**

Dass ein Mädchen bei den Jungs mitspielt, war für einige nur schwer zu verstehen. Das galt nicht für meinen ersten Verein, SG Eintracht Wetzlar – ganz und gar nicht! Aber für die Eltern unserer Gegenspieler. Die haben hinter vorgehaltener Hand getuschelt. „Was ist denn bei denen los? Ist das ein Mädchen?" Oder: „Ach herrje, was macht denn die Kleine da?" Und natürlich auch: „Müssen Mädchen denn unbedingt Fußball spielen?" Ja, das müssen sie. Weil sie es können. Und weil sie es lieben. Ich finde diesen Sport bis heute faszinierend.

Seitdem ich fünf war, hat Fußball mein Leben geprägt. Und er tut es noch. Egal ob in der Grundschule oder der weiterführenden Schule, ich habe jede Sekunde genutzt, um mit irgendetwas zu kicken. Und wenn es eine zerbeulte Getränkedose auf dem Pausenhof war. Hauptsache, gegen etwas treten. Nach den Hausaufgaben – und manchmal auch schon davor – raus zum Kicken. Irgendwo findet sich immer ein Bolzplatz.

Über die gesamte Zeit hatte ich vier Kreuzbandrisse. Das zermürbt doch sehr und lässt Zweifel aufkommen, aber ich habe nicht aufgegeben. Fußball war für mich einfach das Größte! Deshalb habe ich mich immer wieder zurückgekämpft. Ich wollte einfach nur spielen. An dieser Leidenschaft hat sich im Verlauf meiner Karriere nichts geändert. Es gibt kein schöneres Gefühl, als mit anderen Mädels auf den Platz zu gehen, fünf gegen zwei zu spielen und nebenbei dummes Zeug zu reden. Gut, dummes Zeug reden wir beide, Bernd und ich, heute auch. Aber das kann man nicht vergleichen. Gemeinsam zu trainieren und Spaß zu haben, ist einfach etwas Besonderes. Das ist ein Gefühl, das ich in dieser Form nirgendwo anders gefunden habe. Ich muss zugeben, dass ich das seit dem Ende meiner aktiven Zeit noch immer vermisse. In einer Gemeinschaft eine solche Ausgelassenheit, Emotion zu erleben und Erfahrungen gemeinsam machen zu dürfen, ist einfach etwas ganz Besonderes.

## Mann oder Frau

„Ich finde, es wird weder dem Frauenfußball noch dem Herrenfußball gerecht, die Dinge zu vergleichen. Das mache ich auch nicht. Der Frauenfußball steht für sich und ist eine wunderbare Sportart." Das sagt Bibiana Steinhaus, die ehemalige deutsche FIFA-Schiedsrichterin in der ARD-Dokumentation *Der größte Gegner ist das Klischee.* Steinhaus kennt beide Seiten. Sie hat Spiele der Frauen und der Männer gepfiffen. Frauenfußball. Oder einfach nur Fußball? Reicht das nicht eigentlich? Fußball? Bundestrainerin Martina Voss-Tecklenburg wird in persönlichen Gesprächen regelrecht fuchsteufelswild, wenn diese Unterscheidung gemacht wird: „Lasst uns doch endlich mal nur von Fußball sprechen. Wir sagen ja auch nicht Frauenleichtathletik, Frauenschwimmen oder andere derartige Dinge." So, oder so ähnlich, formuliert sie es dann. In der Öffentlichkeit wird darüber eher selten diskutiert. Frauenfußball ist und bleibt für viele Frauenfußball. Vor allem die männlichen Fans scheinen hier Wert auf Abgrenzung zu legen.

**Bernd**

Für den Berichterstatter sind diese und andere Formulierungsfragen inzwischen eine Gratwanderung. Nicht nur, dass in den sozialen Netzwerken ohnehin jedes Wort auf die Goldwaage gelegt wird. Nein, hier wird besonders genau hingeschaut. Von Männern und Frauen. Wenn ich bei einer Übertragung beim Einlaufen der Spielerinnen die „deutsche Frauenfußball-Nationalmannschaft" begrüße, wie es übrigens auch die Stadionsprecherinnen und -sprecher tun, schimpfen sofort – vermutlich zumeist weibliche, das ist ja nicht unbedingt ersichtlich – User: Warum sagt der nicht einfach „die deutsche Nationalmannschaft“? Mache ich es beim nächsten Mal so, ist die Empörung ebenfalls riesengroß: Wie kannst du bloß von Nationalmannschaft sprechen? Das ist die Frauenelf. So oder so ähnlich klingt das dann, zumeist nur etwas rabiater.

Weiter geht's mit der Terminologie während des Spieles. Libero oder Libera? Darf frau den Ball mit der Brust annehmen oder erwähne ich das lieber nicht? Für manche ist die Formulierung „feuchter Rasen“, etwa nach einem Regenschauer, schon sexistisch. Die Bezeichnung „kleine Japanerin“ für Mana Iwabuchi (1,55 Meter groß und bei einem Kopfballduell chancenlos) wurde bei einer Reportage von der WM 2015 in Kanada heftig kritisiert. „Rassistisch“, so der Vorwurf. Wohlgemerkt, wir reden hier über das Adjektiv „klein“. „Kleines dickes Müller“ finden bis heute alle völlig normal oder sogar cool.

Spannend ist auch die Bandbreite der Meinungen im Hinblick auf die Namen der Spielerinnen, also die Frage: mit oder ohne Vornamen. Ist „Sara Däbritz“ die angemessene Form? Oder einfach nur „Däbritz“? Männer meinen, der Nachname reiche, schließlich nennt bei den Übertragungen der Männer auch niemand permanent die vollen Namen – Manuel Neuer, Thomas Müller, Bastian Schweinsteiger, Toni Kroos, Mario Gomez. Mein Versuch, das bei einem Frauenspiel ähnlich zu handhaben, endete mit teils aggressiven Zuschriften von Zuschauerinnen, die das als „absurd“, „hart“ und „unangenehm“ bezeichneten.

Warum, bitte, werden nicht die wohlklingenden Vornamen – Almuth, Hanna, Lira, Mia, Linda und wie sie alle heißen – genannt? Das betrifft nationale Spiele genauso wie internationale. Wo ist hier der Mittelweg?

Immerhin hat es in den vergangenen 25 Jahren Frauenfußball-Berichterstattung fast keine Anfeindungen dahin gehend gegeben, dass hier ein Mann über Frauen spricht. Im Gegenteil. Die Spielerinnen und die Verantwortlichen bei den Vereinen und beim DFB haben das voll akzeptiert. Warum auch nicht? Der Reporter berichtet einmal über ein Männerspiel, ein andermal über ein Frauenspiel. Mit der gleichen Vorbereitung, dem gleichen Interesse und der gleichen Tonalität. In 25 Jahren – mit Übertragungen aus der Bundesliga, von Länderspielen, von Welt- und Europameisterschaften und von Olympischen Spielen – erreichte uns eine einzige Beschwerde, ausgerechnet zur ARD-Übertragung des EM-Endspiels 2022 aus London. Pikanterweise war es die ARD-London-Korrespondentin Annette Dittert, die auf ihrem Account twitterte, warum denn bloß ein Mann das Finale kommentiere und keine Frau (#justsaying)? Bei allen Finalspielen, die ich zuvor übertragen hatte, gab es niemals einen Einwand von ihr, keinen Tweet, keinen Kommentar. Hat es sie früher womöglich nicht interessiert? Oder hat sie es vielleicht gar nicht mitbekommen? Ich werde es nicht ergründen. Versuche es auch gar nicht. Weil es keine Relevanz hat. Da würde man(n) ja die gleichen Fehler machen, die frau ihm vorwirft, nämlich Vorurteile pflegen. Kann etwa nur eine Frau Frauenfußball übertragen, Frauen interviewen und beurteilen, was Frauen im

Umfeld einer Spielübertragung sehen wollen? Das wäre doch wohl an der Grenze zur Diskriminierung. Oder nicht? Von daher: leben und leben lassen. **Bernd**

**Nia** Für mich spielten solche Unterscheidungen im Sprachgebrauch lange so gut wie keine Rolle. Weder auf noch außerhalb des Platzes. Über Libero oder Libera musste ich mir ohnehin keine Gedanken machen. Wir fingen damals an, mit einer Viererkette zu spielen. Aber: Sprache hat Macht, deshalb sind korrekte Formulierungen natürlich wichtig. Sprache sollte aber nicht dogmatisch gesehen werden.

Zu meiner aktiven Zeit haben die meisten nicht unterschieden. Es wurde davon geredet, wer auf der Innenverteidigerposition spielt, nicht auf der Innenverteidigerinposition. Es hieß auch Torwart oder Stürmer. Darüber hat sich niemand aufgeregt. Die weiblichen Formen sind erst im Laufe der letzten Jahre stärker in den Fokus der Öffentlichkeit gerückt und inzwischen kommt es zu Diskussionen, wenn sie nicht verwendet werden. Ich erwische mich allerdings selbst immer wieder dabei, auch als Expertin in den „ursprünglichen" Modus zu verfallen. Da bin ich dann nicht konsequent, also politisch nicht ganz korrekt. Es hat mich aber noch niemand aus meinem Umfeld darauf angesprochen. Entweder haben sich die Menschen nicht getraut. Oder es hat einen anderen Stellenwert, wenn es eine ehemalige Spielerin macht – etwa im Vergleich zu einem männlichen Kommentator ...

Grundsätzlich finde ich den Ansatz, von Torhüterin, Stürmerin etc. zu sprechen, schon richtig. Aber wie so vieles andere in der Welt braucht es womöglich einfach Zeit.

**Nia**

Wenn wir während einer Liveübertragung im Fernsehen etwas sagen, können wir es nicht wie bei einem Zeitungsartikel oder einer Mail korrigieren oder ungeschehen machen, da ist dann manchmal einfach etwas mehr Toleranz nötig. Es sollte nicht jeder Satz und jedes einzelne Wort unter die Lupe genommen werden. Hier geht es doch um die grundsätzliche Einstellung zum Fußball der Frauen. Die ist wichtig. Die muss stimmen. Nebensächlichkeiten sollten nicht unnötig aufgebläht werden. Siehe Bernds Beispiel „kleine Japanerin". Es ist doch verrückt, sich darüber derartig zu echauffieren. Ich rümpfe selbst die Nase, wenn ich zu einer meiner Analysen im Fernsehen eine Zuschrift bekomme, die mit der Betreffzeile „Damenfußball" beginnt. Das ist nun wirklich nicht mehr zeitgemäß, sondern altbacken und von vorgestern. Manchmal habe ich das Gefühl, diese Diskussionen lenken – bewusst oder unbewusst – von vielen anderen wichtigen Themen ab, die auch vorangetrieben werden müssten.

**Bernd**

Beim Gebrauch der Sprache im Umfeld des Fußballs der Frauen ist es deutlich schwieriger, die richtigen Worte zu wählen, als bei anderen Sportarten. Alle Beteiligten einer Übertragung stehen gefühlt unter stärkerer Beobachtung. Flapsige Formulierungen oder Begriffe werden sehr schnell negativ ausgelegt. Viele wollen da auch einfach etwas heraushören, das in Wahrheit niemand im Kopf hat. Ein Aspekt, der nicht zu unterschätzen ist.

Entsprechend vorsichtig pirschen sich die Berichterstatter beispielsweise an die Leistungsbewertung heran.

Bernd

Ein extrem sensibler Punkt ist seit Jahrzehnten die Performance von Torhüterinnen. Gerade da gab es auf nationaler Ebene, aber noch mehr bei großen internationalen Turnieren, immer wieder kuriose Szenen. Keeperinnen aus Ländern, in denen der Fußball der Frauen nicht den Stellenwert hat wie bei den renommierten Nationen, wirkten häufig ungelenk und weniger gut austrainiert. Teilweise waren sie auch von der Körpergröße nicht gerade prädestiniert, in einem Tor zu stehen. Diese Leistungen zu bewerten, sie womöglich kritisch einzuordnen, ist eine Gratwanderung. Als Kommentator braucht man da teilweise etwas mehr Zeit, um seinen Eindruck ausgewogen zu formulieren – mehr Zeit, als man meistens hat, live und unmittelbar, nachdem wieder ein Ball die Torlinie überquert hat und die Torhüterin daran beteiligt war. Spätestens beim dritten oder vierten Gegentor will jedes Wort wohlüberlegt sein. Da sind Fingerspitzengefühl und Respekt gefragt. Zugleich sollte man den Livecharakter mit all seinen Emotionen und äußeren Einflüssen bei der Bewertung unserer Arbeit mitberücksichtigen. Ein gewisses Maß an Gelassenheit wäre wünschenswert. Menschen machen Fehler, größere und kleinere. Das kann passieren. Sie sollten nur nicht zur Regel werden.

Zum Thema „Mann oder Frau“ hat der DFB einen interessanten Ansatz gefunden, wenn es um die Trikots von Frauen und Männern geht. Da spielen nämlich beide Auswahlmannschaften inzwischen mit den gleichen. Es gibt vom Design her keine Unterschiede mehr. Beim Schnitt natürlich schon. Aber damit wird Gleichstellung auf allerhöchster Ebene demonstriert, mit entsprechenden Folgen. Zum einen bei der Sichtbarkeit in Fan- und Onlineshops, zum anderen beim Kaufverhalten der Fans. Lina Magull, durch ihre Tore und ihre Persönlichkeit eine der Lichtgestalten der deutschen Mannschaft bei der EM in England, sieht diese Entscheidung als große Chance – für den Mädchenfußball, aber auch für den Fußball an sich: „Mir gefällt die Vorstellung, dass sich ein Junge zu Weihnachten nicht nur ein Sané-Trikot, sondern vielleicht auch ein Magull-Trikot wünscht. Das spricht für die Vielfalt des Sports." (DFB-Journal, März 2022)

Männer oder Frauen? Diese Vergleiche müssen endlich aufhören. Weil sie einfach keinen Sinn machen und den Beteiligten nicht gerecht werden. Das ist übrigens ein Phänomen, das es ausschließlich im Fußball gibt. *Sports Illustrated* brachte es Ende November 2022 auf den Punkt: „Niemand verlangte von Gina Lückenkemper nach ihrem Sieg über 100 Meter bei der Europameisterschaft 2022, doch erst mal bei den Männern anzutreten. Der Frauenweltrekord über 100 Meter Sprint liegt bei 10,54 Sekunden, der der Männer bei 9,58 Sekunden. Trotzdem schreit keiner vor einem Wettkampf, dass die besten Frauen doch erst mal gegen ein Männer-Collegeteam antreten sollen, bevor sie sich in die Startblöcke stellen dürfen. Warum auch? Es sind unterschiedliche Sportarten. Wenn wir aufhören, beide Sportarten zu vergleichen, und anfangen, sie ohne Vergleich zu genießen, hätten wir alle mehr Spaß am Sport." Unter der Überschrift: „Frauen? Männer? Egal! Im Fußball ist es doch (fast) immer dasselbe!“ kommentierte Chefredakteur Jörg Jakob im *Kicker* die immer wiederkehrenden Vergleiche. Auch er steht dieser Diskussion skeptisch gegenüber: „Der Begriff ‚Frauenfußball‘ wird mittlerweile als irreführend interpretiert. Das ist nachvollziehbar. Denn es ist derselbe Sport, dasselbe Spiel. Gleichwohl sollte man den Fußball der Frauen nicht eindimensional mit dem Fußball der Männer vergleichen. In vielfacher Hinsicht liegen Welten dazwischen. Weder ‚Pay‘, also die Bezahlung, noch ‚Play‘, die Bedingungen, unter denen Training und Wettbewerb stattfinden, sind ‚equal‘ im Sinne von auf dem gleichen Niveau.“ Womit das Thema „Mann oder Frau“ eigentlich für beendet erklärt werden kann.

Kurz vor Ende des Jahres 2022 setzte der *Kicker* ein weiteres Ausrufezeichen, das in dieselbe Richtung geht. Schluss mit den Vergleichen! Das Fußballfachmagazin zeichnet seit 1990 jedes Jahr eine Persönlichkeit aus, die mit Leistung und Haltung im deutschen Fußball (oder für den deutschen Fußball) herausragend und vorbildlich gewirkt hat. Dabei zählen nicht nur rein sportliche Ergebnisse und Kriterien, sondern auch eine glaubwürdig vertretene Meinung zu wichtigen Themen dieses Sportes sowie beim Blick über den Tellerrand hinaus, so der *Kicker*. Bis 2019 hieß die Auszeichnung „Mann des Jahres“, dann wurde sie in „Persönlichkeit des Jahres“ umbenannt. 2022 wurde dann Alexandra Popp als erste Frau mit der Ehrung ausgezeichnet. Die Nationalspielerin reiht sich damit in eine lange Liste von großen Namen des deutschen Fußballs ein und folgt unmittelbar auf Robert Lewandowski

(2021), Hansi Flick (2020) und Jürgen Klopp (2019). Auch das ist ein Meilenstein in der Geschichte des Frauenfußballs. Der *Kicker* begründet die Auszeichnung mit den Worten: „Sie war das Gesicht eines großartigen Teams. Sie avancierte zu einer der herausragenden Spielerinnen der Europameisterschaft. Sie steht für den Aufschwung des Fußballs der Frauen in Deutschland. Für den *Kicker* ist Alexandra Popp die Persönlichkeit des Jahres 2022." Und weiter: „Die 31-Jährige zeigte, wie schon häufig in ihrer Karriere, speziell in diesem Jahr bewundernswerten Sportsgeist: mit ihrer persönlichen Widerstandskraft gegen Verletzungen und als vorbildliche Teamplayerin. Alexandra Popps Stimme hat Gewicht im deutschen Fußball. Dabei verbindet sie ihre Meinungsstärke mit einem gewinnenden, authentischen Auftreten." Alexandra Popp selbst fällt geradezu aus allen Wolken, als sie davon erfährt. „Als ich gehört habe, dass ich zur Persönlichkeit des Jahres gewählt wurde, habe ich mich gefragt: Was habe ich denn getan? Ich habe Fußball gespielt, und eigentlich war ich nur ich selbst. Ich will mich nicht verstellen, sondern authentisch bleiben", sagt sie dem *Kicker*. Für Bundestrainerin Martina Voss-Tecklenburg ist es die logische Konsequenz eines aufregenden Fußballjahres, in dem ihre Mannschaft für den absoluten Höhepunkt gesorgt hat. „Diese Auszeichnung hat sie sich verdient. Sie ist eine außergewöhnliche Persönlichkeit", erklärt sie. „Sie steht für mich stellvertretend für das, was 2022 alles im Frauenfußball passiert ist und welch tolle Entwicklung er genommen hat." Dem ist nichts hinzuzufügen. Gerade auch durch ihre TV-Auftritte nach der EM hat die DFB-Kapitänin immer wieder bewiesen, welch beeindruckende Persönlichkeit sie auch außerhalb des Platzes darstellt. Fazit: Unabhängig vom Geschlecht geht es um die Sache, um den Sport, um die Personen. Oder wie es Horst Hrubesch 2018 formulierte, als er interimsweise den Posten des Bundestrainers der Frauen übernahm: „Fußball ist grundsätzlich Fußball – egal ob ich ein Männer- oder ein Frauenteam trainiere." So simpel kann es sein.

## Das Spiel an sich

„An sich bin ich gegen Damenfußball. Es gibt so viele schöne Sportarten. Warum ausgerechnet Fußball für die Dame?" So Berti Vogts, Ex-Nationalspieler, Ex-Bundestrainer, irgendwann in den 70er-Jahren, nachzuschauen in der ARD-Dokumentation *Der größte Gegner ist das Klischee* zum 50-jährigen Jubiläum des Frauenfußballs in Deutschland. Zwei Jahrzehnte später hat Berti Vogts seine Meinung radikal geändert. Er findet den Fußball der Frauen sehr attraktiv und meint, es lohne sich, darüber zu berichten. Was zu dem Wandel geführt hat? Nun, Vogts ist ARD-Experte bei der Frauenweltmeisterschaft 1999 in den USA. Und er macht da einen richtig guten Job.

Bis dahin haben es die Frauen häufig nicht leicht. Spielberichte, wenn es überhaupt mal welche gibt, werden süffisant kommentiert, die Wortwahl ist teilweise grenzwertig. Im März 1957 kommt es im Münchner Dantestadion zu einer Partie der westdeutschen Auswahl gegen Westholland. Die Begeisterung ist riesengroß. 17 000 Fans strömen ins Stadion. In den Gazetten in München wird von einer Art Völkerwanderung gesprochen. Lediglich der Kommentator der *Wochenschau* vergreift sich völlig im Ton. In seiner Zusammenfassung sieht er ein „bestrickendes Spiel" und lobt ziemlich geschmacklos die gelungene „Umstellung von Haushaltsführung auf Ballführung". Und weiter: „Unsere Fußball-Suffragetten tragen keine Blau-, sondern Ringelstrümpfe, besiegen die Meisjes, und Mutti freut sich." Ganz anders der *Münchner Merkur.* Er berichtet von einem unterhaltsamen Spiel „mit Eifer ohne Rohheiten, ohne unfaire Kniffe und Püffe". Der DFB ist überhaupt nicht amüsiert. Im Gegenteil. München sei „unserem Kampf gegen den Damenfußball gleichsam in den Rücken gefallen", behauptet Generalsekretär Georg Xandry in seinem Schreiben an die Stadt München, die Eigentümerin des Dantestadions ist. Experten des *Kicker* wiederum finden großen Gefallen an der Begegnung: „Unästhetisch, nein, so wirkte das ganz und gar nicht, was die Mädels im Alter zwischen 17 und 22 Jahren vorführten. Das Münchner Spiel bewies, dass Damenfußball durchaus sportlich ist." Es wird zwar noch von Damenfußball gesprochen, aber die Tendenz ist eindeutig. Hier könnte etwas heranwachsen. Der *Kicker* sieht durchaus Potenzial für diesen Sport. Was sich in den Reaktionen der Leserinnen und Leser bestätigt. Viele junge Mädchen schreiben an den Verlag oder rufen dort an, um Informationen zu bekommen, wo und wie sie sich für den Fußball anmelden können.

„Decken, decken, nicht den Tisch decken, sondern richtig Mann decken," kommentiert Wim Thoelke 1970 im *ZDF-Sportstudio* Bilder eines Spieles der Frauen. Und er fährt fort: „Die brauchen sich doch gar nicht aufzuregen, die Zuschauer, die Frauen waschen ihre Trikots doch selber", als in einer Szene die Spielerinnen über den Platz rutschen und ihre Trikots beschmutzen. Knapp 90 Sekunden dauert die Zusammenfassung, mit der sich Wim Thoelke wenig Freunde unter den Anhängern des Frauenfußballs macht. Sätze, die auch heute immer wieder zitiert werden, wenn es um die Anfänge dieser Sportart geht. Die Sendung geht über den Äther, kurz nachdem der DFB das Verbot für Frauen, Fußball zu spielen, aufgehoben hat. Wir schreiben das Jahr 1970! 15 Jahre lang hatte der Verband Frauen untersagt, gegen den Ball zu treten. Auf einer Verbandstagung 1955 wurde erklärt, dass „diese Kampfsportart der Natur des Weibes im Wesentlichen fremd ist", dass „im Kampf um den Ball die weibliche Anmut schwindet und Körper und Seele unweigerlich Schaden erleiden" und dass das „Zurschaustellen des Körpers Schicklichkeit und Anstand verletzt". Vereine, die Frauen dennoch Plätze zur Verfügung stellten, wurden bestraft. Auch Sepp Herberger plädierte damals gegen fußballspielende Frauen: „Fußball ist nicht für die Damen geeignet."

Erst 1974 gibt es die erste offizielle Deutsche Meisterschaft der Frauen. Der TuS Wörrstadt gewinnt den historischen Titel, ausgetragen in Turnierform und mit einem Endspiel. Historisch noch spektakulärer: In diesem Finale schießt Bärbel Wohlleben das erste Tor des Monats einer Frau in der ARD-Sportschau. Sie versenkt einen verunglückten Abwehrversuch volley aus 25 Metern und setzt sich mit ihrem Treffer zum 3:0 unter anderem gegen den Schalker Rüdiger Abramczik durch. Die Männerwelt schreit leise auf. Intern.

Eine offizielle deutsche Nationalmannschaft gibt es allerdings auch in den kommenden Jahren nicht. An der „inoffiziellen Weltmeisterschaft“, die 1981 in Taiwan ausgetragen wird, nimmt für Deutschland die Frauenmannschaft der SSG 09 Bergisch Gladbach teil. Warum? Der DFB leitet die Einladung der Taiwanesen an den zu jener Zeit besten deutschen Frauenfußballverein weiter. Begründung: Man habe keine eigene Nationalmannschaft. Die SSG finanziert die Reise selbst – mithilfe einiger Sponsoren und aus eigener Tasche. Vom Verband erhält sie keine Unterstützung. Was später als das „Wunder von Taipeh“ bezeichnet wird, ist in der Tat einzigartig. Bergisch Gladbach setzt sich nach neun Spielen in elf Tagen (!) ungeschlagen gegen alle Nationalmannschaften durch. Das Vereinsteam gewinnt das Finale gegen die Niederlande. Eine ebenso verrückte wie außergewöhnliche Geschichte.

Die Konsequenz: Der DFB reagiert, Präsident Neuberger will jetzt eine Frauennationalmannschaft. 1982 ist es dann so weit. Der erste von bis heute erst sechs Trainerinnen und Trainern wird Gero Bisanz, eigentlich Trainerausbilder an der deutschen Sporthochschule in Köln. Danach geht es schnell. Schon im November 1982 findet das erste Länderspiel statt. Gegner ist die Schweiz. Gespielt wird in Koblenz. Deutschland gewinnt 5:1. Zwei Tore steuert die damals

18-jährige Silvia Neid bei, die eine der prägendsten Figuren des deutschen Frauenfußballs in den folgenden Jahren und Jahrzehnten werden wird. „Für mich war natürlich auch unser erstes Länderspiel 1982 ein Meilenstein. Gero Bisanz hat da hervorragende Arbeit geleistet. Er musste erst mal schauen, woher er überhaupt die Spielerinnen bekommt", erzählt Neid auf dfb.de. „Eine Frauenbundesliga gab es ja noch nicht. Es gab zwei Lehrgänge, einen im Norden, einen im Süden, zu je 30 Spielerinnen. 16 blieben übrig und die waren beim ersten Länderspiel dabei. Es waren 5000 Zuschauer in Koblenz, aber man merkte schon, dass einige nur gekommen waren, weil sie sich lustig machen wollten. Das hat uns genervt."

Der Rest ist eine einzigartige Erfolgsgeschichte. Denn die Frauen räumen auf internationaler Ebene richtig ab. Die erste große Etappe ist die Europameisterschaft 1989 in Deutschland mit Finalsieg gegen Norwegen in Osnabrück. Achtmal gewinnen die Frauen den EM-Titel, einmal werden sie Zweite (2022), sie feiern zwei WM-Triumphe (2003 und 2007) und einen zweiten Platz (1995), sie werden Olympiasiegerinnen 2016 und holen dreimal die Bronzemedaille (2000, 2004, 2008).

Und auch der deutsche Vereinsfußball hat Bemerkenswertes geleistet. Erst in den letzten Jahren haben die Ligen in England oder Spanien die Bundesliga eingeholt bzw. überholt. Dazu später mehr. Unter den zehn erfolgreichsten Vereinsmannschaften der Frauen weltweit stehen nicht weniger als fünf Teams aus der Bundesliga: 1. FFC Frankfurt, FC Bayern München, MSV Duisburg, Turbine Potsdam, VfL

Wolfsburg (in alphabetischer Reihenfolge, Quelle: *90 Minuten*, 4/2019). Neunmal kam der Gewinner des UEFA Women's Cup (ab 2001/02) bzw. der Champions League (ab 2009/10) aus Deutschland. Der 1. FFC Frankfurt gewann vier Titel, Turbine Potsdam und der VfL Wolfsburg holten je zwei und einen der FCR 2001 Duisburg (inzwischen MSV Duisburg). Kein anderes Land in Europa verfügt über so eine Dichte von Topteams, nur vier andere Länder konnten sich überhaupt in die Siegerlisten eintragen. Wobei Olympique Lyon (Frankreich) mit acht (!) Siegen unbenommen eine herausragende Stellung einnimmt. FC Barcelona (Spanien), Arsenal Women FC (England) und Umeå IK (Schweden) sind die anderen drei Vereine.

Und diese Liste der Erfolge und Superlative lässt sich fortsetzen. Allein mit den Rekorden, die Birgit Prinz im Laufe ihrer Karriere verbuchte, kann man ganze Seiten füllen: Titelgewinne, Länderspiele, Tore, die meisten Tore bei Weltmeisterschaften, Olympischen Spielen, Europameisterschaften, in der Liga, Fußballerin des Jahres, Deutsche Meisterin, Pokalsiegerin, Champions-League-Gewinnerin ... Das ist abendfüllend. Und nicht nur etwas für die Datenbank. Es unterstreicht vielmehr die Bedeutung und Leuchtkraft der Menschen, die diesen Sport betreiben. Fußball. Die Frauen in Deutschland haben einen immensen Beitrag zu diesem wunderschönen Spiel geleistet.

**Meilensteine im Fußball der Frauen in Deutschland**

- 31. Oktober 1970: Der Frauenfußball wird offiziell in die Satzung des DFB aufgenommen.

- 8. September 1974: Der TuS Wörrstadt gewinnt die erste deutsche Meisterschaft.
- 2. Mai 1981: Die SSG 09 Bergisch Gladbach gewinnt den erstmals ausgetragenen DFB-Pokal der Frauen.
- 26. November 1982: erstes Länderspiel der (inzwischen) offiziellen Frauennationalmannschaft in Koblenz gegen die Schweiz. Endstand 5:1 für Deutschland.
- 26. Mai 1985: Das Finale des DFB-Pokals der Frauen findet erstmals im Berliner Olympiastadion statt.
- 2. Juli 1989: Deutschland gewinnt erstmals die EM, mit 4:1 im Finale gegen Norwegen.
- 12. Juni 1999: Der 1. FFC Frankfurt gewinnt den DFB-Pokal in Berlin, nachdem er die Saison noch als SG Praunheim begonnen hatte.
- 23. Mai 2002: Der 1. FFC Frankfurt gewinnt den erstmals ausgespielten UEFA Women's Cup (später die UEFA Women's Champions League).
- 12. Oktober 2003: Deutschland wird Weltmeister.
- 30. September 2007: Der WM-Titel wird erfolgreich verteidigt.
- 15. Mai 2010: Das DFB-Pokalfinale der Frauen zieht als eigenständiges Event nach Köln um.
- Juni/Juli 2011: Die WM findet in Deutschland statt.
- 19. August 2016: Die DFB-Frauen können von nun an auch olympisches Gold zu ihrer Trophäensammlung zählen.
- 2020: Mehr als 1,1 Millionen Frauen und Mädchen sind in Deutschland Mitglied in einem Fußballverein. Fast 10 000 Mannschaften nehmen am Spielbetrieb teil.

- 1. August 2022: Das EM-Finale zwischen England und Deutschland verfolgen 18 Millionen Fernsehzuschauer, in der Spitze sogar über 21 Millionen. Das ist ein neuer TV-Zuschauerrekord. (Und wir waren dabei.)

Am Ende ist das EM-Finale zwischen England und Deutschland die meistgesehene Sendung des Jahres 2022. Unglaublich. Die Quote wird weder von *Wetten, dass …?* noch von einem der Spiele der deutschen Mannschaft oder dem epochalen Finale zwischen Frankreich und Argentinien (mit Verlängerung und Elfmeterschießen) bei der WM der Männer in Katar übertroffen. Ein gefundenes Fressen übrigens für die *Bild*-Zeitung: „Quoten-Pleite für die DFB-Männer! Beim Costa-Rica-Spiel schauten noch mehr Menschen zu als beim 1 : 1 gegen Spanien, als 17,053 Millionen errechnet wurden und der Marktanteil bei 49,3 Prozent lag. Den bisherigen Einschaltquoten-Rekord des Jahres konnten die Männer nicht knacken. Topwert bleiben die 17,897 Millionen Menschen, die bei der ARD die 1 : 2-Niederlage der DFB-Auswahl bei der Frauen-EM im Finale gegen England gesehen hatten." Da ist eine Portion Häme dabei, aber sei's drum.

Untereinander ist der Umgangston nicht ganz so rüde. Was die Frauen vom Spiel der Männer halten, brachte Tabea Kemme 2017 in einem Interview mit der *Bild* relativ schnörkellos auf den Punkt. Sie nahm dabei unter anderem auf die berühmt-berüchtigte Schwalbe von Timo Werner im Bundesligaspiel Leipzig gegen Schalke vom 03. Dezember 2016 Bezug.

*„Was halten Sie generell vom Männerfußball?“*
Kemme: „Männerfußball ist oft Mäusefußball.“

*„Wie bitte?“*
Kemme: „Ich mag Männerfußball, wenn es schöne, ehrliche Zweikämpfe gibt. Mäusefußball ist es allerdings dann, wenn der Spieler durch unerlaubte Aktionen den Schiedsrichter in seiner Entscheidung beeinflusst und dadurch vielleicht als besonders clever gilt. Timo Werner hat ja auch ganz schnell erkannt, dass seine Aktion damals alles andere als smart war.

*„Inwiefern?“*
Kemme: „Diese Schwalben-Aktion war für mich so unehrlich. Auf der anderen Seite waren die ‚Hurensohn-Gesänge‘ der gegnerischen Fans bei den kommenden Spielen so was von krank. Ich bin Polizistin und hätte da eigentlich 40 000 Anzeigen wegen Beleidigung schreiben müssen. Insofern bin ich froh, Frauenfußball zu spielen. Ich muss mich nicht von irgendwelchen Fans beleidigen lassen.“

*„In welcher Männer-Liga könnten Sie spielen?“*
Kemme: „Da sind wir Frauen chancenlos. Taktisch und technisch können wir schon mithalten. Aber sobald ein Ball in die Tiefe gespielt wird, haben wir keine Chance mehr, ein Laufduell zu gewinnen.“

Eine ebenso persönliche wie realistische Einschätzung der Sachlage.

Nach dem Aus in der Gruppenphase 2022, dem zweiten vorzeitigen Ausscheiden in Folge bei einer Weltmeisterschaft, hält der Journalist Frank Hellmann, der seit Jahrzehnten sowohl über die Männer als auch die Frauen des DFB berichtet, die Zeit endgültig reif für ein Umdenken auch beim DFB. In der *Berliner Zeitung* schreibt er unter der Überschrift „Nach der WM-Katarstrophe: Was die Männer jetzt von den Frauen lernen sollten": „Das enttäuschende Abschneiden der Männer dürfte dafür sorgen, dass die Rückendeckung für die Frauen bis dahin [bis zur Frauen-WM 2023 in Australien und Neuseeland] weiter steil steigt. Weil sie jetzt endgültig die wahren Vorbilder im deutschen Fußball sind. Auch wenn es viele Männer noch immer nicht wahrhaben wollen." Als wichtigen Punkt sieht Hellmann das, was die Fanszene bei den Männern seit Jahren regelrecht in Aufruhr versetzt: das schlechte Image. Genau in dieser Hinsicht haben es die Frauen im Sommer 2022 deutlich besser gemacht. Hellmann: „... ihr besonderer Spirit, ihre totale Hingabe, ihr gelebter Zusammenhalt und ihr erfolgreiches Spiel verzückten die Nation. Sie stießen in das Vakuum verlorener Glaubwürdigkeit."

# DIE EVOLUTION

## Kaffeegeschirr und mehr

Sie gehört zu den bekanntesten Geschichten im deutschen Frauenfußball. Immer und immer wieder erzählt. Und immer wieder sorgt sie für Kopfschütteln: Als die Frauen 1989 Europameisterinnen werden, erhalten sie vom DFB ein Kaffeegeschirr als Siegprämie. Eine Entscheidung, die im Nachhinein als äußerst peinlich eingestuft wurde, zumal es sich bei dem Porzellan, das unter anderem unsere heutige Bundestrainerin Martina Voss-Tecklenburg überreicht bekam, auch noch um sogenannte B-Ware handelte. Es war der erste große internationale Erfolg, den eine offizielle Frauennationalmannschaft des DFB erzielte. Das berüchtigte Kaffeeservice wurde übrigens später Gegenstand einer symbolträchtigen Kunstaktion. EM-Torhüterin Marion Isbert, die im Halbfinale von 1989 nicht nur drei Elfer gegen Italien hielt, sondern den entscheidenden Elfmeter auch noch selbst verwandelte, schoss bei einer Ausstellungsvernissage ein anderes Porzellanservice vom Dach des ehemaligen Bonner Frauenmuseums. Ein klares Statement Richtung DFB und seiner missglückten Prämienauswahl. Ein Originalservice befindet sich in einer Vitrine des Deutschen Fußballmuseums in Dortmund.

**Nia**

Auf Vereinsebene war damals an Prämien zunächst überhaupt nicht zu denken. Eine Punkteprämie für die Meisterschaft oder den Pokal? Ausgeschlossen. Teilweise wurden die Fahrtkosten zum Training oder zu den Spielen erstattet, mehr nicht. Aufwandsentschädigungen eben. Erst im Laufe der Jahre tat sich hier etwas beim FFC Frankfurt. Unter anderem durch Siggi Dietrich, der schon früh einzelne Spiele von uns vermarktete. Die Pokalfinalspiele etwa. 1999 erfolgte hier der erste große Schritt. Die Partie wurde live in der ARD übertragen. Auf den Trikots hatten wir einen speziellen Pokal-Sponsor. Die Vereinbarung kam dann dem Verein und natürlich auch unserem Team zugute. Etwa in Form eines vernünftigen Ausrüstervertrags oder einheitlicher Kleidung für die Reisen. Langsam wurden auch erste Sportartikelhersteller auf uns aufmerksam, da kam Bewegung rein. Finanziell haben die Spielerinnen jedoch nicht wirklich profitiert.

Natürlich gab es auch Spielerinnen, die private Sponsoren hatten, Birgit Prinz zum Beispiel. Ich persönlich hatte den ersten kleineren Unterstützer nach dem Endspiel 1999, bei dem ich das Siegtor im Pokalfinale erzielt hatte. Das sorgte doch für eine gewisse Aufmerksamkeit.

Später bekamen Spielerinnen auch mal ein Auto zur Verfügung gestellt. In einer meiner Rehas hatte ich einen Trainer, der gleichzeitig eine Männermannschaft coachte. Der wunderte sich natürlich, wenn ich von unseren „Prämien" erzählte. Zu der Zeit war es offenbar normal, dass Männer selbst in niedrigen Spielklassen schon ganz ordentlich was aufs Konto (oder auf die Hand) bekamen – und Frauen, selbst in der Bundesliga und in der Nationalmannschaft, quasi nichts. Fertig, aus. Für die Jungs war damit klar: Okay, aus finanziellen Gründen betreibt die ihren Sport und den damit verbundenen Aufwand sicher nicht. Auf der anderen Seite muss ich in der Rückschau immer wieder sagen: Was ich alles erlebt habe und erleben durfte, ist mit Geld nicht aufzuwiegen. Die Spiele, die Reisen, die Feiern, die Freundschaften. Ich durfte die halbe Welt sehen. Das alles ist tausendmal mehr wert, als nur des Geldes wegen zu spielen.

Bei der Nationalmannschaft wurde es nach dem Golden Goal 2003 deutlich besser. Für den Titel gab es 15000 Euro pro Spielerin, die gemeinsam vom DFB und der Deutschen Sporthilfe aufgebracht wurden. Zudem wurden Tagegelder für Lehrgänge bezahlt. Für mich als Studentin waren das sozusagen Einkünfte, wie sie sich meine Kommilitonen durch Nebenjobs verdienten. Und ich hatte noch Spaß dabei.

Vergleiche mit den Männern, was Geld und Prämien anging, stellte damals eigentlich niemand an. Das war so akzeptiert. Nehmen wir mal die Reisen zu den Länderspielen oder zu einem Turnier. Natürlich sind wir 2003 die 13 Stunden Anreise in die USA nicht in der Businessclass geflogen.

Nia

Die Männer hätten es wahrscheinlich getan. Ich weiß es gar nicht. Aber die Ausrüstung, von Koffern über Kleidung, die uns vom Verband zur Verfügung gestellt wurde, war immer zeitgemäß. Da fehlte es an nichts. Auch die Hotels waren immer in Ordnung. Trotzdem nicht vergleichbar mit dem Aufwand, der heute betrieben wird. Ich denke hier etwa an das Trainingslager in Herzogenaurach vor der EM in England. Da stand den Frauen derselbe Luxus zur Verfügung wie den Männern. Perfekt. Ein Paradebeispiel für Gleichbehandlung. Gab es zu unserer Zeit eben noch nicht. 2003 waren wir zur Vorbereitung auf die WM fast drei Monate in der Sportschule Bitburg. Die größten Unterschiede bestanden immer in der Entourage. Die Männer hatten stets deutlich mehr Betreuer dabei als wir. Aber sie standen ja auch sehr viel mehr in der Öffentlichkeit. Das sollte man fairerweise einräumen. Insgesamt muss ich sagen: Wir haben vom DFB deutlich stärker profitiert als viele Frauenmannschaften in anderen Verbänden, zum Beispiel Handball, Volleyball, Hockey, Basketball. Natürlich waren wir auch erfolgreich, bei Europameisterschaften, Weltmeisterschaften und Olympischen Spielen. Aber noch mal: Der Verband hat sich gut um uns gekümmert. Er ist allerdings auch der größte Sportverband der Welt.

## Die Aufmerksamkeit wächst

Nia

Die Einführung der eingleisigen (also *einer* landesweiten) Liga 1997 war ein Meilenstein. Denn natürlich wird dadurch der Wettkampfcharakter gesteigert. Zugleich erhöhen sich aber auch die Anforderungen an die Vereine deutlich. Vorher spielten sie in einer Nord- und einer Süd-Gruppe gegeneinander. Die Zusammenlegung zu einer Liga mit zwölf Vereinen war ein enormer Fortschritt und legte den Grundstein für die positive Weiterentwicklung im deutschen Frauenfußball. Inzwischen sprechen wir bereits von einer weiteren Aufstockung der Bundesliga, es wird davon gesprochen, dass es mal 16 Vereine werden sollen. Aber bis dahin könnte es noch eine Weile dauern. Nach Abschluss des aktuellen Medienvertrags, der ab Herbst 2023 für vier Jahre gilt, ist das frühestens zur Saison 2027/28 möglich. Vielleicht ist es auch gar nicht so schlecht, sich etwas Zeit zu lassen. Dann haben die Vereine, die gerne nach oben möchten, wie etwa Borussia Dortmund oder Union Berlin, noch die Möglichkeit, entsprechende Strukturen zu schaffen. Es muss ja nicht immer alles übers Knie gebrochen werden.

Eine besondere Erinnerung habe ich an das Pokalfinale 1999. Wie schon erwähnt hatte unser 1. FFC Frankfurt für die Partie im Berliner Olympiastadion sogar einen eigenen Trikotsponsor, den Manager Siggi Dietrich an Land gezogen hatte. Die Aufmerksamkeit durch die Liveübertragung im Fernsehen war ziemlich groß. Und dann erzielte ich auch noch das Siegtor. Allzu häufig habe ich in meiner Karriere ja nicht getroffen, aber ein paar wichtige Treffer waren dabei. In diesem Spiel gegen den FCR Duisburg lief ich als Vorstopperin auf, heute heißt das Innenverteidigerin.

Für extrem wichtig für die Entwicklung in dieser Zeit halte ich auch die Einführung des UEFA Women's Cup in der Saison 2001/02. Auch da gewannen wir mit dem 1. FFC Frankfurt gleich den ersten Wettbewerb. Das war der Wahnsinn. 13 000 Zuschauer kamen nur wegen uns ins Frankfurter Waldstadion, das kannten wir so nicht. Flutlicht, Regen, Sieg, Wahnsinn! Die Reisen zu den Auswärtsspielen in Europa waren in der Anfangszeit teilweise abenteuerlich und definitiv prägende Erlebnisse. Ich denke sehr gerne an diese Zeit zurück. Bei den DFB-Pokal-Finalspielen (in Berlin) waren 90 Prozent der Zuschauer in der Regel ja vor allem wegen des nachfolgenden Männer-Endspiels im Stadion. Wer weiß, wie sich der UEFA-Cup der Frauen entwickelt hätte, wenn da nicht ein deutsches Team vorne mit dabei gewesen wäre. Vielleicht wäre der Wettbewerb untergegangen, aber so bekam er in den darauffolgenden Jahren sehr große Bedeutung. Bemerkenswert ist auch, dass es erneut einen deutschen Triumph gab, als in der Saison 2009/10 aus dem UEFA-Cup die UEFA Women's Champions League wurde. Turbine Potsdam durfte sich als erster Titelträger feiern lassen. Großartig! Das steigerte das Interesse der Medien gewaltig.

Beim DFB setzte sich besonders der ehemalige Präsident Dr. Theo Zwanziger für den Fußball der Frauen ein. In seine Amtszeit fällt die Offensive für Mädchenfußball, die der Verband ins Leben rief. Alles mit Blick auf die WM 2011 im eigenen Land. Das löste einen gewaltigen Schub aus. Die Schulen wurden ebenfalls mit ins Boot geholt. Und nicht zu vergessen Steffi Jones, die von Zwanziger zum Gesicht der WM 2011 gemacht wurde und die mit ihrer offenen Art eine extrem positive Atmosphäre rund um das

Thema schuf, sodass plötzlich viele Türen aufgingen. In Deutschland, aber auch in der ganzen Welt. Ich erinnere mich an einen Besuch von Steffi in Nordkorea, der letzten Station ihrer Welcome-Tour: Die WM-Organisationschefin besuchte mit Ausnahme des von Tsunami-, Erdbeben- und Atomkatastrophe betroffene Japan alle Länder der Endrundenteilnehmer. Es war der erste Besuch einer Delegation des DFB in Nordkorea überhaupt und Präsident Theo Zwanziger unterzeichnete einen Kooperationsvertrag. „Der Fußball öffnet Grenzen", erklärte Steffi Jones beim Empfang in der Hauptstadt Pjöngjang. Später stellte sich die nordkoreanische Frauenauswahl, die später in Ingolstadt gegen unsere Mannschaft ein Testspiel bestritt, mit dem WM-Pokal und Maskottchen Karla Kick zum Erinnerungsfoto auf. So richtig herzlich war das alles allerdings nicht, wie uns Steffi Jones später mal erzählte, aber einen Blick hinter Türen, die normalerweise verschlossen sind, hatte sie erhaschen können. Das war das Verdienst von Steffi, die auf dieser schwierigen Mission eine wirklich gute Figur gemacht hat – und ganz wichtig für das Bild von Deutschland in der ganzen Welt.

In diesem Zusammenhang möchte ich einmal meinen Partner würdigen. Also nicht meinen Mann, den natürlich auch immer, nein, meinen Moderationspartner Claus Lufen. Wir begleiten die Spiele jetzt seit über zehn Jahren. Und jedes Mal freue ich mich erneut auf die gemeinsamen Analysen Seite an Seite. Claus hat den Journalismus von der Pike auf gelernt. Das ist für mich von unschätzbarem Wert. Eine Livesendung ist immer etwas Besonderes. Da kann jederzeit etwas schiefgehen. Und was dann zählt, ist: Ruhe bewahren, flexibel reagieren und einfach unerschütterlich weiter durch die Sendung führen, sodass im besten Fall der Zuschauer gar nichts davon mitbekommt. In dieser Hinsicht versteht Claus sein Handwerk perfekt. Es liegt auch an ihm, dass der Frauenfußball mehr Beachtung gefunden hat. Wenn ein etablierter Moderator mit großer Überzeugungskraft Spiel für Spiel und von Turnier zu Turnier durchweg einen hoch professionellen Job macht, dann hebt das den Stellenwert der Sportart. Dass mit Claus jemand aus der obersten Riege der ARD-Sportmoderatoren den Frauenfußball übernahm, zu einer Zeit, als er nicht einmal unter den Kollegen in der Sportberichterstattung überall akzeptiert war, vermittelt nach außen ganz klar, wie ernst es dem Sender mit den Übertragungen war; und dass er sie nicht als Trainingswiese für den Nachwuchs betrachtete. Für mich als Expertin war das ganz wichtig zu wissen. Claus stellt inhaltlich immer die richtigen Fragen, spricht wichtige Themen völlig unaufgeregt und sachlich, aber in der Analyse auch sehr präzise an. Wir agieren total auf Augenhöhe. Lange nach einer Sendung diskutieren wir noch leidenschaftlich über bestimmte Szenen und wie wir die eine oder andere Entscheidung beurteilen. Wie Sie sehen: Ein Spiel dauert in diesem Fall deutlich länger als 90 Minuten, und es ist schön zu sehen, wenn jemand für ein Thema brennt und nicht den Stift fallen lässt, sobald das Scheinwerferlicht ausgeht. Von meiner Seite an dieser Stelle ein respektvolles großes Dankeschön, Claus!

## Ein Mann, der den Frauenfußball liebt

Sprechen wir nun über einen Mann, der ursprünglich eine Ausbildung zum Sportphysiotherapeuten machte und in jungen Jahren seine eigene Praxis in Frankfurt-Heddernheim eröffnete. In den folgenden Jahren betreut er die deutsche Eiskunstlaufnationalmannschaft, nebenbei aber auch die Stars der internationalen Eiskunstlaufszene und später bei großen Tennisturnieren Größen wie Boris Becker und Gabriela Sabatini. Wer ist dieser Mann? Ein Mann, der offenbar alles kann. Oder zumindest ziemlich viel. Ende der 1980er-Jahre gründet er seine eigene Agentur, neben seinen heilenden Händen kommt nun auch sein Kopf ins Spiel. Er vermarktet erfolgreich Eiskunstlauf-Events und Einzelsportlerinnen, unter anderem Katarina Witt. Der Übergang ins Management ist geschafft. Wir sprechen von Siggi Dietrich.

Was das mit dem Fußball der Frauen zu tun hat? Sehr viel. Denn: Anfang der 1990er-Jahre entdeckt Siggi Dietrich seine große, neue Liebe: den Frauenfußball. 1992 lädt Dietrich die Bundesligaspielerinnen der SG Praunheim zu einer Eiskunstlaufgala mit Katarina Witt in die Frankfurter Eissporthalle ein. Die gegenseitige Sympathie ist sofort vorhanden. Es folgt die Gegeneinladung. Beim Heimspiel in Frankfurt-Praunheim sehen 2500 Zuschauer das Duell gegen den FC Bayern München. Dietrich ist begeistert. Ihm gefallen die Menschen und die Atmosphäre, und er erkennt das Potenzial dieser Sportart. Weshalb er sich ihrer annimmt, und zwar richtig.

Aus einer Berufung wird fortan ein Beruf. Das Ziel: den Frauenfußball voranbringen – auf allen Ebenen! Als ehrenamtlicher Manager der SG Praunheim kümmert er sich zunächst gemeinsam mit Moni Staab, der Sportlichen Leiterin der Mannschaft, um den Ausbau der Strukturen. Dietrich holt Sponsoren ins Boot, begeistert neben der Wirtschaft aber auch die Politik für „seinen" Sport. Auf sein Konto gehen auch die Gründung des 1. FFC Frankfurt und der Umzug ins Stadion am Brentanobad, wir haben ja bereits darüber gesprochen. Wenn man von der Einführung wichtiger Rahmenbedingungen im Frauenfußball spricht, ist das unweigerlich mit dem Namen Siggi Dietrich verbunden.

**Nia**

Hier muss ich aus ganz persönlicher Sicht noch etwas zum Werdegang des 1. FFC Frankfurt ergänzen. Wir hatten Siggi zu verdanken, dass wir 1998 einen echten Weltstar in unseren Reihen begrüßen durften: Birgit Prinz! Mit ihr gewannen wir 1999 das Double. Der 1. FFC setzt sich in den folgenden Jahren national und international an die Spitze, holt einen Titel nach dem anderen. Die Liste der Erfolge: viermal UEFA-Women's-Champions-League-Cup / Champions-League-Sieger, neunmal DFB-Pokalsieger, siebenmal Deutscher Meister. Unvergessen das Champions-League-Finale gegen Paris Saint-Germain in Berlin 2015. Auch die damalige Bundeskanzlerin Angela Merkel war dabei. Ein absolutes Highlight in der Geschichte des deutschen Frauenfußballs.

Aber nicht nur auf Vereinsebene ist Dietrich ein Macher. Auch im Verband treibt er lange Jahre die Entwicklung in diversen Gremien voran. Er fungiert als Ligasprecher und Vorsitzender des Ausschusses „Frauenbundesligen" mit

Sitz im DFB-Vorstand sowie als Mitglied im DFB-Ausschuss für Frauen- und Mädchenfußball. *Dietrich: Ein Leben für den Frauenfußball* heißt ein Feature über Dietrich auf dfb.de und das trifft es. Dann, Mitte Oktober 2022: Täglich gibt es positive News über den Fußball der Frauen in Deutschland. Für das Topspiel der Bundesliga in der Volkswagen Arena werden im Vorverkauf über 18 000 Karten abgesetzt. Für ein Heimspiel des VfL Wolfsburg bedeutet das einen neuen Rekord in der Liga. Doch ein paar Tage vor dem Termin plötzlich diese Meldung: Siggi Dietrich zieht sich zum Jahresende aus dem Fußball der Frauen zurück (zumindest aus seinem Verein, Eintracht Frankfurt). Sie kommt nicht gänzlich überraschend. Aber bei allen, die sich mit dieser Sportart beschäftigen beziehungsweise geschäftlich mit ihr verbunden sind, schlägt die Nachricht ein wie eine Bombe. Er, der Macher, verkündet seinen Abschied. Auch für uns ist das ein tiefer Einschnitt nach Jahrzehnten des Engagements in so vielen verschiedenen Rollen. Siggi Dietrich hat Nia über fast die gesamte Strecke ihres bisherigen Weges begleitet. Er war Manager und später bei der SG Praunheim treibende Kraft bei der Gründung des FFC Frankfurt und schließlich auch Nias persönlicher Manager. Eine einmalige Beziehung also.

> Mehr als 20 Jahre besteht unsere Zusammenarbeit, anfangs beratend, mittlerweile sind wir aber auch freundschaftlich miteinander verbunden. Natürlich waren wir nicht immer einer Meinung, aber das muss auch nicht sein. In dieser Zeit haben wir wahnsinnig viel erlebt, die „guten wie die schlechten Zeiten". Auf der anderen Seite war Siggi immer

**Nia**

ein Ansprechpartner für die Journalisten. Einer, der permanent für seinen Sport und seine Mädels „in die Bütt gegangen ist“, und der stets das kollegiale, freundschaftliche Verhältnis hochgehalten hat, egal wie schwierig die Zeiten auch waren. Und das soll nun vorbei sein? Ich erinnere mich an das Pokalfinale 2021 in Köln. „Seine“ Frankfurterinnen, die erst kürzlich mit ihm unter das Dach der Eintracht gewandert waren, im Duell mit dem VfL Wolfsburg. Aber Siggi Dietrich konnte nicht dabei sein. Das war eigentlich unvorstellbar, aber seine Gesundheit ließe es nicht zu, wie er mir am Telefon mit teilweise zittriger Stimme erzählte. Letztlich musste er sich eine Auszeit nehmen, die vier Monate dauerte.

Genaueres erfuhr man nicht. In einer Pressemitteilung sprach er von wieder verstärkten Signalen seines Körpers, „die mich an meine gesundheitliche Situation von vor eineinhalb Jahren erinnern.“ Er verspüre „vermehrt, dass ich meinem eigenen Anspruch, mit zumindest 100 Prozent meinen vielfältigen Aufgaben nachzugehen, aktuell nur erschwert gerecht werden kann. Schon in den nächsten Tagen werde ich mich aus dem Tagesgeschäft herausnehmen.“ Er wolle den Vorstand der Eintracht um die vorzeitige Auflösung seines eigentlich bis Juni 2023 laufenden Vertrags zum Jahresende bitten.

In einem Gespräch mit dfb.de vom 31. Dezember 2022 erzählt Siggi Dietrich eindrucksvoll, mit welchen Widerständen er in seiner Anfangszeit zu kämpfen hatte, wie optimistisch er aber dennoch geblieben ist, weil es sich einfach lohnt, für den Frauenfußball zu kämpfen.

„Ganz ehrlich gesagt, habe ich mich mit den ganzen Vorbehalten zur damaligen Spielqualität und gesellschaftlicher Akzeptanz bis hin zu ausfälligen Bemerkungen kaum beschäftigt. Ich habe an die Entwicklung geglaubt, viele dumme Sprüche und oft auch ein Belächeln meines Engagements an mir vorbeiziehen lassen und einfach unbeirrt weitergemacht. Die schulterklopfenden ‚Gönner und Freunde', die vorher noch weggeschaut hatten, kamen später mit den ersten größeren Erfolgen als Pokalsieger, Deutscher Meister und Champions-League-Sieger von selbst. Großen Respekt hatte ich immer vor den Mädchen und Frauen, die mit der ständigen männervergleichenden und abwertenden Kritik umgehen mussten, sich aber oft dann erst recht mit immer besseren Leistungen präsentierten. Auch das hat mich außerordentlich motiviert, unsere damaligen Vorbilder wie Birgit Prinz, Steffi Jones und Nia Künzer in der Medienlandschaft und auch über werbliche Maßnahmen zu positionieren und so mit herausragenden Beispielen für unseren Sport zu werben. Heute würde man sagen: mit einem ganzheitlichen Konzept zum Erfolg und das ab 2003 und 2007 dann auch mit Weltmeisterinnen."

Eine Ära, die nun nach 30 Jahren abrupt endet. Siggi Dietrich hat mit dem FFC Frankfurt alles erreicht. Er ist *die* prägende Figur in Deutschland, was den Fußball der Frauen betrifft. Eine Ikone. Wir können uns das noch gar nicht vorstellen: kein Siggi mehr bei den Spielen live vor Ort. Keiner, der kurz vor der Übertragung anruft und darum bittet, doch auch immer wieder die Bundesliga zu erwähnen, die demnächst anstehenden Topspiele anzukündigen und alles, was die Liga sonst noch zu bieten hat und so weiter und so fort. Keine WhatsApp mehr, wenn ihm während einer Begegnung etwas besonders gut gefällt, natürlich auch, wenn ihm etwas nicht gefällt. Auch der private Austausch, die vielen guten Ratschläge, stets seriös, niveauvoll und fair, werden uns fehlen.

Wir wollten beschreiben, was den Fußball der Frauen im Kern ausmacht. Was ihn anders macht und was besonders. Ja, Siggi Dietrich gehört dazu. Ein Typ mit Ecken und Kanten, einer, der dadurch auch polarisiert. Ein immer umtriebiger, emphatischer Kämpfer, mit vielen Visionen für den Fußball der Frauen. Er hat immer an diesen Sport geglaubt. Früher als alle anderen zusammen. „Der Ball ist für Männer, Frauen und die Jugend gleich rund." So dachte und handelte er. An Siggi Dietrich haben sich viele gerieben, besonders die Pragmatiker, die mit seiner Vorstellung von Professionalisierung nicht viel anfangen konnten. „Reibung erzeugt Energie", sagte er einmal und lachte. Wenn er sich nun, nicht ganz freiwillig, zurückzieht, kann sich jeder vorstellen, wie schwer ihm das fallen muss. Aber „sein Baby" wird erwachsen, das haben die letzten Monate gezeigt. Es krabbelt nicht mehr nur auf dem Boden, sondern es läuft, und zwar richtig. Es besteht die Hoffnung, dass Siggi dieser Sportart in irgendeiner Form als Berater erhalten bleibt. Oder sich wenigstens in den Stadien blicken lässt. Wer über Jahrzehnte mit so viel Leidenschaft dabei war, der kann doch nicht einfach so von der Bildfläche verschwinden.

Inzwischen ist klar: er wird weiter beratend tätig sein. Gut so, denn: Sein Herz wird immer am Fußball der Frauen hängen. Daran gibt es keinen Zweifel. Eine vergleichbare Persönlichkeit, die sich mit derartiger Vehemenz für den Frauensport einsetzt, ist weit und breit nicht in Sicht.

„Der Frauen- und Mädchenfußball ist der Fußball mit den größten Zuwachsraten und herausragenden Aussichten für die Zukunft. Die aktuellen Erfolge und Entwicklungen beweisen es. Und für die, die es noch mal hören wollen: Nachhaltiges Investment in den Frauenfußball ist nach meinen Erfahrungen ein lohnendes Geschäft mit großer Perspektive. Ich wünsche unserer Frauenbundesliga, allen Spielerinnen der Klubs sowie den Verantwortlichen der Vereine und des DFB im Wettbewerb auf dem Rasen, aber auch im Zusammenspiel über den eigenen Tellerrand hinaus eine erfolgreiche Zukunft. Möge es auch zusammen mit den Medien und den Sponsoren gelingen, weiterhin zu den stärksten Ligen in Europa zu zählen und als Bundesliga ein wesentlicher Antreiber im Wachstumsmarkt des europäischen Profifrauenfußballs zu sein."

Da steckt keine Spur von gespieltem oder künstlichem Pathos drin. Im Gegenteil: Es liest sich so, als hätte der Verfasser feuchte Augen gehabt, als er das niederschrieb.

## Es geht voran

**Bernd**

Ich erinnere mich an Übertragungen von Länderspielen, beispielsweise 2007 in Wales, Haverfordwest, da wurde auf einer

Art Platz gekickt, direkt neben der Pferdekoppel. Hinter der Trainerbank, die wirklich nur aus einer Bank bestand, grasten zwei braune Vierbeiner. Völlig unbeeindruckt vom Geschehen um sie herum. Wir nannten sie Marianne und Michael. Der Reporterplatz befand sich auf einem selbst gebauten Podest auf Höhe der Mittellinie, etwa zwei Meter über der Koppel. Als ein Tor fiel und ich das etwas engagierter kommentierte, drehte sich Silvia Neid, die Bundestrainerin, zu mir um und sagte: „Nicht so laut, Bernd. Ich muss mich konzentrieren." Ich wäre vor Lachen fast vom Podest gestürzt. Zuschauer? Fehlanzeige. Der Platz trug den Namen Bridge-Meadow-Stadium. Ein Stadion war es beileibe nicht. „Meadow", zu Deutsch Wiese, traf es aber gut. Es war wirklich nur eine einfache Wiese. Deutschland gewann 6:0. Es handelte sich um ein Qualifikationsspiel zur Europameisterschaft 2009. Der Stellenwert für Frauenfußball tendierte damals in Wales noch gegen null. Das hat sich inzwischen deutlich verbessert. Aber natürlich schadet es dem Image, wenn im Fernsehen neben dem Fußballplatz grasende Pferde zu sehen sind. Wenn keine Stimmung herrscht und keinerlei Emotionen transportiert werden. Wir haben sicherlich alle noch die Bilder von der WM im Sommer 2022 in England vor Augen. Oder die Übertragung des Freundschaftsspiels Deutschland gegen Frankreich Anfang Oktober 2022 in Dresden. Ausverkauftes Stadion, großartige Stimmung. Showtime. Super. Dafür bedurfte es jedoch eines langen Anlaufs.

In früheren Zeiten erlebten wir immer wieder Dinge, die dem Fußball der Frauen nicht gerecht wurden. Gerade bei den Auswärtsspielen. Hätte die ARD nicht unter großem Aufwand die Technik in die Fremde gebracht, wären viele Spiele gar nicht übertragen worden, weil andere nationale Verbände die Partien ihrer Mannschaften nicht im Fernsehen zeigen. Zwei Beispiele: Moskau im September 2014. Die Partie gegen die Russinnen wird auf einem Nebenplatz des Olympiastadions Luschniki ausgetragen. Dort finden maximal 2000 Zuschauer Platz, doch obwohl hier zum ersten Mal ein Frauenländerspiel stattfindet, kommen deutlich weniger. Normalerweise spielen die Frauen in Krasnoarmeisk, einer Stadt in der Nähe von Moskau. Sie ist die Heimat vom FK Rossijanka, dem besten und bekanntesten russischen Frauenfußballverein. Dort haben sie einen der wenigen Naturrasenplätze. Gegen die DFB-Auswahl treten sie dennoch auf dem Aufwärmplatz der Leichtathleten an. Unglaublich. Bei der WM 2013 dehnten und lockerten sich hier Usain Bolt, Robert Harting, David Storl, Christina Schwanitz und viele andere – wahrscheinlich vor ungefähr genauso vielen Kiebitzen wie beim 4:1-Erfolg der deutschen Mannschaft.

Velika Gorica ist auch so eine Stadt, die nachdrücklich in Erinnerung bleibt. Nie zuvor von ihr gehört und nie mehr danach. Ein Vorort von Zagreb. Immerhin rund 60 000 Einwohner. Wir sind im September 2015 dort. Die Szenerie ist gespenstisch. Selbst wenige Minuten vor dem Anpfiff sind keine Zuschauer im Stadion. Dann erkennen wir aus der Ferne, dass auf der Tribüne ein, zwei deutsche Fähnchen wehen. Spontan erkundige ich mich nach den Namen der Fans. Es sind exakt fünf. Nach der Hymne schwenken wir mit der Kamera auf den deutschen Anhang und ich kann jeden Einzelnen beim Namen nennen. Die Heidi aus München, der Hans aus Köln... Der harte Kern der mitreisenden Fans der Frauenfußball-Nationalmannschaft. Sie lachen jetzt sicher. Und es war ja auch lustig. Gleichzeitig war es aber auch traurig, auf welch geringes Interesse die Länderspiele stießen. Wie gesagt: bei den Auswärtsspielen. Das heißt in Russland, in der Slowakei, in Slowenien, in der Türkei usw. In den deutschen Stadien ist die Situation natürlich eine andere.

Aber dennoch: Wir sprechen hier von einer Zeit, in der Deutschland als Europameister in Serie auftrat. Und überdies die WM 2011 im eigenen Land einen extremen Schub für den Fußball der Frauen in Deutschland gebracht hatte. Das war ein regelrechter Hype. Und zwar schon Jahre vor dem Turnier. Es drehte sich fast alles nur noch um diese Veranstaltung. Gleichzeitig wuchs das mediale Interesse. Schon Wochen vor dem Eröffnungsspiel in Berlin waren die Zeitungen voll. Es gab unzählige TV-Berichte in allen möglichen Magazinen. Der DFB selbst sorgte mit seiner Kampagne, mit der er „die schöne Seite des Fußballs" zeigen wollte, für Aufsehen. Später lautete der Vorwurf, es sei dabei mehr um die Körper der Spielerinnen als um den Sport gegangen. Wie auch immer. Die Aufmerksamkeit wurde dadurch gesteigert. In allen Bereichen. Die Einschaltquoten gingen spürbar in die Höhe. Das Eröffnungsspiel im Olympiastadion in Berlin war ausverkauft. Über 80 000 Fans. Wahnsinn. Und an den TV-Geräten sensationelle 15,37 Millionen Zuschauer. Marktanteil 60,1 Prozent.

Unfassbar. Atemberaubend. Niemand hatte damals mit einer derartigen Einschaltquote gerechnet. Das war völlig verrückt. Im weiteren Turnierverlauf stieg bei den deutschen Spielen die Quote dann sogar auf knapp 17 Millionen Zuschauer an. Beim Ausscheiden im Viertelfinale waren es exakt 17,01 Millionen. Eine Rekordquote. Nie zuvor hatten so viele Menschen ein Spiel der deutschen Fußball-Frauen im Fernsehen verfolgt. Auch die anderen WM-Partien ohne Beteiligung des DFB-Teams erzielten Spitzenwerte.

Die Stadien waren voll. Die Stimmung top. Nur leider, so später die Erklärung, war der Druck für die Mannschaft zu groß. Der WM-Titel war fest eingeplant. So jedenfalls die Erwartungshaltung im Land, in den Medien und auch beim DFB. Die Übertragungen blieben allerdings auch nach dem Aus für die Deutschen höchst erfolgreich. Das Finale zwischen Japan und den USA (der Titel ging an Japan, nach einem 3:1 im Elfmeterschießen) am Sonntag zur *Tatort*-Zeit im Ersten kam auf stattliche 15,34 Millionen. Marktanteil: 46,6 Prozent. Der *Spiegel* schrieb damals: „Auch wenn Deutschland nicht mitspielt, hat Frauenfußball hierzulande das Zeug zum Straßenfeger." Eine virtuose Prognose, die sich in den kommenden Jahren aber nicht bestätigte.

Gerade in der Bundesliga nicht. Zu groß war wohl der Frust über das vorzeitige Ausscheiden. Zusätzliche Fans konnten nicht mobilisiert werden. Die Zuschauerzahlen gingen kaum nach oben, wenn überhaupt. Der Vereinsfußball schaffte es in jener Zeit relativ selten ins Fernsehen. Das ist inzwischen anders. Die große Ausnahme bildete das jährliche DFB-Pokalfinale. Anfangs noch als

„Vorprogramm" der Männer im Berliner Olympiastadion ausgetragen, wurde es 2010 zum eigenständigen Event in Köln. Ein wichtiger Schritt, um nicht das Anhängsel der Männer zu bleiben. Inzwischen ist es ein etabliertes, respektiertes und beliebtes Sportereignis. Die Idee hat sich durchgesetzt.

Es gibt aber nicht überall Grund zum Jubeln. Betrachten wir eine Statistik zu den Mädchenmannschaften in Deutschland, sind die Zahlen geradezu alarmierend. Der Hype im Vorfeld der WM 2011 war in den Folgejahren sehr schnell verflogen. Die Ernüchterung dementsprechend groß. Zwischen 2010 und 2020 verlor der DFB nicht weniger als die Hälfte (!) seiner gemeldeten Mädchenteams (besonders stark nach 2011). Von 8665 ging es auf 3987 Mannschaften mit Spielerinnen unter 16 Jahren zurück. Das sind alarmierende Zahlen. Natürlich schlagen hier auch die Coronajahre zu Buche und zuletzt stieg die Zahl der Spielerinnen wieder deutlich an. Waren es in der Saison 2020/21 noch 78073, so sind es eine Saison später schon wieder 103 205 Aktive. Also ein Plus von rund 32 Prozent, das kann sich sehen lassen; und die Zahlen nach dem EM-Boom 2022 sind hier noch gar nicht berücksichtigt. Die neue DFB-Vizepräsidentin Silke Sinnig kündigte kurz nach ihrer Wahl an, sich verstärkt darum zu kümmern, den Mädchenfußball wieder attraktiver zu machen. Außerdem will sie für mehr Trainerinnen und Trainer im weiblichen Nachwuchs werben. In München gab es dazu bereits ein erstes Projekt: „Mädchen an den Ball". Wir werden diese Entwicklung noch genauer beleuchten.

Kommen wir zunächst noch mal auf die TV-Übertragungen zurück, die ja einen wichtigen Anteil daran haben, ob eine Sportart in einem Land populär wird oder nicht. Ein Problem, das Carsten Flügel, langjähriger Programmchef im Ersten in Sachen Frauenfußball, insbesondere nach der WM 2011 ausmachte, waren die veränderten Übertragungs- bzw. Anstoßzeiten bei den Länderspielen der deutschen Mannschaft. „Mit dem vorzeitigen Scheitern der DFB-Auswahl war das Vertrauen auch irgendwie weg, der Kampf um die Sendezeiten wurde viel härter als zuvor." Die übliche Übertragungszeit, die vormals bei 18.00 Uhr lag, verschob sich im Laufe der nächsten Jahre stetig weiter in den Nachmittag, bis sie bei 16.00 Uhr landete. Ab 18.00 Uhr hatte die Quiz-Schiene sehr gute Quoten, da musste der Fußball der Frauen schlichtweg weichen. Die Folge: weniger Zuschauer in den Stadien, scheinbar geringeres öffentliches Interesse (wer hat schon Zeit, um 16.00 Uhr in ein Stadion zu gehen?) und dadurch der Eindruck, „es interessiere ja eh niemanden". Ein Teufelskreis. „Eine Entscheidung der Programmdirektion, da konnten die Landesrundfunkanstalten und die Sportkoordination nichts dazu", erzählt Flügel, der zudem bei der Planung der Sendekonzepte für Welt- und Europameisterschaften auf die besondere Situation bei den Frauen und die daraus resultierenden Probleme verweist. „Während die Männer-Turniere sehr frühzeitig vorbereitet werden konnten, weil immer klar war, dass alle Spiele übertragen werden, ist das bei den Frauen deutlich schwieriger gewesen. Teilweise wussten wir nicht mal sechs Monate vor Turnierbeginn, welche Partien, neben den deutschen

Spielen, denn letztlich Platz im linearen Programm Platz finden [würden]." Hier wurde ein klarer Unterschied zwischen den Männern und den Frauen gemacht. „Wir hatten bei der WM 2019 in Frankreich vom Programm her etwa 50 Prozent der Sendezeiten einer vergleichbaren Männer-WM. In diesem Fall war unsere Referenzmarke das Turnier 2018 in Russland [WM der Männer]." Und jetzt, Achtung: „Unser finanzielles Budget betrug aber genau ein Zehntel dessen, was für die Übertragung einer Männer-WM zur Verfügung steht." Zur finanziellen Ausstattung der Programmverantwortlichen im Frauenfußball erzählt er folgende Anekdote: „Bei der WM in Frankreich gab es von unserem damaligen Produktionschef bereits nach fünf Sendetagen die Ansage an die Beitragsmacher, sie könnten jetzt nicht mehr mit Kamerateams drehen, sondern müssten sich das Material irgendwie aus dem Internet besorgen oder andere Wege finden. Der Grund: Das gesamte Budget für die Kamerateams sei bereits aufgebraucht. Die Autoren staunten nicht schlecht. Das Budget kann nicht allzu hoch gewesen sein. Wir haben es dann aber doch noch irgendwie hinbekommen."

**Nia**

Hierzu noch ein paar Worte aus meiner Erfahrung als Expertin, aber bitte mit einem Augenzwinkern verstehen, hier geht es wirklich nicht um mich. Im Vergleich zu den Männern sind die Übertragungszeiten bei den Spielen der Frauen generell anders angesetzt. Das bedeutet vor allem, sie sind viel kürzer. Das heißt, ein Länderspiel, das um 16.05 Uhr angepfiffen wurde, wurde ab 16.00 Uhr übertragen, was natürlich Auswirkungen auf die Vorberichterstattung hatte. Da war kein Platz für einen Film über die deutsche Mannschaft, ein Porträt einer Spielerin oder etwas in dieser Richtung. Die Zuschauer erfuhren auch nichts über den Gegner. Und bei der Anmoderation (inklusive Einschätzung der Expertin) waren maximal zwei Fragen möglich, dann ging schon das Spiel los. In der Halbzeitpause hatten wir dann etwas Zeit für den Analyse-Talk. Das Spielende verlief öfter völlig ohne Moderation, Interviews oder Analyse. Immer dann nämlich, wenn länger nachgespielt wurde. Da musste dann direkt an die *Tagesschau* übergeben werden, damit das anschließende Vorabendprogramm wie geplant laufen konnte. Wir haben sogar manchmal versucht, im Vorfeld mit der Schiedsrichterin zu sprechen und sie zu bitten, nicht endlos nachspielen zu lassen. Was selbstverständlich nicht immer einhaltbar ist, gerade bei Qualifikationsspielen. Das ist natürlich kein spezifisches Problem des Fußballs der Frauen, ich habe so etwas auch bei Handballübertragungen erlebt, beim Tennis oder beim Basketball. Das kommt immer mal wieder vor. Allerdings ist in den anderen Fällen – sprich: anderen Sportarten – aufgrund der Regeln das Ende des Wettkampfs ohnehin schlechter vorhersehbar, etwa weil bei einer Unterbrechung die Uhr angehalten wird oder so lange gespielt wird, bis der Sieger feststeht.

Positiv ist, dass es beim Frauenfußball eine Expertin gibt. Nicht in jeder Sportart, in der Frauen die Hauptrolle spielen, hat automatisch eine Expertin im Moderatorenteam. Noch wichtiger ist: Viele andere Sportarten werden

Nia

selbst auf internationalem Niveau in ARD und ZDF überhaupt nicht gezeigt. Da hat der Fußball der Frauen (auch durch den DFB und dadurch zum Teil mit den Männern gekoppelte Verträge) gegenüber anderen Sportarten einen deutlichen Vorteil. Selbst wenn die Übertragungszeiten diskussionswürdig bleiben.

Bernd

Bei Großveranstaltungen hat der Fußball der Frauen übrigens immer geliefert, wenn es um die Einschaltquoten geht. Gingen im Vorfeld die Meinungen in Bezug auf das mögliche Zuschauerinteresse häufig deutlich auseinander, gab es nach den Events allseits zufriedene Gesichter. Natürlich hing das auch immer vom Erfolg der deutschen Mannschaft ab, aber in der Regel stießen auch die anderen Spiele auf reges Interesse, selbst zur Primetime, also nach der Tagesschau um 20.00 Uhr. Teilweise nicht nachvollziehbar ist die Tatsache, dass die guten Quoten von den Turnieren nicht in die Bundesliga oder zu einzelnen Länderspielen „hinübergerettet" werden konnten. Ein Phänomen, das intern immer wieder diskutiert wurde. So kam es zu erheblichen Schwankungen in der Zuschauerresonanz, sicher auch bedingt durch die bereits erwähnten, ständig veränderten Sendezeiten. Die weitere Entwicklung wird genau zu beobachten sein. Gibt es nach der EM 2022 eine nachhaltige Steigerung der Quoten oder ebbt das Interesse genauso schnell wieder ab?

Nicht nur der Fußball der Frauen hat mit diesem Phänomen zu kämpfen. Anderen Sportarten geht es ähnlich. Beachvolleyball ist ein Beispiel. Ein absoluter Quotenhit

**Bernd**

bei den Übertragungen im Rahmen der Olympischen Spiele. Alle übrigen Wettkämpfe stoßen allerdings nur auf geringes Zuschauerinteresse. Ähnlich sieht es beim Handball aus. Oder beim Basketball. Zu einem großen Event bilden sich regelrechte Quotenblasen, wir haben das bei der Handball-WM der Männer 2023 wieder miterlebt, als die Quoten fast in den zweistelligen Millionenbereich schossen, mit dem Ende der Großveranstaltung aber auch wieder einbrachen. Das Verhalten der Fernsehzuschauer ist hier manchmal einfach unberechenbar. Ein-, zweimal mit großer Begeisterung dabei, dann ist es für den Rest des Jahres aber auch wieder genug.

Schauen wir auf die Entwicklung der Einschaltquoten bei den letzten vier großen Frauenfußballturnieren in der ARD, ergibt sich ein interessantes Bild. Bei der Weltmeisterschaft 2015 erreichten die Übertragungen im Ersten einen durchschnittlichen Marktanteil von 15,86 Prozent. Vor dem Fernseher saßen dabei im Schnitt rund 2,222 Millionen Zuschauer. Da die WM in Kanada ausgetragen wurde, fanden aufgrund der Zeitverschiebung viele Spiele nach deutscher Zeit in der Nacht statt. Das erklärt die relativ geringen Zuschauerzahlen bei gleichzeitig sehr ansprechendem Marktanteil.

Zwei Jahre später, bei der Europameisterschaft in den Niederlanden, erfreuten sich durchschnittlich 3,39 Millionen Zuschauer an den Begegnungen, was einem Marktanteil von 14,35 Prozent entsprach. Entscheidend war hier das frühe Ausscheiden der deutschen Mannschaft im Viertelfinale, das die Quoten im Gesamtdurchschnitt spürbar nach unten drückte. Interessant dazu der direkte Vergleich mit dem Turnier 2019 in Frankreich: ähnliche Sendezeiten, aber ein höheres Interesse, 3,486 Millionen Zuschauer im Schnitt, der Marktanteil lag bei bemerkenswerten 20,18 Prozent. Bei dieser Veranstaltung übertrug die ARD auch das Finale, was sich immer positiv auswirkt auf die angesprochenen Zahlen.

Absoluter Spitzenreiter aber war die EM 2022. Die Übertragungen in der ARD verfolgten im Schnitt 5,096 Millionen Zuschauer, der Marktanteil betrug sagenhafte 20,79 Prozent. Maßgeblich beeinflusst durch die Rekordquote beim Endspiel mit fast 18 Millionen Zuschauern und 64,5 Prozent Marktanteil. Erwähnt werden muss natürlich auch die Anzahl der Spiele, die übertragen wurden. 2015 waren es zwölf Begegnungen, 2017 nur sechs, 2019 fünfzehn Spiele und 2022 elf.

Auch in den Regionalsendern der ARD hat sich der Frauenfußball etabliert. NDR und BR zeigen regelmäßig die Partien des VfL Wolfsburg bzw. des FC Bayern. Der HR überträgt die Partien von Eintracht Frankfurt. Mit respektablem Erfolg. Und das war auch schon vor der EM 2022 so. Ein Blick auf die Einschaltquoten des BR zeigt: Zwischen 2019 und 2022 kamen die Übertragungen des BR-Fernsehen auf durchschnittlich 7,53 Prozent Marktanteil, das ist ein sehr ordentlicher Wert. Allein in Bayern verfolgten 113 700 Zuschauer die Spiele vor dem TV-Gerät. Bundesweit kamen im Schnitt noch mal 241 143 dazu. Und das bei Anstoßzeiten zwischen 12.00 und 14.00 Uhr.

Für die Liga verkündet DFB-Vizepräsidentin Sabine Mammitzsch stark steigende TV-Reichweiten: „Insgesamt konnte eine kumulierte Reichweite von 211,02 Mio. im Free-TV erzielt werden. Im Vergleich zur Vorsaison bedeutet dies eine Steigerung von 83 Prozent, was primär auf eine stärkere Berichterstattung von ARD und ZDF zurückzuführen ist." Sie bezieht sich auf die Saison 2021/22, also die Zeit vor der EM 2022.

Im Vergleich mit anderen Sportarten schneidet die Frauenbundesliga gut ab und erzielt mit 160 000 Zuschauern höhere Durchschnittsreichweiten pro Livespiel als die Basketballbundesliga BBL (50 000 Zuschauer), die Deutsche Eishockey-Liga DEL (70 000) und die Volleyballbundesliga der Frauen VBL (50 000). Lediglich die Spiele der Handballbundesliga (HBL) haben mehr TV-Zuschauer.

In der Saison 2021/22 erschienen 5453 Artikel zur Frauenbundesliga in 85 verschiedenen Printmedien – eine Steigerung um drei Prozent im Vergleich zur Vorsaison. Online wurden 16 125 Artikel auf 477 Websites veröffentlicht. Hier sank die Anzahl leicht um drei Prozent.

## Der Neid-Faktor

Dieses Thema müssen wir doppeldeutig betrachten und analysieren. Zum einen geht es um die Neiddebatte bei den Frauen. Zum andere um eine der wichtigsten Personen im deutschen Fußball der Frauen. Um Silvia Neid nämlich, die als Spielerin und Trainerin diese Sportart geprägt hat wie nur ganz wenige andere.

Fangen wir doch mit dem Neid an, einem Lieblingsthema der Deutschen. Ich habe es am eigenen Leib erfahren. Für mich war das damals vollkommen neu, ich hatte das in dieser Form noch nie erlebt. Ich spreche von meinen Erfahrungen, nachdem ich 2003 im WM-Finale das entscheidende Tor erzielt hatte. Das Golden Goal. Deutschland wurde Weltmeister, im Fernsehen zur besten Sendezeit übertragen und von Millionen Menschen mitverfolgt. Was war das für ein Hype damals! Im Verlauf des gesamten Turniers hatte ich nur etwa 90 Minuten gespielt, im Endspiel waren es gerade mal 10. Entsprechend krass war das Missverhältnis zwischen meinen Einsatzzeiten und der Aufmerksamkeit in der Öffentlichkeit, die mein Kopfballtor auslöste. Natürlich war ich immer bemüht, das Team in den Vordergrund zu stellen, indem ich immer wieder betonte, nur ein Teil der Mannschaft zu sein und so weiter. Aber die Medien haben eigene Gesetze. Innerhalb der Mannschaft habe ich mir nicht nur keine Freundinnen gemacht. Im Gegenteil. Spielerinnen, mit denen ich eigentlich sehr eng war, mit denen ich viel erlebt hatte, sowohl in der Nationalmannschaft als im Verein, gingen auf Distanz, zumindest habe ich es so empfunden. Da stimmte plötzlich die Chemie nicht mehr. Es gab keine Angriffe oder Vorwürfe, aber es war einfach nicht mehr wie früher. Das waren absolut ungewöhnliche Momente für mich. Keine Frage: Alle wussten, dass ich sehr gut Fußball spielen kann, das hatte ich schon vorher immer wieder unter Beweis gestellt. Als Kapitänin des FFC Frankfurt etwa. Da stand ich zusammen mit Doris

Fitschen, Steffi Jones und Birgit Prinz auf dem Platz, dem Who's who des Fußballs der Frauen gewissermaßen. Von daher kamen ich und mein Tor nicht aus dem Nichts. Aber der Mannschaftssport tickt anders. Da geht es nicht um eine einzelne Person. Ich war erst 23 Jahre alt und wusste überhaupt nicht, wie ich mit der Situation umgehen sollte. Mir fehlte die Erfahrung. Ich wurde in TV-Shows eingeladen, hatte diverse Sponsorenauftritte, immer wieder wurde mein Tor gezeigt. Wie in Trance bin ich da mitgeschwommen. Ich habe das weder forciert noch konnte ich es eindämmen. Es nahm einfach seinen Lauf. Auf der anderen Seite waren da langjährige Nationalspielerinnen, die nicht entsprechend gewürdigt wurden. Das war grotesk und emotional sehr aufwühlend für mich. Aber für einige andere Spielerinnen auch. Das muss in Sachen Neid mal gesagt werden.

Keine zwei Monate später hatte mich der Alltag wieder. Mein Kreuzband riss zum vierten Mal! Es war im Dezember 2003. Meine Karriere in der Nationalmannschaft war damit letztendlich beendet. Einfach so, von heute auf morgen. Rückblickend hatte es ohnehin an ein Wunder gegrenzt, dass ich nach drei schweren Knieverletzungen noch einmal eine Weltmeisterschaft mitspielen konnte und durfte. Das war absolut außergewöhnlich. Mit der erneuten Verletzung wurde ich auf einen Schlag erneut auf den Boden der Tatsachen zurückgeholt. Die Welt dreht sich weiter – auch ohne mich. Auch trotz Finaltor. Und das geht viel schneller, als alle denken. *From hero to zero*, sozusagen. Die Neiddebatte war dann auch ruckzuck vorbei. Aber das ist sicher jedem schon passiert: aus den Augen, aus dem Sinn. So war das damals.

Aber jetzt zu etwas Erfreulicherem in Sachen Neid. Unsere Silv, wie wir sie nannten und immer noch nennen. Silvia Neid. Ich kannte sie bereits aus der U-18-Nationalmannschaft. Da war sie meine Trainerin. Extrem kommunikativ und engagiert. Mit großem Fachwissen und sehr hoher Kompetenz. Bei der WM 2003 war sie bereits Co-Trainerin von Tina Theune. Ein Duo, das sich prima ergänzte. Auf der einen Seite Tina, eher ruhig, analytisch, fast zurückhaltend, und auf der anderen Seite Silv, die jederzeit klare Ansagen machen konnte, laut und deutlich. Bei meiner Einwechselung im Endspiel sagte Tina zu mir: „Sieh zu, dass du hinten das Tor verhinderst und vorne eines machst.“ Okay, an diese Vorgabe habe ich mich sehr präzise gehalten ... Silv kam nach dem Tor zu mir, umarmte mich und schrie einfach nur: „Du bist verrückt, du bist verrückt!!“ Ich denke, es zeigt den Unterschied zwischen den beiden deutlich. Mit Tina tausche ich mich immer noch gelegentlich aus. Sie ist eine faszinierende Persönlichkeit, die schon zu meiner aktiven Zeit stets weit über den Tellerrand hinausschaute.

2005 übernahm Silvia Neid dann als Chefin und gewann mit dem DFB-Team alles, was es zu gewinnen gibt. Ich habe in dieser Ära kein Spiel mehr gemacht und 2006 meine Karriere beim DFB-Team auch offiziell beendet. Silvias schwerste Aufgabe war meines Erachtens die WM 2011 in Deutschland. Das ganze Ballyhoo im Vorfeld, die immensen Erwartungen an sie und die Mannschaft, das ging sicher an die Grenzen der Belastbarkeit, vielleicht sogar darüber hinaus. Nicht zu vergessen: Deutschland ging als Welt- und Europameister in das Turnier. Klar, der Titel sollte unbedingt verteidigt werden, ja, im Grunde *musste* er verteidigt werden. Ich bin mir im Rückblick sicher, dass das auch für Silv enorm stressig war. Die vielen Zuschauer in den Stadien, die Spiele zur Primetime, die unaufhörliche Berichterstattung selbst in solchen Medien, die sich vorher nie mit dem Fußball der Frauen auseinandergesetzt hatten. Der Druck war enorm. Das merkte man ihr auch an. Hinzu kam die Situation um Birgit Prinz, die nicht von Anfang an spielte, dann von der Bank kam, wie es von außen, also auch von den Medien, lauthals gefordert wurde. Und die dann wieder von denselben Leuten kritisiert wurde. Ein anderes Thema war das Aufsehen um Lira Bajramaj, heute Lira Alushi. Die „schöne Lira" stand plötzlich überall im Mittelpunkt. Sie war auf den Titelseiten aller großen Zeitungen. Ihr Konterfei zierte Plakatwände. Absolut außergewöhnlich für damalige Verhältnisse. Und keine einfache Aufgabe. Lira tat sich schwer damit, diese Aufmerksamkeit zu bedienen und dabei gleichzeitig die Leistung auf dem Platz abzurufen und das Gefüge im Team nicht durcheinanderzubringen. Mit der Euphorie von heute beziehungsweise nach der Europameisterschaft war das nicht zu vergleichen. Die ist gewissermaßen auf natürlichem Wege *gewachsen*. Der Trubel damals war gemacht, man könnte auch sagen *gezwungen*. Trotzdem wäre mit einem WM-Titel der Frauenfußball in Deutschland in eine neue Dimension vorgedrungen.

Aber zurück zu Silvia Neid: Nach dem Olympiasieg 2016 machte sie Schluss. Genau zum richtigen Zeitpunkt, wie ich finde. Wenn wir uns heute treffen, wirkt sie zufrieden und ausgeglichen. Sie scheint mit sich selbst im Reinen zu sein. Wer von sich sagen kann, als Fußballerin beim TSV Siegen, wo sie nebenbei noch einen Ausbildungsberuf erlernte, über die Nationalmannschaft, dann als Co-Trainerin und schließlich als Cheftrainerin so viel erreicht zu haben, der hat das Recht, stolz darauf zu sein. Silv hat auch neben dem Platz einiges beim DFB angestoßen. Sie sorgte dafür, dass das Trainerinnengehalt innerhalb des Verbandes angepasst wurde. Das war ein gewaltiger Schritt, aber die Zeit war reif. Silv prägte eine Ära, war jahrelang das Gesicht der Nationalmannschaft und fuhr unzählige Erfolge ein. Das allein rechtfertigte es.

Aus meiner Zeit als Spielerin wusste ich später als Expertin natürlich, wie Silvia Neid tickt. Das war ein großer Vorteil bei den Analysen. Und sie wusste: Ich plappere keine Interna aus. Eine Win-win-Situation. Es gab aber auch Momente, wo wir nicht einer Meinung waren. Da stand ich dann am Pult mit Moderator Claus Lufen und wir sahen die Dinge ganz positiv, aber die Bundestrainerin schätzte die Lage komplett anders ein. Oder wir fanden Szenen oder Spielsituationen nicht so gelungen und Silvia Neid belehrte uns eines Besseren. Da war immer was geboten bei der Analyse mit der Chefin, zugleich machte es auch immer viel Spaß. Der Unterhaltungsfaktor spielt im Fernsehen ja auch eine Rolle. Wenn ich auf unsere gemeinsame Zeit zurückblicke, komme ich zu einem äußerst positiven Fazit.

**Nia**

Mit allem, was sie für den Fußball der Frauen getan hat, verdient Silv höchsten Respekt. Von der Außendarstellung bis zu den taktischen Finessen. Hut ab! Eins ist für mich besonders wichtig: Wenn wir uns treffen, können wir uns vorbehaltlos in die Augen schauen. Für mich ist es jedes Mal eine Freude, mit ihr über unser beider Lieblingsthema, den Fußball der Frauen, zu plaudern.

**Silvia Neid**

Geboren am 2. Mai 1964 in Deutschland

**Position:**

Mittelfeldspielerin

**Erfolge als Spielerin:**

Vizeweltmeisterin 1995

Europameisterin 1989, 1991 und 1996

7-malige Deutsche Meisterin

6-malige DFB-Pokal-Siegerin

**Erfolge als Trainerin:**

Weltmeisterin 2007 (als Co-Trainerin 2003)

Europameisterin 2009, 2013 (1997, 2001, 2005 als Co-Trainerin)

Olympiasiegerin 2016

Silbernes Lorbeerblatt 2007

3-malige FIFA-Welttrainerin

**Bernd**

Silvia Neid kenne ich fast so lange wie meine Frau. Kleiner Spaß, aber in der Tat hatten wir sehr lange Zeit miteinander zu tun. Über eineinhalb Jahrzehnte, bis zu ihrem letzten Spiel im Maracanã bei den Olympischen Spielen in Rio de Janeiro. Tags darauf haben wir uns noch am Strand in der

Nähe des deutschen Hauses in Brasilien getroffen. Das ist die Location, in der die Medaillengewinner vom DOSB (dem Deutschen Olympischen Sportbund) gefeiert werden und Sponsoren und Medienschaffende die Möglichkeit haben, Sportler und Sportlerinnen zu treffen und Fragen zu stellen oder ein Autogramm zu ergattern. Das war ein sehr spezieller Moment. Silvia Neid wollte ein wenig zur Ruhe kommen, das Gefühl hatte ich. Viele hatten im Vorfeld der Spiele von Abnutzungserscheinungen gesprochen, weil sie nun schon elf Jahre an der Spitze der Nationalmannschaft stand. Bei der WM ein Jahr zuvor hatte das Team als amtierender Europameister das Spiel um Platz drei verloren. Einige Medien sahen das sehr kritisch. Neids Antwort war die Goldmedaille. Noch mal ein Megahöhepunkt in ihrer langen Karriere. „Und?", sagte sie, „hätte man nicht gedacht vor ein paar Wochen, oder?" Typisch für sie. Auch wir hatten im Umfeld der ARD-Übertragungen nicht mit Kritik gespart, wenn es nicht so gut lief. Doch damit konnte sie umgehen. Trotzdem kam der kleine Seitenhieb von Herzen und auch genau zur richtigen Zeit, dort am Strand. Ich sagte: „Verrückt, jetzt darf ich das auch noch erleben, nach den vielen Anläufen von euch bei Olympia." 2000, 2004 und 2008 hatten die DFB-Frauen jeweils Bronze gewonnen. Und nun endlich Gold.

Silvia Neid hat sich von unten nach ganz oben hochgearbeitet. Sie ist immer ihren Weg gegangen, ehrgeizig, geradeaus, fokussiert. Das zeichnete sie schon als Spielerin aus, wie Weggefährtinnen aus früheren Tagen erzählen, aber auch als Trainerin. Mit ihr kann man „deutsch reden", wie es so schön heißt. Tacheles. Während der Vorbereitung auf Länderspiele oder bei Großveranstaltungen sprach sie immer extrem offen mit mir über den Fußball, ihre Taktik, ihre Spielerinnen und die gesamte Situation. Ein richtiges Vertrauensverhältnis hatte sich da entwickelt. Ich erinnere mich an ein Trainingslager in der Nähe von Gütersloh. Die deutsche Mannschaft trainierte am Nachmittag Standardsituationen. Geheimtraining. Aber Silvia Neid sagte nach der Pressekonferenz zu mir, ich könne gerne dazukommen, wenn ich Lust hätte. Und ob ich Lust hatte! Diese Abläufe im Vorfeld kennenzulernen: Eine bessere Vorbereitung auf ein Spiel gibt es nicht. Natürlich ohne Kamera, die Gegner könnten sonst die verschiedenen Varianten anschauen. So ein Training live mitzuerleben, war schon etwas Besonderes.

Informationen aus erster Hand sind eine wichtige Quelle für eine gute Berichterstattung. Egal ob für Zeitung, Radio, Fernsehen oder für eine Onlinestory. Wir nennen das „nah dran sein". Am besten sogar „ganz nah". Die Möglichkeiten beim Fußball der Frauen sind hier größer als bei den Männern. Das ist wie im Wintersport, beim Handball, Basketball und noch einigen anderen Sportarten. Du kommst als Journalist näher ran, weil die Nachfrage nach Interviews oder Hintergrundgesprächen deutlich geringer ist als beim Männerfußball. Diese Nähe ist ein immenser Vorteil für die eigene Berichterstattung – wenn die Menschen sie zulassen. Wir werden später noch mehr davon hören, wie offen und unkompliziert sich die Beteiligten im Fußball der Frauen geben. Hier geht es jetzt um die Hintergrundgespräche im Rahmen von

Länderspielen und bei Großveranstaltungen. Silvia Neid holte, genau wie ihre Vorgängerin Tina Theune, immer die Assistenztrainerin dazu. Teilweise auch den Verantwortlichen für die Torhüterinnen. Das wurde besonders vor Beginn eines Turniers zu einer festen Einrichtung, um einmal vorab in einer Art offenem Austausch über alle Mannschaftsteile und die Form der einzelnen Spielerinnen zu sprechen. Sofern gewünscht, denn das war kein standardisiertes Programm. Aber ich habe es immer gerne wahrgenommen. Vor jedem Spiel gab es dann neben der üblichen Pressekonferenz am Tag vor der Begegnung noch das „Kommentatorengespräch". Meistens gegen Mittag im Mannschaftshotel. Ja, Sie lesen richtig. (Nur um keine Missverständnisse aufkommen zu lassen, wir reden hier über die Zeit *vor* Corona.) Zum Treffen im DFB-Hotel erschienen die Bundestrainerin und ihre Assistentin, also Silvia Neid und Ulrike Ballweg, plus die verantwortliche Person der DFB-Presseabteilung, das war zunächst Niels Barnhofer, später Annette Seitz. Silvia Neid hielt es häufig so, erst mal mich zu fragen, wen *ich* denn heute spielen lassen würde. Nicht gleich beim ersten Termin, aber im Laufe der Zeit bürgerte sich das ein. Teilweise lachten wir laut, weil die Vorstellungen doch ein wenig auseinandergingen. Beeindruckend war, wie offen die Trainerinnen über das Personal und die Entscheidungen, wer auf welcher Position spielt (oder auch nicht), sprachen. Wie sie Dinge ansprachen, die man als Beobachter so nicht erkennen oder wissen konnte. Aus dem Nähkästchen geplaudert, das trifft es, denke ich, ganz gut. Dabei ging es um taktische Stärken oder Schwächen, technische Qualitäten, persönliche Probleme im Umfeld (Studium, Beruf), um kleinere oder größere Verletzungen, die erwartete Aufstellung des Gegners und so weiter. Ein Gespräch komplett auf Augenhöhe. Auch über taktische Ideen, wer wann eingewechselt werden soll, die geplante Vorgehensweise bei Standardsituationen – und auch darüber, was es gleich zum Mittagessen gab. Und, na logisch, um die Aufstellung ging es auch. Je nachdem, wie lange es noch bis zum Anpfiff war, wussten manchmal die Spielerinnen noch nicht, wer von Anfang dabei war, da hatte ich den Zettel schon in der Hand. Wie das möglich war? Zwischen uns herrschte ein absolutes Vertrauensverhältnis. Darauf konnten sich die Trainerinnen und der DFB verlassen. Diese Informationen waren nicht für die Öffentlichkeit bestimmt, sie dienten allein für mich, den Kommentator, zur Erläuterung der ein oder anderen Situation. Warum wurde eine bestimmte Spielerin gerade auf dieser Position eingesetzt und nicht, wie erwartet, auf einer anderen? Wer bekam in dieser Partie eine Pause, obwohl alle mit ihr rechneten? Alle, die an dieser Besprechung teilnahmen, konnten sich darauf verlassen: Die Information bleibt im Raum. In Zeiten der sozialen Medien übrigens ein ziemlich ambitioniertes Ziel. Sie werden es nicht glauben, aber die Startelf oder weitere sportlich relevante Informationen sind nie vorzeitig an die Öffentlichkeit gedrungen. Das hat selbst in unserem ARD-Team manchmal zu Stirnrunzeln geführt, wenn ich nach dem Gespräch nach der Aufstellung und weiteren Details gefragt wurde und ich es nicht spontan erzählen wollte. Nia erinnert sich sicher daran. Nun ja, klingt jetzt vielleicht etwas „überkorrekt", aber es war nun mal abgemacht, erst maximal zwei Stunden vor Spielbeginn mit der Aufstellung intern rauszurücken.

Verlässlichkeit und Ehrlichkeit sind Grundvoraussetzungen für eine gehaltvolle Zusammenarbeit. Und schön, wenn man nicht das Gefühl hat, man sei für den anderen nur ein lästiges, aber nötiges Übel. Bestes Beispiel waren die Olympischen Spiele 2008 in Peking. Die ersten Spiele finden bei den Frauen in der Regel schon vor der Eröffnungsfeier statt. Zur Vorbesprechung im Mannschaftshotel mussten wir nach Shenyang, was im chinesischen Chaos-Verkehr allerdings ein wenig länger dauerte. Plötzlich klingelte das Telefon. Der DFB war dran. Die Bundestrainerin. Ob ich mich verlaufen hätte, alle würden auf mich warten. Herrlich. Aber sie mussten in der Tat noch ein wenig auf mich warten, dafür nochmals: danke! Aber schließlich kam es noch zu unserem Termin. Als das Team später nach Peking kam und im olympischen Dorf wohnte, wurde es etwas schwieriger mit dem persönlichen Gespräch. Zum olympischen Dorf hatten Journalisten keinen Zutritt. Der DFB hatte eine Idee: Dann treffen wir uns am Zaun. Das ist keine Story aus einem Agententhriller, das ist wirklich so passiert. Wir verabredeten uns in der sogenannten öffentlichen Zone und führten dort das Gespräch im Freien. Viele Menschen sahen uns verdutzt zu, aber so kam ich an die wichtigen Informationen für die nächste Übertragung. Warum keine Videokonferenz?, werden jetzt einige denken. Gab es damals noch nicht. Und ich sage aus tiefster Überzeugung: Gott sei Dank! So ein virtuelles Meeting kann das persönliche Gespräch nicht mal im Ansatz ersetzen.

Was bleibt unterm Strich? Man sieht sich immer zweimal im Leben, wie es so schön heißt. In unserem Fall ist das absolut positiv zu verstehen. Wann immer wir uns wiedersehen, es ist stets mit einem angenehmen Gefühl und einem Lächeln verbunden. Dabei geht es auch immer um die gute alte Zeit. Was damals noch alles möglich war. Und heute nicht mehr möglich ist. Wie schwierig es einem die sozialen Medien machen, egal ob man zur Nationalmannschaft oder zu den Berichterstattern gehört. Darüber müssen und können wir dann gemeinsam schmunzeln.

Und noch etwas. Weil es so schön ist und mich jedes Mal extrem freut. Tina Theune, Silvia Neids Vorgängerin, mit der ich mich ebenfalls richtig gut verstanden habe, schickt mir immer noch kurze SMS-Nachrichten, wenn ihr bei einer Kommentierung etwas positiv oder negativ auffällt. Das finde ich großartig. Es ist ein weiterer Beleg für die gegenseitige Wertschätzung über viele Jahrzehnte hinweg. Und es ist für mich ein sehr guter Gradmesser für eine Übertragung. Wenn eine Expertin wie sie etwas anmerkt, ist das um ein Vielfaches wichtiger und hat mehr Inhalt als alle Beleidigungen im Netz.

Auf Silvia Neid folgte Steffi Jones als Bundestrainerin. Eine der renommiertesten deutschen Fußballerinnen überhaupt. Außerdem als Chefin des Organisationskomitees eines *der* Gesichter der WM 2011. Dann folgte ihr erster Job an der Seitenlinie – und das gleich in der Nationalmannschaft. Keine leichte Aufgabe für sie, zumal sich Silvia Neid mit der Goldmedaille in Rio verabschiedet hatte, als Olympiasiegerin also. Steffi Jones hatte diesen Weg über einen längeren Zeitraum bereits begleitet. Sie war in das Team integriert, konnte sich einarbeiten, Abläufe kennenlernen, erste Ideen mitentwickeln. Dann musste sie ihr eigenes Trainerteam zusammenstellen, denn mit Silvia Neid verließ auch Ulrike Ballweg, ihre langjährige Assistentin, die Nationalmannschaft. Steffi Jones holte sich Markus Högner an ihre Seite, einen Trainer, der mit jungen Spielerinnen und begrenztem Budget beachtliche Erfolge feierte und mit seiner SGS Essen ein ums andere Mal die großen Vereine aus Wolfsburg und München in der Liga ärgerte. Ein schlauer, akribischer Taktiker.

Steffi Jones steht für ihre positive Ausstrahlung und eine optimistische Herangehensweise auch bei schwierigen Aufgaben. Sie hatte viele Ideen, wollte etwas Neues, Eigenes auf die Beine stellen, einen anderen Fußball spielen lassen, vor allem offensiver. Allein, die Erfolge blieben aus. Vieles, was sie uns in den Vorbesprechungen oder an dem ein oder anderen Medientag erklärte, konnte so nicht umgesetzt werden. Die Spielerinnen fanden sich mit dem neuen System nicht zurecht. Was folgte, war für den Frauenfußball in Deutschland neu. Kritik. Richtig heftige Kritik sogar. Und zwar von allen Seiten. Gut, auch in der Ära Neid hatte es zwischenzeitlich in der Medienwelt rumort, gerade nach der

WM 2011, aber Intensität und Härte der Beanstandungen erreichten nach der völlig verkorksten EM 2017 und den schwachen Auftritten in den ersten Qualifikationsspielen zur WM 2019 ein neues Level. Mit der Folge, dass erstmals im deutschen Frauenfußball die Bundestrainerin entlassen wurde. Bis dahin war das undenkbar. Nach Gero Bisanz, Tina Theune und Silvia Neid war Steffi Jones erst die vierte Teamchefin für die die DFB-Frauen. Nun wurden auch die Frauen von den allseits bekannten Mechanismen des Geschäftes eingeholt.

Als Interimslösung, er wollte es keinesfalls auf Dauer machen, präsentierten sie in Frankfurt jemanden, der in diesem Moment genau der Richtige war. Horst Hrubesch, eine Legende schlechthin. Europameister, Europapokalsieger und dreimal Deutscher Meister. Dazu als Trainer der deutschen U21 2009 Europameister und 2016 Silbermedaillengewinner bei den Olympischen Spielen in Rio. Als DFB-Sportdirektor (er hatte im Januar 2017 das Amt von Hansi Flick übernommen) berief er sich im März 2018 mehr oder weniger selbst. Seine Argumentation damals: Bevor jemand anderes mit einem schlechten Vorschlag daherkommt, mache ich es lieber selber. So oder so ähnlich formulierte es Hrubesch. Seine ganz große Stärke, neben seiner immensen Erfahrung, ist die Art und Weise seiner Kommunikation. Offen, geradeaus, mal herzlich, mal hart. Die *Welt* bezeichnete ihn als „Vater“, die *Deutsche Welle* als „Kuschel-Ungeheuer“. Womit eigentlich alles gesagt ist. Lautstark gibt er beim Training Anweisungen, auch in der Wortwahl ist er direkt. „Als ich angefangen habe, war das für mich noch einmal absolutes Neuland", sagte er bei einer seiner letzten Pressekonferenzen. „Ich muss den Mädels ein Kompliment machen, die Art, wie sie mit mir umgegangen sind, war überragend. Das hat von Anfang an gut gepasst und ist dann immer mehr zusammengewachsen. Es hat auch zwischenmenschlich gestimmt. Das hat es mir leicht gemacht, einen Weg zu finden." Hrubesch hinterließ in den acht Monaten mit dem Frauenteam so viele positive Eindrücke, dass der Abschied letztlich allen richtig schwerfiel. Aber seine Mission endete mit der erfolgreichen Qualifikation für die Weltmeisterschaft in Frankreich 2019. Nach dem 8:0-Sieg auf den Färöerinseln waren Hrubesch und „seine Mädels", wie er sie nannte, in Feierlaune. „Bei der kurzen Rückfahrt mit dem Mannschaftsbus ins Hotel, auf dem das Team einen Mallorca-Partyhit nach dem anderen schmettert", erzählte Pressesprecherin Annette Seitz, „sitzt Horst Hrubesch schmunzelnd in der ersten Reihe und weist den Busfahrer an, noch eine Runde extra zu drehen, um den Spaß nicht zu schnell enden zu lassen." Da es bei der Nachfolgeregelung zu Verzögerungen kommt, verlängert Hrubesch sein Engagement noch mal um drei Spiele bis Ende 2018. Dann ist endgültig Schluss. Insgesamt acht Spiele bestritten die Frauen unter Hrubesch, sie feierten sieben Siege, die allerletzte Partie endete unentschieden. Wäre er jünger gewesen, hätte ihn die Aufgabe langfristig gereizt, sagte er immer wieder. „Da ist Ehrlichkeit drin, da ist noch ein Miteinander zu spüren." Man spürt es deutlich: Der Frauenfußball hat es ihm angetan.

**Horst Hrubesch**

Geboren am 17. April 1951 in Deutschland

**Erfolge als Spieler (mit dem HSV):**

Europapokalsieger der Landesmeister 1983

Deutscher Meister 1979, 1982, 1983

Europameister 1980

Torschützenkönig der Bundesliga 1982

**Erfolge als Trainer:**

Olympische Silbermedaille 2016

U-21-Europameister 2009

U-19-Europameister 2008

Seine Nachfolgerin wählt er selbstverständlich auch persönlich aus. Martina Voss-Tecklenburg, die zu der Zeit noch in Diensten der Schweizer Nationalmannschaft ist, war bereits im Gespräch gewesen, als es um die Nachfolge von Silvia Neid ging. Nun soll sie seine Arbeit weiterführen. Hrubesch selbst führte das entscheidende Gespräch mit ihr. Drei Stunden habe man sich ausgetauscht, berichtet er bei der offiziellen Bekanntgabe. Und dass er ein gutes Gefühl habe. Wie gut sein „Näschen" ist, zeigte sich dann spätestens nach der EM 2022.

Dennoch benötigt Martina Voss-Tecklenburg zunächst eine gewisse Anlaufphase. Die WM 2019 in Frankreich verläuft ganz und gar nicht nach Plan, durch das Aus im Viertelfinale gegen Schweden verpasst das deutsche Team gleichzeitig auch die Olympischen Spiele in Tokio, weil sich nur die drei besten europäischen Teams für dieses Turnier qualifizieren. Was zur Folge hat: Die große internationale

Bühne in Japan findet für die Frauen ohne deutsche Beteiligung statt. Dann kommt Corona. Spiele fallen aus, ebenso Trainingslager und Lehrgänge – kurz: alle Möglichkeiten, sich sportlich und menschlich weiterzuentwickeln. Als es dann irgendwann wieder losgeht, sind die Auflagen streng. Größere Gruppen dürfen sich nicht in kleineren Räumen treffen, vieles läuft über Videokonferenzen. Das betrifft auch die erwähnten Hintergrundgespräche vor einem Länderspiel. Saß man vor der Pandemie noch gemütlich bei einem Kaffee zusammen, verschickte Annette Seitz jetzt Links, in der Hoffnung, dass das Internet bei allen Beteiligten stabil war. Hat nicht immer funktioniert, wie man hier verraten darf. Die Gesichter waren oft nur stark verpixelt oder schemenhaft erkennbar, aber wenigstens lief der Ton. Für den Austausch der wichtigsten Infos war das ausreichend, der persönliche Besuch macht solche Gespräche jedoch intensiver.

Die Folgen der missglückten WM hallten länger nach. Die Bundestrainerin reagierte und leitete Anfang 2022, offenbar auch auf Anraten des DFB, einen Wandel innerhalb des kompletten Teams ein. Sie begann diesen Prozess zunächst im Trainerstab. „Wir mussten erst mal Klarheit bei uns haben, bevor wir Klarheit bei den Spielerinnen verlangen. Das ist ein Prozess, durch den wir alle gegangen sind“, sagte sie im Rahmen eines Mediengespräches bei der Europameisterschaft. „Ich war als Trainerin mehrheitlich allein unterwegs, in der Schweiz mit meinem Co-Trainer lange allein“, erläuterte Voss-Tecklenburg. „Ich war immer sehr dominant. Ich wollte am liebsten von vorne bis hinten als Trainerin alles allein machen." Was sie genau tat: reden, reden, reden. Im Schwarzwald traf sich die Truppe zu Workshops mit gemeinsamem Kochen und Bogenschießen. Die moderne Form des Teambuilding. Dabei hinterfragte sie zuerst sich selbst und dann die anderen. Etwas, das bei den meisten Führungskräften nicht infrage käme. Doch gerade dadurch zeigte Martina Voss-Tecklenburg Stärke und erreichte tatsächlich Veränderung. Auch im Umgang mit der Mannschaft herrsche inzwischen „weniger der erhobene Zeigefinger. Da muss man trotzdem konstruktiv und klar bleiben, wenn es mal nicht läuft." Im Dialog mit den Spielerinnen gehe es immer um die Frage: Wie ist deine Perspektive? Auch durch den Mannschaftsrat, der aus Kapitänin Alexandra Popp, Almuth Schult, Lena Oberdorf, Svenja Huth, Sara Däbritz und Lina Magull besteht, sei das gegenseitige Verständnis innerhalb der Gruppe gewachsen, weil er in die Entscheidungsprozesse mit eingebunden wird. „Das macht uns sicherer. Wir haben auch vieles in der Kommunikation auf das Wesentliche reduziert", lauteten die erstaunlich offenen Worte der Bundestrainerin und das ausgerechnet vor dem Halbfinale gegen Frankreich. Letztendlich hat Martina Voss-Tecklenburg alles richtig gemacht. Souveränes Auftreten, angenehm im Austausch, bessere Stimmung im Team und natürlich bessere Ergebnisse als zuvor.

„The trend is your friend", hat Uli Hoeneß mal gesagt. All das, was wir in den Monaten nach der EM 2022 gesehen, gelesen und gehört haben, lässt nur einen Schluss zu: Der Trend geht weiter in die richtige Richtung. Martina Voss-Tecklenburg selbst würde gerne langfristig mit der Mannschaft arbeiten, sie hat ein Zeitfenster bis nach der WM 2027 vor Augen. Um diese Weltmeisterschaft bewerben sich unter anderem Deutschland, Belgien und die Niederlande. Erste Gespräche über die Zukunft von Voss-Tecklenburg gab es bereits unmittelbar nach der EM 2022 mit Oliver Bierhoff, der damals noch Direktor für die Nationalmannschaften war. Durch seinen Rücktritt nach der Männer-WM in Katar entstand ein gewisses Vakuum. Wer setzt die Verhandlungen für den DFB fort? Eine für beide Seiten nicht ideale Situation. Am 3. April 2023 ist es dann so weit. Auf einer offiziellen Pressekonferenz des DFB verkündet Präsident Bernd Neuendorf die Vertragsverlängerung mit Martina Voss-Tecklenburg und deren Assistentin Britta Carlson bis 2025. „Martina Voss-Tecklenburg ist eins der prägenden Gesichter und eine großartige Botschafterin des Frauenfußballs, auch über die Grenzen Deutschlands hinaus." Auch die Bundestrainerin ist hochzufrieden mit dem Abschluss. Es sei der gegenseitige Wunsch gewesen, nur zwei Jahre zu verlängern, so könne sie sich auch selbst nach einer gewissen Zeit hinterfragen und reflektieren, ob denn der eingeschlagene Weg weiter der richtige sei. Konkrete Vorgaben für die kommenden Turniere gibt es für Mannschaft und Trainerteam übrigens auch. Neuendorf spricht in diesem Fall vom gewünschten „maximalen Erfolg", der einerseits den Titel, andererseits auch die maximale

Leistungsbereitschaft der Spielerinnen beinhalten kann. WM 2023, Olympia 2024, EM 2025. Drei Turniere, drei Titel – am liebsten. Von Minimalzielen, was häufig ja schon das Erreichen eines Viertelfinales bedeutet, spricht hier niemand. Von daher sind alle Voraussetzungen geschaffen, sich ab sofort maximal auf die WM zu fokussieren und sich selbst nicht mal minimalst von irgendetwas ablenken zu lassen.

**Martina Voss-Tecklenburg**

Geboren am 22. Dezember 1967 in Deutschland

Ausbildung: Diplom-Sozialarbeiterin

Position: Mittelfeldspielerin/Stürmerin

**Erfolge als Spielerin:**

Vizeweltmeisterin 1995

Europameisterin 1989, 1991, 1995, 1997

6-malige deutsche Meisterin

4-malige Pokalsiegerin

125 Länderspiele, 25 Tore

**Erfolge als Trainerin:**

UEFA-Women's-Champions-League-Gewinnerin 2009

DFB-Pokalsiegerin 2009, 2010

Qualifikation zur WM 2015 mit der Schweiz

Qualifikation zur EM 2017 mit der Schweiz

Vizeeuropameisterin 2022

**Auszeichnungen:**

Aufnahme in die Hall of Fame 2019

Silbernes Lorbeerblatt 2010

Zum Jahresende 2022 sind der Hype um die EM und die damit verbundenen Lobeshymnen abgehakt. Martina Voss-Tecklenburg blickt voraus. Im Unterschied zu Giovanni Trapattoni, der einst seine legendäre Pressekonferenz beim FC Bayern München mit den Worten beendete: „Ich habe fertig!", ist sie noch lange nicht da, wo sie hinmöchte. Nach ganz oben nämlich. Im Interview mit *dfb.de* legt sie die Messlatte für die WM 2023 deshalb ziemlich hoch. „Wir wollen um Titel mitspielen. Das ist uns bei dieser EM gelungen, indem wir im Finale waren. Wir haben es nicht gewonnen. Klar ist, wir werden zur WM fahren, um auch um den Titel mitzuspielen. Genau dieses Ziel können wir offensiv formulieren. Dass das herausfordernd wird und viele Teams dabei sind, die das ebenfalls schaffen können, steht außer Frage und ist uns bewusst."

Um das in die Tat umzusetzen, schloss sich Martina Voss-Tecklenburg mit ihrem Trainerteam Anfang des Jahres 2023 im Schwarzwald für vier Tage ein. Ähnlich hatten sie es im Vorfeld der EM 2022 gemacht. Alle diskutieren dann miteinander in alle erdenklichen Richtungen, sehr differenziert und durchaus kontrovers. Es geht um den „nächsten Schritt", das heißt, um die Frage: Wie gewinnen wir den nächsten Titel?! Kader, Organisation, Strukturen, alles kommt auf den Tisch. Auch eine Aufarbeitung des vergangenen Turniers und welche Rückschlüsse man daraus für das nächste Großereignis ziehen kann. Welche Spielerinnen sind in der Lage, die Herausforderungen anzunehmen und die Vorgaben des Trainerstabs zu erfüllen? Das ist ein entscheidender Punkt, denn die WM wird extrem anspruchsvoll. Die körperliche und mentale Verfassung wird ein wesentlicher Faktor sein. Die Koordination von Training, taktischer Vorbereitung, Spielen, Reisen, Regeneration und so weiter ist ein komplexes Gefüge, das einer genauen Abstimmung bedarf.

# DER GENUSS FUSSBALL

## Teamgeist

**Nia**

Vorneweg: Die Gemeinschaft war immer etwas Positives. Natürlich kannst du nicht mit jedem und jeder richtig dicke sein, aber auf sportlicher Ebene muss es funktionieren und das tut es in der Regel auch. Wenn nicht, hat man ein Problem. Fußballspielen bedeutet nun mal auch, viel in einer Gruppe unterwegs zu sein. Mit den Menschen dort verbringst du mehr Zeit als mit der eigenen Familie. Deshalb ist ein gewisser Grundkonsens wichtig. Da muss man auch mal sein Ego hintanstellen – gerade wenn man auf dem Platz nicht die Rolle spielt, die man sich wünscht. Und egal ob das mit der Leistung zu tun hat oder mit der Position. Sich selbst zurücknehmen zu können, ist wichtig, das habe ich zehn Jahre selbst erlebt. Allerdings wird das mit der zunehmenden Professionalisierung immer schwieriger. Insbesondere in Zeiten von Social Media, die einen enormen Einfluss auf die Spielerinnen ausüben, weil sie das Selbstverständnis und auch die Selbstwahrnehmung verändern.

Social Media gab es ja zu meiner Zeit noch gar nicht. Inzwischen ist das eine der wichtigsten Währungen, wenn es um Bekanntheit geht. Nehmen wir die EM 2022. Da wurde über die sozialen Netzwerke eine enorme Reichweite generiert. Der DFB schrieb unter der Überschrift „DFB-Frauen setzen nach Halbfinale neue digitale Maßstäbe" auf seiner Webseite: „Dabei stechen insbesondere die Plattformen Instagram und der im letzten Monat frisch gelaunchte TikTok-Kanal des DFB heraus. Während dfb_frauenteam auf Instagram seit Beginn des Wettbewerbs seine Followerschaft um 67 Prozent erhöhen konnte sowie mit exklusiven Einblicken Content mit bis zu 8,5 Millionen Views generieren konnte, schafft der TikTok-Kanal satte 112 Prozent Anstieg in seiner Followerschaft. Die durchschnittliche Engagement-Rate von 12,5 Prozent auf dem Instagram-Kanal der Frauennationalmannschaft seit Beginn der EM ist als überdurchschnittlich zu bewerten. Auf dem DFB-TikTok-Kanal werden im Zeitraum der EM vorwiegend Inhalte der Frauennationalmannschaft geteilt, zukünftig wird die Plattform auch markenübergreifend mit vielfältigem Short-Form-Content bespielt." Das ist doch sehr bemerkenswert. Nachdenklich stimmt mich der schmale Grat zwischen Glorifizierung und Verunglimpfung. Ich halte die Umgangsformen auf den verschiedenen Plattformen inzwischen für sehr bedenklich. Ich weiß nicht, wie ich damals auf derartige Anfeindungen reagiert hätte.

Meine direkten Ansprechpartnerinnen waren immer meine Zimmerkolleginnen. Zu Zeiten des FFC Frankfurt war das unter anderem Wiebke Werlein, beim DFB war es Martina Müller. So eine Zimmergemeinschaft muss passen, ansonsten wird es fürchterlich. Bei uns hat es gepasst, perfekt sogar. Ein Einzelzimmer hätte ich mir übrigens niemals vorstellen können. Es ist viel schöner, mit einer Mitspielerin quasi wie ein altes Ehepaar zusammenzuleben. Die Vorlieben der anderen zu kennen und zu akzeptieren. Das ist das Wichtigste. Rücksicht. Wer braucht einen Mittagsschlaf? Wie viel Zeit benötigt man im Bad? Klare Absprachen, klare Ansagen, nur so funktioniert es auf Dauer. Zusammen mit Martina Müller erlebte ich die Terroranschläge in New York. Wir waren mit der Nationalmannschaft für ein Nationenturnier in den USA unterwegs, an jenem Tag war eine Partie gegen China angesetzt. Natürlich wurde alles sofort abgesagt. Aber die Ungewissheit, wie es für uns weitergehen soll, wann und wie wir wieder nach Hause kommen würden, das alles haben wir zusammen erlebt. Auf dem Zimmer gehockt und mit Familie und Freunden telefoniert, die Ängste und Sorgen der jeweils anderen geteilt, bis die deutsche Botschaft und der DFB eine Lösung gefunden hatten und wir die Heimreise antreten konnten. So etwas schweißt zusammen.

Überhaupt war der Zusammenhalt von großer Bedeutung für uns: die Teamabende mit der Mannschaft, nach dem Training oder nach Spielen, nach Siegen oder Niederlagen. Für uns waren das wichtige Rituale. Gemeinsam zu essen, was zu trinken, Spaß zu haben. Aber diese Dinge verschwinden offenbar. Dinge, die ich für sehr wichtig halte. Und die sich der Fußball der Frauen erhalten sollte. Das Gemeinschaftliche. Die Frage ist nur, ob der Lauf der Zeit aufzuhalten ist? Vieles verändert sich gerade im Zuge der Professionalisierung.

Auf dem Platz ist es bei den Frauen insgesamt deutlich ruhiger als bei den Männern. Da wird nicht rumgeschrien. Schon beim kleinsten Mucks haben wir damals eine Gelbe Karte bekommen. Wahnsinn eigentlich. Die männlichen Kollegen stehen sich manchmal Stirn an Stirn auf dem Platz gegenüber, fletschen die Zähne und drohen sich anscheinend 'ne Tracht Prügel an. Natürlich hatten auch wir intensive Duelle, gerade mit den „Lieblingsgegnerinnen". Damals war das Potsdam. FFC gegen Turbine, mehr Konkurrenz gab es nicht. Die Dauerrivalen der Liga. Wir, das war die „zusammengekaufte" Mannschaft, das Starensemble, wie sie uns nannten. Und dort der Arbeiterverein der alten Schule, kommerzfrei, alle aus dem eigenen Nachwuchs, dem vereinseigenen Internat. Da ging es auf dem Platz schon mal zur Sache, auch verbal. Hauptsächlich aber außerhalb. Vor den Spielen wurden regelmäßig alle Klischees abgearbeitet, auf beiden Seiten, das hat die Stimmung schön angeheizt.

In den Fanlagern hat das jedes Mal kleine Feuer entfacht. Aber immer im Rahmen. Wir waren ja oft ganz nah dran an den Zuschauern, beispielsweise in Niederkirchen oder Aschheim. Da stehst du bei einem Einwurf oder einer Ecke fast schon im Zuschauerpulk. Größere Beleidigungen oder Anfeindungen sind mir trotzdem nicht in Erinnerung geblieben. Wenn man es etwas überspitzt formulieren will: Wir kannten unsere Fans ja alle persönlich ...

Auf der anderen Seite haben wie Spielerinnen aber auch oft zusammen gefeiert. In Berlin zum Beispiel, bei den Pokalendspielen. Erst im Stadion, dann im Hotel – gemeinsam und legendär. Das ist in der heutigen Zeit undenkbar. Einzige Ausnahme waren die Finalspiele gegen Potsdam, da gingen wir getrennte Wege ... Bei großen Erfolgen mit der Nationalmannschaft sah aber auch das anders aus. Da standen die nationalen Interessen über denen der Vereine und alle hatten sich lieb.

Unliebsame Erfahrungen mit Journalisten habe ich keine gemacht. Niemand wollte etwas von mir wissen – nein, Spaß! Aber es gab tatsächlich nicht viele, die Anfang der 2000er über den Fußball der Frauen berichteten. Das Interesse war ziemlich gering. Unfaire Berichte kamen kaum vor, und wenn, dann ging es um das bereits erwähnte Image des FFC. Für die Mannschaft war es eine permanente Drucksituation, jedes Spiel gewinnen zu müssen – und zwar möglichst auch deutlich. In dieser Hinsicht wurde das ein oder andere Ergebnis dann doch kritisch beleuchtet. Was die Nationalmannschaft betrifft, standen vor allem die Topstars unter besonderer Beobachtung. Birgit Prinz wurde immer wieder für Interviews angefragt. Andere auch, aber von Birgit wollten alle immer alles wissen.

Trotzdem gelang es Birgit in dieser Zeit, auch ihr Leben nach dem Sport zu organisieren. Sie arbeitet heute als Psychologin, betreut die Nationalmannschaft und ist ein ganz wichtiger Faktor im Team hinter dem Team. Sie bringt die Expertise und die Erfahrung aus ihrer eigenen Karriere mit. Das ist einzigartig. Viele Spielerinnen profitieren davon. Sie ist auch ein gutes Beispiel für die sogenannte duale Perspektive bei fußballspielenden Frauen. Heißt, dass man den Fokus nicht nur auf den Sport legt, sondern auch einen Plan B hat. Für das Leben danach. Und das erfordert eben, dass man lernt, auch selbst etwas zu organisieren, zum Beispiel ein Studium oder eine Ausbildung neben dem Training. Also Beruf und Sport miteinander abzustimmen. Damals war das normal, heute ist es nicht mehr zeitgemäß. Man kann nicht auf höchstem Niveau spielen, wenn man noch 40 Stunden in der Woche arbeitet. Andererseits ist es denjenigen, die das schaffen, hoch anzurechnen. Es müssen ja nicht 40 Stunden pro Woche sein, aber vielleicht 20. Immer noch genug. Wenn man sich dann noch im Fußball durchsetzt, verdient das höchsten Respekt. Denn keine Frage: Alles unter einen Hut zu bekommen, sowohl im Beruf als auch auf dem Platz Bestleistung abzurufen, verlangt eine verdammt gute Organisation und Fähigkeiten, die nicht jede mitbringt. Nach meiner Einschätzung sollten trotzdem möglichst viele, die sich für diese Sportart entscheiden, von vorneherein die duale Karriere im Blick haben. Bei mir gab es vonseiten der Lehrer sehr unterschiedliche Reaktionen. Der eine hat mich Klausuren nachschreiben lassen, der andere nicht, der hatte null Verständnis. Dabei wollte ich ja nicht schwänzen. Es ging um die Teilnahme an Lehrgängen. Das ist inzwischen deutlich besser organisiert. Das Fernstudium bietet hier gute Möglichkeiten. Da hat das Training Priorität und das Lernen

Nia

kann drumherum organisiert werden. Wie auch immer: Am Ende hast du etwas in der Hand, unabhängig davon, was dir deine sportliche Karriere gebracht hat. Das macht es die Mühe wert. Und ich kann nur sagen: Ehemalige Leistungssportler sind tolle Mitarbeiter. In jeder Firma. Sie bringen alles mit: Zeitmanagement, Ausdauer, Zielstrebigkeit. Wenn da fachliche Kompetenz hinzukommt – Arbeitgeber, was willst du mehr?! Ich bin überzeugt, dass der Sport – insbesondere der Leistungssport – bei mir einige Anlagen gefördert und gestärkt hat, die mir im beruflichen Leben und als Führungskraft zugutekommen. Ich unterstelle einfach mal jedem Leistungssportler einen gewissen Ehrgeiz und Entschlossenheit. Zudem waren – gerade in meinem Fall – Durchhaltevermögen und ein gutes Zeitmanagement nötig. Außerdem, bei vier Kreuzbandrissen, die Fähigkeit, mit Rückschlägen und Niederlagen umzugehen. Stichwort: Resilienz. Als Spielführerin war meine Kommunikationsfähigkeit gefordert; eine Rolle, in der ich auf diesem Gebiet viel gelernt habe. Egal auf welchem Niveau Sport bzw. Mannschaftssport betrieben wird, er kann immer zur Persönlichkeitsentwicklung beitragen. Er fördert Teamgeist, Verantwortungsbereitschaft und Konfliktfähigkeit, um nur einige Aspekte zu nennen.

## Andere Rollenbilder

Die Rolle der Frauen beim Fußball der Frauen ist eine andere als die Rolle der Männer beim Fußball der Männer.

Die Frauen stehen zu dem, was sie tun und wie sie leben. Die Männer nicht immer. Sprechen wir hier zunächst über die Themen Sexualität, Partnerschaft, Lebensphilosophie, Coming-out. Der ehemalige Nationalspieler Thomas Hitzlsperger war der erste prominente und bislang einzige deutsche Fußballprofi, der sich öffentlich zu seiner Homosexualität bekannt hat. Nach Ende seiner aktiven Karriere. Noch immer ist es für aktive Spieler ein schwieriger Schritt, das Gleiche zu tun, obwohl die Reaktionen bei Hitzlsperger sehr positiv ausfielen. Im Vorfeld der WM 2022 in Katar kritisierte Hitzlsperger immer wieder den Umgang der Katarer mit homosexuellen Menschen. Homosexualität ist in Katar verboten und steht unter Gefängnisstrafe. Dennoch dachte Hitzlsperger, der für die ARD eine Dokumentation zur WM drehte, laut über ein mögliches Coming-out von Fußballern während des Turniers nach. In der ARD bezog Hitzlsperger dazu Stellung: „Ich durfte einmal zur Mannschaft sprechen und habe sie auch animiert." Er habe die Spieler ermuntert, die WM als Plattform zu nutzen und für Werte einzustehen. Auch wenn so eine WM, unabhängig von den lokalen Umständen, nicht der beste Ort für derartige Aktionen sei. Die Ablenkung könne zu groß werden, gab Hitzlsperger nach dem Aus der deutschen Mannschaft gleichzeitig zu bedenken. Am Ende musste er sich im ARD-WM-Studio im Dezember 2022 selbst eingestehen: „Wir haben uns verrannt. Wir haben zu sehr gedacht, dass wir die Bühne nutzen müssen, um Menschen eine Stimme zu geben, die keine Stimme haben." Das ist eine Situation, in die die Frauen gar nicht erst kommen. Sie gehen nämlich komplett offen mit dem Thema um. Dafür gibt es genügend Beispiele aus den vergangenen Jahren, von denen an dieser Stelle zwei genannt seien. Nationalspielerin Svenja Huth gab während der Vorbereitung auf die EM 2022 bekannt, noch vor Beginn des Turniers mit ihrer Partnerin vor den Altar zu treten. In der Sendung *Sportclub* im NDR-Fernsehen sagte sie Ende Mai 2022: „Ich habe privat noch ein freudiges Ereignis, weil ich meine Freundin heiraten werde." Ein paar Stunden zuvor hatte Huth mit ihren Kolleginnen vom VfL Wolfsburg den DFB-Pokal gewonnen. Die Kapitänin des VfL, für den sie seit 2019 spielt und dabei dreimal die Meisterschaft und dreimal den Pokal gewann, trägt die Kapitänsbinde in Regenbogenfarben mit Stolz, weil sie damit Werte vorleben will und Themen ansprechen möchte, die ihrer Meinung nach nicht überall als alltäglich gelten würden. Über ihre Ehefrau ist allerdings nicht viel bekannt. Auf ihrem Instagram-Kanal sieht man sie und Svenja oft zusammen abgebildet. Mit dabei ist häufig Hund Jamie. Svenja Huth ist nebenbei Botschafterin für die Tierschutzorganisation VETO. Vor der EM erklärte sie der *Bild*, warum sie sich selbstverständlich mit ihrer Frau im Internet zeigt: „Das ist mein Leben, sie ist mein starker Rückhalt. Ich wüsste nicht, warum ich so etwas Schönes verheimlichen sollte. Ich möchte damit auch Vorbild für Menschen sein, zu sich zu stehen." Die Reaktionen fielen teilweise völlig inakzeptabel aus. Es kam zu einer Flut von homophoben Hasskommentaren. Huth machte auch das öffentlich und erhielt starke Rückendeckung aus den eigenen Reihen. Teamkollegin Giulia Gwinn beispielsweise erklärte postwendend, dass man es nicht tolerieren dürfe, wenn Menschen böse und beleidigend werden. Es sei traurig, dass es immer noch so wenig Toleranz gäbe. Lea Schüller, Gwinns Teamkollegin beim FC Bayern und in der Nationalmannschaft, ging noch einen Schritt weiter. Für das Vereinsmagazin *51* (Ausgabe Dezember 2022) gab die Stürmerin in der Titelstory „Leinen los, Lea Schüller über Leben, Liebe, Leidenschaft" tiefe Einblicke in ihr Privatleben und das ihrer Partnerin. Schüller, Deutschlands Fußballerin des Jahres und Bundesliga-Torschützenkönigin 2022, lebt mit der mehrfachen Segel-Welt- und Europameisterin Lara Vadlau zusammen. Lea und Lara sprechen in diesem Doppel-Interview über ihren Sport, ihren Alltag und ihre Beziehung. Hintergründig, humorig. „Zwei Kapitäne geht nicht", sagt Vadlau, als es um das Thema Segeln geht. Schüller antwortet: „In einer Beziehung schon. Wenn Lara nach zwei Wochen Segeln heimkommt, dann merkt man, dass sie da immer den Ton angegeben hat. Dann braucht sie einen Tag, um wieder sie selbst zu werden." Sie erzählen, wo sie sich kennengelernt haben, wie häufig sie sich sehen und wie wenig ihre Terminkalender im Alltag aufeinander abgestimmt sind. Warum Lea in München häufiger erkannt wird und Lara öfter in Neuseeland. Dazu eine Fotostrecke von den beiden auf einem Segelboot. Entspannt, nicht aufgesetzt. Ein eigenes, selbstbewusstes Rollenverständnis.

**Nia** Ein anderes „Rollenverständnis" zeigt sich auch im Umgang auf dem Platz. Selbstverständlich werden auch bei den Frauen hitzige Diskussionen geführt, aber die Spielerinnen beleidigen sich nicht gegenseitig, zeigen sich nicht gegenseitig den Vogel, bauen sich nicht Nasenspitze an Nasenspitze, Stirn an Stirn, mit Schaum vor dem Mund voreinander auf. Sie heizen damit auch nicht die Stimmung auf den Rängen an. Die Emotionen sind deutlich kontrollierter. Für mich hat das einen einfachen Grund. Die Spielerinnen sind weniger fixiert auf den Fußball. Es gibt in ihrem Leben auch andere Themen. In diesem Zusammenhang kann man wieder die duale Laufbahn ins Spiel bringen. Wenn du dich nicht ausschließlich mit deinem Sport auseinandersetzt, sieht die Welt einfach anders aus. Es gibt nun mal wichtigere Dinge. Man hinterfragt sich auch eher. Die Fähigkeit zur Selbstkritik ist deutlich ausgeprägter. In einem Wort: Die Fußballerinnen lieben ihren Sport, aber er ist für sie nicht der Mittelpunkt ihres Lebens. Vieles wird deshalb auf dem Platz gelassener gesehen und die Gemüter beruhigen sich schneller.

Nehmen wir ein aktuelles Beispiel. Das EM-Finale Ende Juli 2022. Die Engländerinnen spielten phasenweise richtig hart, in der ein oder anderen Situation reizten sie den Fairplay-Gedanken extrem aus. Ich denke etwa an die letzten Spielminuten, als das Zeitschinden fast unerträgliche Ausmaße annahm: das Ballhalten an der Eckfahne, den Ball nur nicht weiterspielen, damit die deutsche Mannschaft nicht noch einen Angriff vortragen kann, nur noch warten, dass die Schiedsrichterin endlich abpfeift. Da kochst du innerlich und bist stocksauer, wenn du auf dem Platz stehst und quasi tatenlos zusehen musst, wie die Zeit verrinnt und die Chancen, das Spiel noch zu drehen, schwinden. Sekunde

**Nia**

um Sekunde. Fürchterlich. Und was haben die Deutschen nach dem Spiel gemacht? Nichts! Nicht eine hat sich im Nachhinein darüber beschwert. Weder die Spielerinnen noch die Trainerin. Sie haben den Grund für die schmerzliche Niederlage nicht darin gesucht. Sondern es sportlich akzeptiert. Das war in meinen Augen ganz stark und hat Größe gezeigt. Diese Form von Reflektiertheit steht für mich beim Fußball der Frauen absolut im Vordergrund. Es geht um das Spiel und nicht um das eigene Ego. Ich halte das sogar für ein gewisses Alleinstellungsmerkmal. Und wie ich nach der Europameisterschaft vielfach gemerkt habe, ist es auch das, was die Menschen an unserer Mannschaft mögen. Dieses offene, uneitle Auftreten. Sehr nah dran an der Realität und an den Fans. Das sollten die Mädels unbedingt beibehalten. Es ist meines Erachtens sehr, sehr wichtig für den Sport. Natürlich sind auch weiterhin Gesichter, Stars und Persönlichkeiten, die die Fans mit der Sportart verbinden, von Bedeutung. Die sollten dann allerdings für die Werte der Frauen stehen – und für nichts anderes.

**Bernd**

Aus Sicht des Kommentators kommen einem beim Thema „Rollen" oder Verhalten auf dem Spielfeld als erstes strittige Szenen rund um eine Elfmeterentscheidung oder die Bewertung von Fouls in den Sinn. Relativ konsterniert stellte ich in meiner Anfangszeit fest: Elfmeter ist, wenn die Schiedsrichterin pfeift! Da bist du auf deinem Reporterplatz in der Tat erst mal verdutzt. Ups, denkst du. Es springen keine Horden von Menschen von der Trainerbank auf und reklamieren, schimpfen und beleidigen wahlweise die Schiedsrichterin oder die gegnerische Mannschaft. Und auch auf dem Platz wird nicht oder nur sehr zurückhaltend mit der Unparteiischen diskutiert. In der Praxis bedeutet das: Fällt eine Spielerin im Strafraum, dann wird entweder weitergespielt oder es gibt Elfmeter, alles ganz unaufgeregt. Gibt es keinen Elfmeter, steht die Spielerin auf und beteiligt sich wieder am Spiel. Fertig, aus! Hast du das begriffen, ist es für die Bewertung der Szene von großem Vorteil: Es gibt keine Reklamation, also wird es die Schiedsrichterin schon richtig entschieden haben ... Der Reporter kann sich in seiner Einschätzung der Aktion relativ schnell festlegen.

Natürlich gibt es Ausnahmen. Nehmen wir die Brasilianerin Marta, eine Spielerin, bei der Theatralik eine große Rolle spielt. Bei Weitem nicht so sehr wie bei ihrem Landsmann Neymar. Das ist nicht zu vergleichen. Aber Ansätze sind vorhanden. Von daher war Marta nie Everybody's Darling, im Gegenteil, sie ist sogar eher unbeliebt, was auch mit ihrem teilweise ruppigen Einsteigen zusammenhängt. In Zweikämpfen greift sie nicht immer zu fairen Mitteln. Da eilt der mehrfachen Weltfußballerin kein guter Ruf voraus. Ihre herausragenden sportlichen Leistungen soll das nicht schmälern. Aber hier geht es genau um das, was Nia gerade angesprochen hat. Bei Marta dreht sich alles um Marta. Erst kommt Marta, dann noch mal Marta und dann kommt irgendwann das Team. In der Summe ist das einfach zu viel Ego und zu wenig Teamgeist. Das ist eher untypisch für den Fußball der Frauen. Stattdessen bekommt

Bernd

man – als Zuschauer und als Reporter – „puren" Fußball zu sehen. Mehr Tamtam würde mehr Aufmerksamkeit erzeugen, keine Frage. Die ein oder andere Showeinlage würde aller Voraussicht nach Schlagzeilen erzeugen oder viral gehen. Und je mehr berichtet wird, desto mehr Öffentlichkeit entsteht. Aber das ist nicht das Ansinnen der Frauen. Achten Sie einmal während einer Übertragung oder im Stadion darauf. Ganz selten gibt es ewig lange Nachspielzeiten (schon gar nicht derart epochale wie bei der Männer-WM 2022 in Katar!). Das hat seine Gründe – einer davon ganz klar: Es gibt weniger Theater. Wie hat Nia es genannt? Ein Alleinstellungsmerkmal. Genau so ist es!

## Fair geht vor

Nia

Nicht dass wir uns falsch verstehen, auch Frauen motzen auf dem Platz. Warum auch nicht? Sie bekommen Gelbe, Gelb-Rote und Rote Karten. Kein Thema. Aber die Kommunikation auf dem Rasen ist grundverschieden von der zwischen den Männern. Das soll kein Vorwurf sein, es ist einfach nur eine Tatsache. Wenn es zu meiner Zeit zu einer, sagen wir mal, „aufgeregten Diskussion" mit der Schiedsrichterin kam, gab es sofort die Gelbe Karte. Da wurde nicht gezögert. Ich persönlich war eine ziemlich emotionale Spielerin. Aber ein simples „Das kann doch wohl nicht wahr sein" reichte schon für Gelb. Es wurden einfach Grenzen gesetzt. Durch Konsequenzen. Das bedeutet nicht, dass niemand den Mund aufgemacht hätte.

Renate Lingor, eine technisch versierte Spielerin, die häufig gefoult wurde, stellte Entscheidungen der Schiedsrichterinnen immer wieder infrage. Ebenso Doris Fitschen oder Birgit Prinz. Wenn die zur Unparteiischen gingen, um zu reklamieren, dann hatte das seinen Grund. Weniger zu diskutieren, ist ja nicht gleichbedeutend mit kuschen. Im Training hielten wir es innerhalb der Mannschaft ähnlich. Da gab es die klare Ansage, nicht zu diskutieren, sich auf das eigene Spiel zu konzentrieren und nicht irgendwo einen Blitzableiter zu suchen. Der Fußball der Frauen sollte sich das unbedingt erhalten! Hier steht das Spiel im Vordergrund, weniger die Unterbrechungen. Natürlich gibt es immer wieder diskussionswürdige Situationen, gerade auch seit Einführung des Videoassistenten. Und dadurch kommt es auch vermehrt zu Unterbrechungen. Aber die bleiben im Rahmen. Direkte verbale Entgleisungen erlebe ich bis heute nicht.

Auch an der Seitenlinie spielt sich alles in einem friedlichen Rahmen ab. Keine Anfeindungen, keine Ausraster. Wenn ich daran denke, was meine Kinder vor dem Fernseher an Ausbrüchen von Trainern vorgeführt bekommen, mit welcher entfesselten Mimik und Gestik da teilweise aufeinander losgegangen wird, dann ist das von einer Vorbildfunktion weit entfernt. Wie gesagt, ich war selber eine sehr emotionale Spielerin. Auf dem Platz war einem manchmal gar nicht bewusst, dass man von allen Seiten beobachtet wurde. Heutzutage sollte aber jeder wissen, dass mindestens 20 Kameras im Stadion sind und jede Aktion gefilmt wird. Und zwar wirklich jede.

**Nia**

Die Frauen müssen weiter für ihre Werte stehen. Und wenn sie mal über das Ziel hinausschießen, sollte es kein Problem sein, einen Fehler zuzugeben. Wenn aber jeden dritten Tag Fehler passieren, wird das Ganze unglaubwürdig. Nach dem EM-Finale habe ich mit vielen Menschen aus allen möglichen Bereichen intensiv über „Fair geht vor“ diskutiert. Über das Verhalten der Engländerinnen, ihre Äußerungen, ihren Umgang mit den Fans, ihr Auftreten gegenüber der deutschen Mannschaft. Wie gesagt, das war zum Teil grenzwertig. Man muss aber auch sagen: Mit dem Ball an der Eckfahne herumtändeln und auf Zeit spielen, das gab es auch schon vor 20 Jahren. Das ist nichts Neues, auch wenn man es vom Fußball der Frauen eher nicht kennt. Und alles andere gehört irgendwo zur Show dazu. Auch der Fußball der Frauen soll neben der sportlichen Rivalität Unterhaltung sein. Ansonsten wäre er langweilig. Und das will ja nun wirklich niemand.

Nehmen wir nochmals die Statistik zur Hilfe und vergleichen wir Männer und Frauen in der Bundesliga bezüglich der ausgesprochenen Verwarnungen, also Gelben, Gelb-Roten und Roten Karten. Im Rückblick auf die Spielzeiten 2019/20, 2020/21 und 2021/22 sind Trends erkennbar. In der Saison 2021/22 gab es bei den Frauen deutlich mehr Verwarnungen als in den Jahren zuvor, insgesamt 308. Bei den Männern ging die Gesamtzahl nur leicht nach oben (1159), die Gelb-Roten Karten gingen jedoch im Verlauf der letzten Jahre deutlich zurück (19, davor 19 und 35). Da es weniger Vereine in der Frauenbundesliga gibt, müssen zum

Vergleich die Durchschnittswerte, also die Anzahl der Verwarnungen pro Verein, herangezogen werden. Hier sieht es folgendermaßen aus: Bei den Frauen wurden in den letzten drei Spielzeiten insgesamt 843 Gelbe Karten verteilt, das macht im Schnitt 70,25 Karten pro Club und bedeutet, dass ein Frauenbundesligist in einer Saison 23,42 Gelbe Karten kassiert. Die Gelb-Roten und Roten Karten sind bei den Frauen fast zu vernachlässigen. Im genannten Zeitraum standen nur 14 Gelb-Rote und 9 Rote Karten auf den Spielberichtsbögen der Unparteiischen. Bei den Männern ist die Datenlage ein wenig anders. 3423 Gelbe Karten in drei Spielzeiten, pro Verein also 190,17 über den gesamten Zeitraum, pro Saison 63,4. Mit anderen Worten: annähernd das Dreifache. Zudem gab es 114 Platzverweise, aufgeteilt auf 64 Gelb-Rote und 50 Rote Karten. Auch in diesem Bereich liegt die Zahl deutlich höher als bei den Frauen. Während Letzteres mit der höheren Intensität des Spieles (mehr Tempo und größere Zweikampfhärte) zu erklären sein mag, unterstreichen die Gelben Karten die These, dass bei den Männern viel mehr reklamiert wird, es häufiger zu Diskussionen auf dem Platz kommt und mit Schiedsrichtern im Affekt teilweise beleidigend gestritten wird. Hinzu kommen Dinge wie Ball wegschlagen oder die berühmt-berüchtigte Rudelbildung, die regelwidrig sind und mit einer Gelben Karte geahndet werden müssen. Solche Verhaltensweisen kommen bei den Frauen so gut wie nicht vor. Während der WM 2019 nahm die *Süddeutsche Zeitung* dieses Thema in den Fokus. Unter der Überschrift „Aufrappeln, weitermachen!“ hieß es da: „Es gibt natürlich auch Fußballerinnen, die sich weniger fair verhalten. Aber in der Breite fällt auf, dass die Frauen es deutlich eiliger haben, möglichst schnell wieder gegen den Ball zu treten – es gibt kaum Theatralik und kaum Reklamationen. ‚Wir akzeptieren Entscheidungen, die der Schiedsrichter trifft, und diskutieren nicht lang', erklärt die deutsche Stürmerin Klara Bühl, ‚weil wir wollen, dass das Spiel weitergeht und dass wir im Rhythmus bleiben.' Unterbrechungen seien ‚semioptimal'." Im internationalen Vergleich ist die deutsche Bundesliga als fair einzustufen. In Frankreich kamen die Spielerinnen in der Saison 21/22 auf 340 Gelbe Karten (plus 8 Gelb-Rote und 4 Rote), in Spanien auf 727 Gelbe, 19 Gelb-Rote und 6 Rote Karten (allerdings bei einigen Spieltagen mehr). Lediglich in England sah die Bilanz etwas besser aus als bei uns: 264/3/5.

Wenn viele Fans den Eindruck haben, es gehe bei den Frauen insgesamt mehr um den Fußball im ursprünglichen Sinne, dann liegen sie absolut richtig. Kein Vorwurf, keine Anklage, keine Besserwisserei, sondern ein Fakt, der sich auf einen speziellen Aspekt bezieht und dazu einige Daten aus dem Liga-Alltag von Männern und Frauen betrachtet.

Es hat auch etwas mit Fairness zu tun, Sportler und Verantwortliche nicht zu jedem Thema um Statements zu bitten, respektive solche einzufordern. Das aktuelle Beispiel ist Katar. Schon im Vorfeld wurde das gesamte DFB-Team von vielen Seiten geradezu genötigt, sich politisch zu Katar zu äußern. Einige Spieler taten das auch (Neuer, Goretzka, Gündogan), andere hielten sich eher zurück, aber der Druck war riesengroß. Alles gipfelte schließlich in der Ankündigung, die Regenbogenbinde tragen zu wollen, das Weitere dürfte bekannt sein. Zudem kam es bei der Wüsten-WM zu einer politisch brisanten Situation, als die USA auf den Iran trafen. Auf den Abschlusspressekonferenzen beider Mannschaften wurden regelrecht die Messer gewetzt. Die US-Amerikaner traf es besonders unangenehm. Trainer Gregg Berhalter wurde von einem iranischen Journalisten gefragt, warum er seine Regierung nicht darum gebeten hätte, in der Nähe des Iran befindliche US-Kriegsschiffe abzuziehen beziehungsweise zu verlegen. Das alles, wie gesagt, vor einem Fußballspiel! Bundestrainerin Martina Voss-Tecklenburg, die ja beim ZDF als TV-Expertin auftritt, beobachtet die zunehmende Politisierung des Sportes mit großer Sorge. Im Interview mit der *Sport-Bild* äußert sie wenig Verständnis: „Wenn ich sehe, wie sich beispielsweise Spieler und Trainer der USA und des Iran mit politischen Fragen beschäftigen müssen, dann tun sie mir leid. Das kann nicht förderlich für die Leistung sein. Wir sind nicht unpolitisch, aber wir müssen eine gute Balance finden." Dabei weiß sie natürlich genau: Vor der kommenden WM 2023 in Australien und Neuseeland könnten ihr und ihrem Team ebenfalls unschöne Diskussionen ins Haus stehen. Das Tragen der Regenbogenbinde ist bei Turnieren der FIFA (und ein solches ist die Frauen-WM) verboten. Für das DFB-Team wäre es eigentlich eine Selbstverständlichkeit, die Binde zu tragen. In langwierige Auseinandersetzungen mit dem Weltverband will sich die Bundestrainerin aber keinesfalls begeben. „Ich bin immer dafür, Zeichen zu setzen. Aber Zeichen nach außen zu tragen hat auch Grenzen. Ich finde, dass es Momente gibt, in denen man sich auf den Fußball konzentrieren muss."

Höchst interessant ist eine Szene in Portugal: Schiedsrichterin Catarina Campos zeigte bei einem Pokalspiel die erste Weiße Karte der Fußballgeschichte. Mit dieser Karte, die es bislang nur in Portugal gibt, wird, anders als mit den Farben Rot oder Gelb, keine Strafe ausgesprochen, sondern ein Fairplay-Verhalten honoriert. In besagtem Spiel zwischen Sporting und Benfica Lissabon hatte eine Spielerin kurz vor der Pause auf der Bank über Unwohlsein geklagt. Die Mannschaftsärzte beider Teams eilten sofort herbei und versorgten die Akteurin, der es schnell wieder besser ging. Campos zog daraufhin die Weiße Karte und deutete auf beide medizinische Abteilungen. Benfica gewann die Begegnung übrigens vor der imposanten Kulisse von 15 032 Zuschauern 5:0. Die Weißen Karten sind in Portugal Teil einer Initiative, die „ethische Werte im Sport" fördern soll. Es handelt sich um eine sportartenübergreifende Aktion, die zunächst im Futsal (aus Südamerika stammende Form des Hallen- bzw. Kleinfeldfußballs) und 2015 auch im Kinderfußball eingeführt wurde. Eine bemerkenswerte Idee, die mit einer kleinen Geste einer breiten Öffentlichkeit vor Augen führt, was das eigentliche Grundprinzip des Sportes ist – Fair Play. Die Weiße Karte könnte als gute Idee aus Portugal auch in Deutschland übernommen werden.

## Andere Länder, andere Sitten

**Nia**

Ja, es gab bei mir mal die Chance, ins Ausland zu gehen. Aber letztendlich habe ich mich dagegen entschieden.

Ende der 90er-Jahre kam das Angebot. Ich hätte auf ein US-College in Florida wechseln sollen und dort Studium und Fußball verbinden können. Ein Scout aus den USA tingelte damals durch Europa, ich war sicher nicht die Einzige, die er angesprochen hat. Aber am Ende wurde mir beim FFC Frankfurt die interessantere Perspektive aufgezeigt, ich habe die Entscheidung im Nachhinein nicht bereut, obwohl so eine Auslandserfahrung zweifellos etwas Besonderes ist.

Natürlich ist der Reiz groß: bezahltes Studium, perfekte Trainingsbedingungen (damals schon), eine Sprache lernen. Diese Kombination aus Studium und Sport mal zu erleben, ist sicher etwas, das einen fürs Leben prägen kann. Ich habe von Spielerinnen, die ein College besucht haben, nur Positives gehört. Bei Birgit Prinz war das anders gelagert, die spielte ja in der US-Profiliga. Aber auch sie hat es nie bereut. Wobei zu meiner Zeit die Ligen im Ausland längst nicht so attraktiv waren wie heute. Das ist kein Vergleich. Damals gab es nur die Ligen in den USA und in Schweden. Frankreich, Spanien und England waren noch kein Thema.

Inzwischen hat sich die Situation komplett verändert. Und ich kann alle gut verstehen, die den Schritt wagen wollen, um was Neues auszuprobieren und damit auch die persönliche Komfortzone zu verlassen. Mittlerweile kommt der finanzielle Aspekt hinzu, in den Topligen Europas kann man richtig gut verdienen, da fällt es sicher teilweise schwer, diesen Angeboten zu widerstehen. Auf der anderen Seite müssen die Vereine der Bundesliga aufpassen und reagieren und Angebote machen, die besser sind als die aus dem Ausland. Und das ist gar nicht so einfach. Nur ein gutes Gesamtpaket überzeugt die Spielerinnen. Ich denke auch hier wieder an die Perspektive nach dem Sport, an duale Angebote. Mit Geld allein wird man es gegen die Konkurrenz gerade aus England nicht schaffen. Was sicher hilft, ist die aktuell stark steigende Popularität des Fußballs der Frauen in Deutschland. Das hohe Maß an öffentlicher Aufmerksamkeit. Das ist ein Pfund, mit dem alle wuchern können. TV-Auftritte, Marketingmöglichkeiten, das alles ist für die Sportlerinnen natürlich viel leichter, wenn sie in Deutschland spielen. Auf der Insel oder in anderen Ligen werden sie vor Ort wahrgenommen – aber nicht hier im Land.

Wohin auch immer die Reise geht: Aufenthalte im Ausland, sei es mit einem längerfristigen Vertrag oder in kürzerer Form, etwa zu Länderspielen, bringen dich weiter und prägen dich, weil du Erfahrungen machst und Situationen meistern musst, die es in deinem gewohnten Umfeld so nicht gibt. Wenn ich an unsere Reisen nach Helsinki oder Umeå in Schweden denke: Das waren Abenteuer für uns junge Spielerinnen. Schlichte Unterkünfte, Sprachen, die keine von uns verstand – aber du nimmst etwas mit. Die meisten von uns versuchten damals, jede freie Minute zur Erkundung der Stadt zu nutzen, wenn es logistisch möglich war. Unsere Unterkunft lag aber in der Regel nicht im Zentrum … egal. Darüber hinaus lernten wir viele Spielerinnen kennen, die in ihren Ligen Stars waren. Ich denke an Marta, die brasilianische Ausnahmefußballerin schlechthin. Ich durfte mal gegen sie antreten. Oder besser gesagt:

Ich musste gegen sie antreten. Eine Freude ist das nämlich nicht. Marta ist eine fabelhafte Fußballerin, technisch brillant, kann hohes Tempo gehen. Einmalig. Aber sie ist auch – wie schon erwähnt – eine Egozentrikerin. Die Bezeichnung „weiblicher Ronaldo" passt gar nicht so schlecht. Eine solche Persönlichkeit auf dem Platz zu treffen, ist etwas Besonderes. Ich zehre bis heute davon.

Schon in meiner Zeit in den U-Teams des DFB ging es mehrfach ins Ausland. Etwa zum Nordic Cup oder mit der Hessenauswahl in die USA. Mit der U-18-Nationalmannschaft war ich mit Silvia Neid als Trainerin in Orlando, wir wohnten damals direkt im Disneyland. Das sind Erlebnisse, die einem keiner mehr nehmen kann. Unvergessen blieb auch unsere Länderspielreise nach China. Das Verkehrschaos und die Luftverschmutzung waren damals schon krass. Es gab viele Menschen, die eine Maske trugen, für uns noch unvorstellbar. Aber wir waren in deren Augen auch Exoten.

Ein weiterer Aspekt, der für Auslandsaufenthalte spricht: Man kann sich was abschauen. Mit der U16 durften wir Anfang der 90er-Jahre auf dem Gelände des Leistungszentrums der Franzosen in Clairefontaine trainieren. Das Centre National du Football (CNF) dient allen Verbänden auf der Welt als Vorbild. Alle namhaften französischen Nationalspielerinnen und -spieler haben hier ihre „Ausbildung" absolviert. Nichts, aber auch gar nichts, wird dem Zufall überlassen. Jedes Jahr im Oktober startet eine Art Rekrutierungsprozess. Er dauert bis April. Rund 2000 talentierte Nachwuchsspieler im Alter von 12 bis 13 Jahren aus dem Großraum Paris bewerben sich auf einen Platz in der

Akademie, maximal 25 werden pro Jahrgang angenommen. Sie bleiben zwei Jahre dort. In diesem Alter lernen Jugendliche am schnellsten dazu, was ihre motorische Entwicklung betrifft. Im letzten Schritt des Auswahlprozesses werden Röntgenaufnahmen vom Handgelenk gemacht. Die Knochenalterbestimmung lässt Rückschlüsse auf die physischen Möglichkeiten als Jugendspieler und -spielerin zu. Da wird wirklich nichts ausgelassen! Der *Kicker* berichtete im Juni 2021 über das Leistungszentrum:

„In Clairefontaine werden die ‚Auserwählten' von Montag bis Freitag nach der Schule von den besten Jugendtrainern des Landes gecoacht. Es fehlt an nichts. Am Wochenende geht es zu den Heimatklubs, nur für die Spiele. Die Abgeschiedenheit des Ortes weit weg von den Versuchungen der Großstadt trägt ihren Teil dazu bei, dass sich die Jugendlichen ‚vollkommen auf ihre Ziele konzentrieren können', wie der ehemalige INF-Leiter Jean-Claude Lafargue letztes Jahr in einem Verbands-Interview sagte. Smartphones? Werden morgens eingesackt und erst um 20.00 Uhr ausgegeben. [...] ‚Es gibt dort nur Fußball', sagte Paul Pogba 2018 der *Financial Times*. ‚Ob in der Schule oder in der Nachbarschaft, jeder spielt Fußball. Es hilft den Menschen im Viertel, nichts Dummes zu tun.' Pogba muss es wissen, er stammt selbst aus der Banlieue von Paris. Wie Kylian Mbappé. Wie N'golo Kanté. Wie Thierry Henry. Auch wie Kingsley Coman, Moussa Diaby oder Riyad Mahrez, der für Algerien spielt."

**Nia** Jetzt wissen Sie, was ich mit professionellen Strukturen in der Nachwuchsförderung und „etwas abschauen" meine.

Das Konzept funktioniert gut. 13 nationale Akademien gibt es mittlerweile im ganzen Land. Die Akademie, die der DFB 2022 eröffnet hat, geht in eine ähnliche Richtung. In Deutschland ist das System der Förderung allerdings dezentralisiert, vieles liegt in den Händen der Landesverbände. Das ist in Frankreich anders. Bei den Frauen war es trotzdem lange anders. Die mussten sich erst einmal in der verbandsinternen Hierarchie regelrecht hochdienen. Eine der erfolgreichsten französischen Spielerinnen der letzten Jahre ist Eugénie Le Sommer, die im Vorfeld der EM 2022 zusammen mit der ehemaligen Kapitänin Amandine Henry von Cheftrainerin Corinne Diacre bei der Nationalmannschaft ausgemustert wurde, um den Weg für den Umbruch der Équipe Tricolore freizumachen. Im September 2020 verriet Le Sommer in einem Interview mit der FIFA, wie schwierig ihr Weg bis zu ihrem Durchbruch bei der U-20-WM 2008 war. „Es gibt kaum noch Spielerinnen aus meinem Jahrgang, die damals bei der WM dabei waren und heute noch aktiv sind", erzählt Le Sommer und verweist darauf, dass der Frauenfußball in Frankreich damals keine großen Zukunftschancen bot. „Ich hatte immer das Ziel, so weit wie möglich zu kommen und es in die A-Nationalmannschaft zu schaffen. Es war mein Traum und ich wusste, dass ich alles geben würde, um es zu erreichen. Doch es gab vielleicht auch einige, die sich sagten, dass sie einfach zum Spaß Fußball spielen. Es war aber nicht das Wichtigste.

Wenn sie den Spitzenfußball erreichen, ist das schön. Wenn nicht, ist es auch nicht schlimm“, erklärt sie. „Der Fußball war nicht professionell. Ausbildung und Studium waren eine Sache, der Fußball eine andere. Damals war das für manche Spielerinnen ein Hindernis. Es war schwer, beides unter einen Hut zu bringen.“

**Bernd**

Die Recherche ist bekanntlich das A und O und die Grundlage dafür, dass aus einem Artikel, einem Radiobeitrag oder einer Fernsehreportage ein guter, informativer und hintergründiger Beitrag wird. Da ist es von Vorteil, dass es eine Reihe von prall gefüllten Datenbanken gibt. Inzwischen haben sich mehrere Firmen auf die Auswertung von Spielen spezialisiert. Alles wird statistisch festgehalten. Die Laufleistung jedes Einzelnen, Flanken von rechts oder links, Zweikampfwerte, Torschüsse, gehaltene Bälle, wohin die Elfmeter geschossen werden und so weiter. Das gläserne, zahlentechnisch durchanalysierte Spiel sozusagen. Sämtliche Stärken und Schwächen der Mannschaften werden registriert. Zu welchen Zeitpunkt fallen die Tore? Wer kassiert die meisten Gegentore in der letzten Viertelstunde? Es gibt keine Statistik, die es nicht gibt. Der Fußball der Frauen ist da noch nicht ganz so weit, vorsichtig formuliert. Statistiken sind vorhanden, aber nur ansatzweise so detailliert wie bei den Männern. Ähnlich verhält es sich mit der Informationslage bei einzelnen Spielerinnen. Gerade bei Nationen, in denen der Fußball der Frauen keine große Bedeutung hat. Was bedeutet, dass es einer intensiveren Recherche bedarf, und zwar auf persönlicher Ebene. Für Außenstehende klingt das vermutlich überraschend, aber es braucht hier tatsächlich noch das persönliche Gespräch. Von Angesicht zu Angesicht. Die besten Gelegenheiten sind das Training und die Pressekonferenzen, wo man immer wieder auf Menschen trifft, die gerne und äußerst zuvorkommend Auskunft geben.

Beim Training wendet man sich an den Pressesprecher eines Teams, man kann aber auch den direkten Kontakt zu Menschen suchen, die augenscheinlich zum Umfeld der Mannschaft gehören. Je größer und erfolgreicher die Nation, desto schwieriger ist das manchmal, bei den kleineren Ländern ist das aber überhaupt kein Problem. Im Gegenteil. Häufig ist die Freude riesengroß, wenn man sich für sie, aber gerade auch für ihre Sportart interessiert. Da sprudelt es häufig aus den Befragten nur so heraus. Bei den Recherchen zu den Mannschaften aus Bulgarien, Slowenien, Island oder der Türkei (um nur einige Beispiele zu nennen) im Rahmen von Qualifikationsspielen kamen da neben Basisinformationen über die Spielerinnen (Alter und Größe, Verein, Anzahl der Länderspiele, Tore und so weiter) auch persönliche Dinge auf den Tisch: was die Eltern machen, wer welchen Hobbys nachgeht, inwieweit berufliche Verpflichtungen überhaupt ein geregeltes Training zulassen oder welche Musik in der Kabine gespielt wird ... Natürlich geht es auch um die Stärken und Schwächen der Spielerinnen – wobei Schwächen eher selten benannt werden. In der Regel haben alle im Kader ausschließlich Stärken, da möchte sich gegenüber dem fremden deutschen Journalisten niemand eine Blöße geben. Aber das ist ja auch nur allzu menschlich und verständlich.

Schwierigkeiten bereitete die Recherche in den vergangenen Jahrzehnten häufig bei den Teams aus China, Nordkorea und Russland. Was an der Sprache, aber auch an den politischen Umständen liegt. Speziell um die Chinesinnen wird immer eine Art Mauer errichtet, damit ja nichts nach außen dringt. Statistische Angaben zu Länderspielen und Toren sind häufig mit Vorsicht zu genießen. Bis vor einigen Jahren war es oft so, dass zu Turnierbeginn jede Spielerin eine runde Anzahl Länderspielen vorzuweisen hatte, also 20, 30, 40 oder so. Was natürlich stutzig macht, es war aber auch nicht möglich, etwas anderes zu beweisen. Inzwischen unterhält die FIFA eigene Datenbanken, auf denen zumindest alle offiziellen Spiele registriert werden.

Im Hintergrund tauchen aber auch immer wieder Informationen auf, die einen nachdenklich stimmen. So hörten wir im Zuge unserer Recherchen im Vorfeld der WM 2015 in Kanada von Gerüchten um den Frauenfußball in Nigeria. Ursprünglich wurde der Sportart in dem afrikanischen Land wenig Bedeutung zugemessen, doch das änderte sich schlagartig, als der Fußball mehr und mehr als Einnahmequelle entdeckt wurde. Um in die Mannschaft aufgenommen zu werden, hieß es, müssten die Mädchen und jungen Frauen Sex mit den Trainern haben. Ansonsten hätten sie keine Chance. Natürlich würde niemand darüber reden, es sei aber an der Tagesordnung. Nigeria ist ein relativ armes Land, viele Spielerinnen kommen aus armen Verhältnissen. Die Kosten für Ausrüstung und Training sind für sie schwer aufzubringen. Ähnliches gilt für die Aufnahme an Universitäten oder weiterführenden Schulen.

Ende 2022 erschütterte ein Missbrauchsskandal die National Women's Soccer League (NWSL) in den USA. Vier Fußballtrainer wurden Anfang 2023 dauerhaft gesperrt. Außerdem wurden Strafen gegen Funktionäre und einzelne Clubs verhängt. Mit den Disziplinarmaßnahmen reagierte die US-Profiliga der Frauen auf Ermittlungen, die unter anderem wegen sexuellen Missbrauches, Machtmissbrauchs und psychischer Manipulation geführt worden waren. Die NWSL und ihre Spielerinnengewerkschaft hatten eine Untersuchung in Auftrag gegeben. Das Ergebnis lautete: „weitverbreitetes Fehlverhalten" gegenüber Spielerinnen, das bis in die Anfänge der Liga vor fast zehn Jahren zurückreicht. Es habe sich nicht um Einzelfälle gehandelt. Unfassbare Zustände in einer der renommiertesten Ligen der Welt.

Nicht immer sind es problematische Zustände, die einen aufhorchen lassen. Zurück zu Nigerias Nationalmannschaft der Frauen. Das Team blickt auf eine respektable Geschichte zurück. 1999 erreichten die „Super Falcons", wie sie sich nennen, bei der WM das Viertelfinale, genau wie bei den Olympischen Spielen 2004, als sie gegen die DFB-Auswahl ausschieden. Die damalige Torfrau, Precious Dede, verfügte neben ihrer immensen Erfahrung aus fast 100 Länderspielen noch über ganz andere Talente. Abseits ihrer aktiven Karriere, die sie 2017 beendete, schauspielert die diplomierte Theaterwissenschaftlerin im sogenannten Nollywood. Ein zweites Standbein in der nigerianischen Filmbranche? Das dürfte einzigartig sein. Und Theatralik und Schauspielerei kennen wir ansonsten eigentlich nur von den ... ja, wem denn? Den Männern? Aber lassen wir das.

# DER FUSSBALL DER FRAUEN KOMMT AUF TOUREN

## Auf Fragen gibt es Antworten

Pressekonferenzen sind häufig unfassbar langweilig. Viele bestehen aus einer Aneinanderreihung von Plattitüden. Gehaltvolle Sätze sind selten. Bei großen Turnieren oder wichtigen internationalen Spielen – von Männern wie Frauen – werden diese Frage- und Antwort-Spielchen sogar live im Fernsehen oder im Netz übertragen. Was der geneigte Zuhörer dann erfährt, ist in den meisten Fällen nicht besonders tiefschürfend. Seien wir ehrlich: Es ist viel Blabla. Nicht böse gemeint. Man kann sogar Verständnis dafür haben, schließlich möchten Trainer oder Trainerin vor einem Spiel weder die Aufstellung noch die Taktik verraten, wobei löbliche Ausnahmen auch mal die Regel bestätigen. Aber häufig heißt es: „Alle haben gut trainiert." – „Der Gegner ist stark, aber wir schauen nur auf uns selbst." – „Wegen des Personals möchte ich mir heute Nacht noch ein paar Gedanken machen." Oder, ganz bitter: „Wenn der Schiedsrichter Elfmeter pfeift, dann ist es einer." Und: „Das müssen Sie den Trainer fragen." Frauen sind da dennoch häufig authentischer und emotionaler. Auch mutiger. Sie geben auch mal Dinge preis, die bis dahin noch nicht bekannt waren. Offen, ungefiltert. Gut möglich, dass ein paar Spielerinnen mit Kommunikationsberatern arbeiten, die ihnen einige Antworten vorformulieren. Aber die Regel ist das nicht. Das liegt vielleicht in der Natur der Sportlerinnen, die auch hier nicht eine Rolle spielen, sondern sie selbst sein wollen.

**Bernd**

Schauen wir auf eine der legendärsten Pressekonferenzen der letzten Jahre. Je länger ich darüber nachdenke, umso mehr kommt es mir vor, als sei es *die* Pressekonferenz schlechthin gewesen. London, 29. Juli 2022, im Teamhotel der deutschen Mannschaft, zwei Tage vor dem Finale gegen England. Also kein ganz unbedeutender Termin. Angekündigt sind Kathrin Hendrich und Alexandra Popp. Ein ziemlich großes Auditorium hat sich versammelt. Das Interesse ist in den vergangenen Wochen extrem angestiegen. Auch viele ausländische Kolleginnen und Kollegen sind vor Ort. Zunächst beantwortet Hendrich viele Fragen. Sie erzählt von schlaflosen Nächten, die sie hatte, weil sie nach dem Halbfinale gegen Frankreich nicht wusste wohin mit ihren Emotionen. Sie spricht völlig offen darüber, warum sie nicht mehr ans Handy geht, um sich nicht abzulenken. Alle im Raum sind fasziniert. So etwas hört man wirklich ganz selten. Tiefe, ehrliche Einblicke. Und dann erscheint Alexandra Popp mit Coronaschutzmaske. Sie steht rechts neben dem Podium und wartet auf ihren Auftritt. Im hinteren Teil des Raums

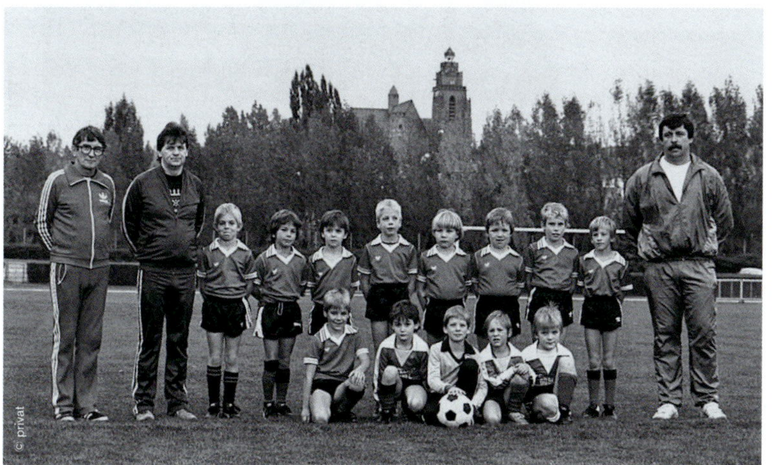


Von der Eintracht Wetzlar …

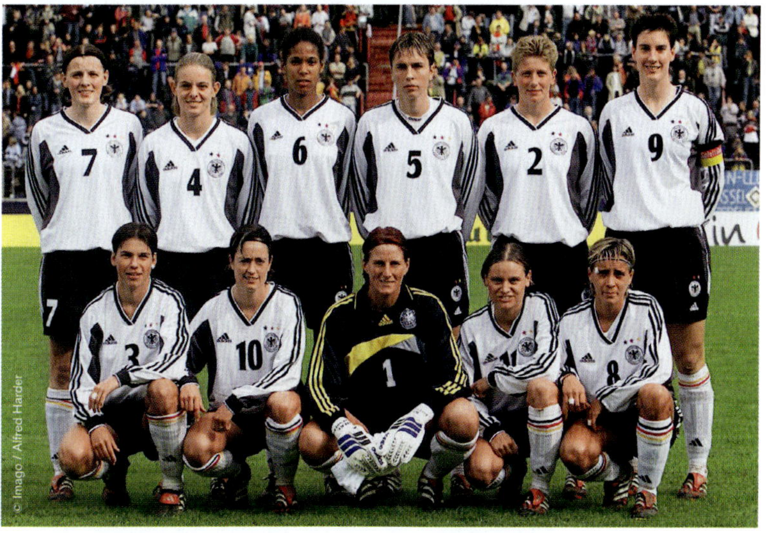


… bis zur Nationalmannschaft (Länderspiel WM-Qualifikation, Auestadion Kassel, 27. September 2001).

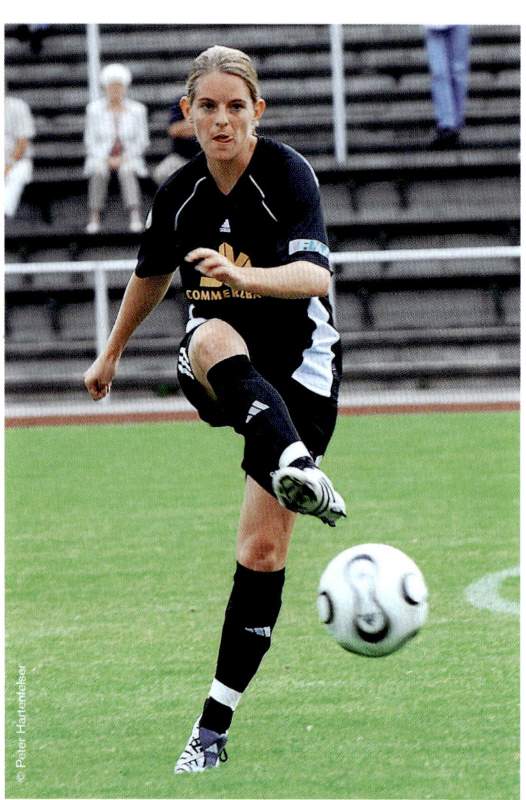


Voll fokussiert –
von 1998 bis 2008
für den FFC Frankfurt.

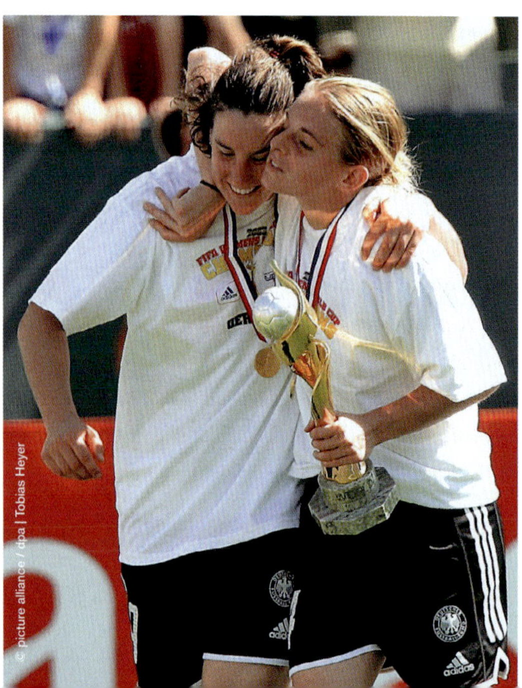


Mit Birgit Prinz und
dem Weltmeisterpokal.

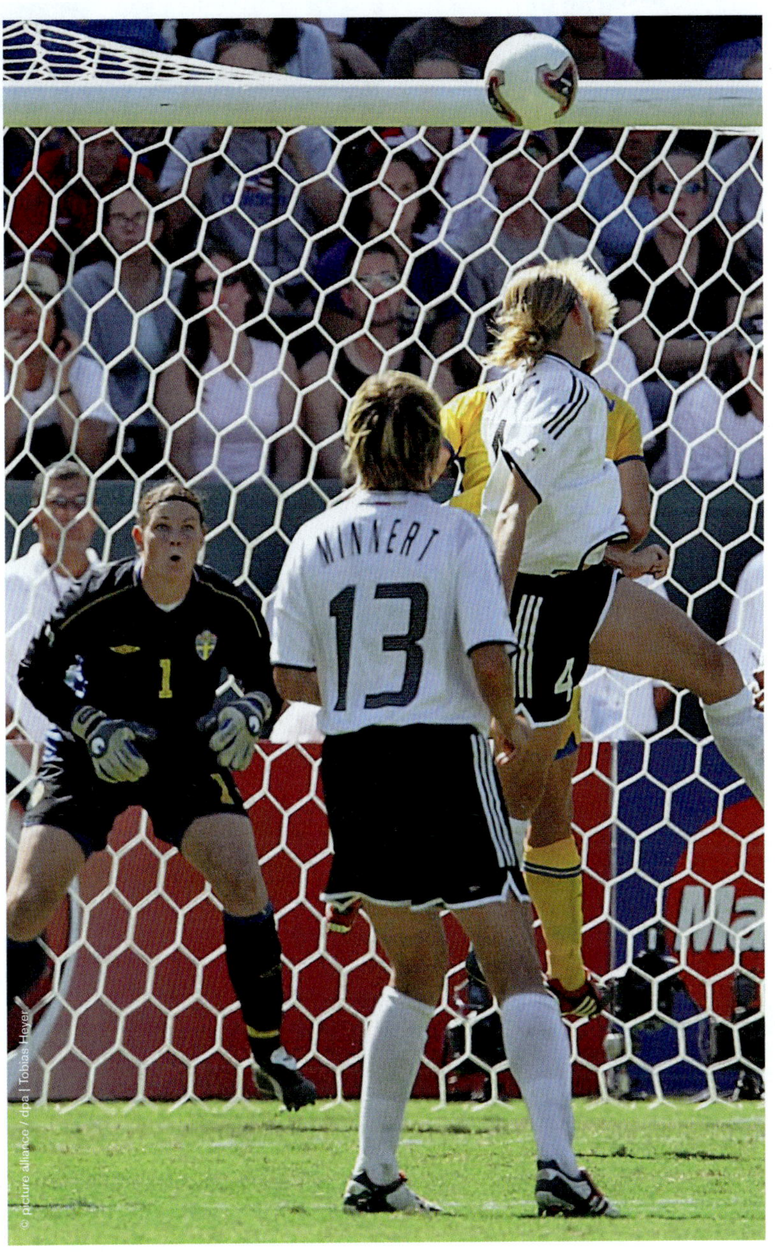



**Das Golden Goal zur Weltmeisterschaft (12. Oktober 2003, Carson, Kalifornien).**

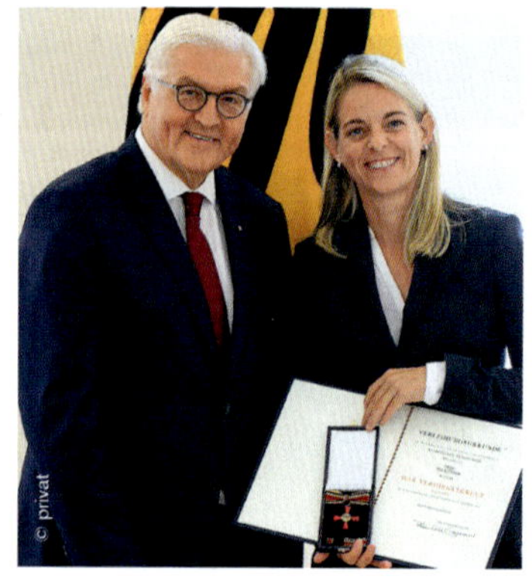


Am 4. Oktober 2017 verleiht mir Frank-Walter Steinmeier das Bundesverdienstkreuz.

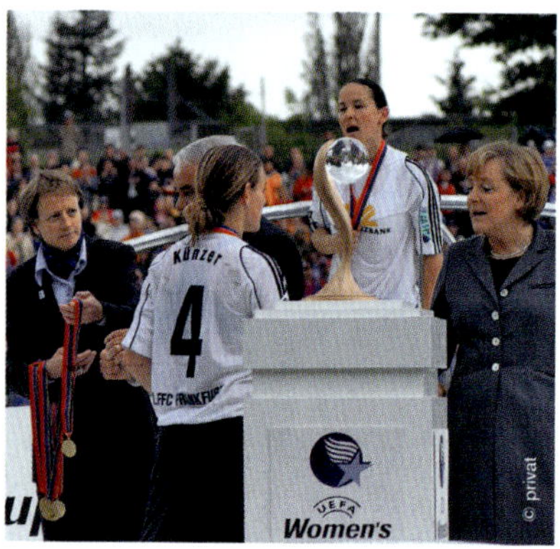


Nach dem Gewinn des UEFA Woman´s Cup (heute Champions League) 2006 gratuliert mir Angela Merkel, meine Teamkollegin Katrin Kliehm hat ihre Medaille bereits erhalten.

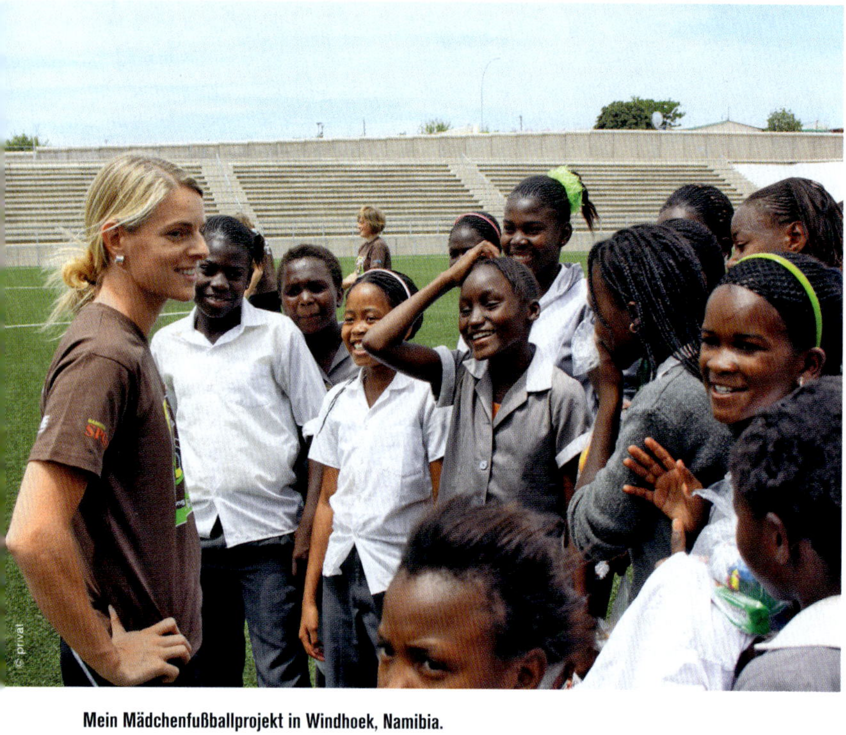

© privat

Mein Mädchenfußballprojekt in Windhoek, Namibia.

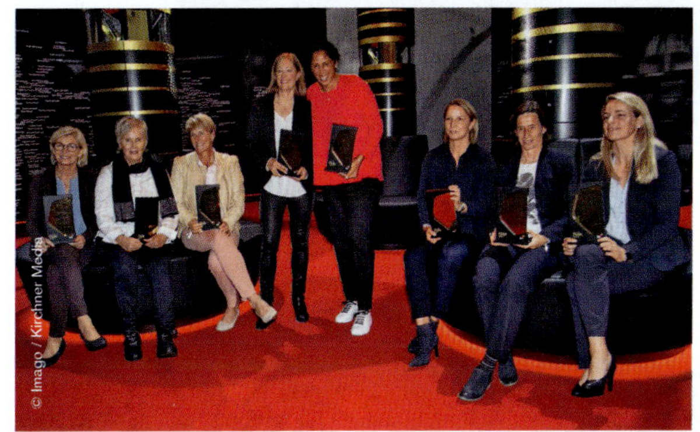


Ehrung in der Hall of Fame des deutschen Fußballs (v.l.n.r. Silvia Neid, Tina Theune-Meyer, Silke Rottenberg, Renate Lingor, Steffi Jones, Inka Grings, Bettina Wiegmann und ich, 12. Oktober 2019)!

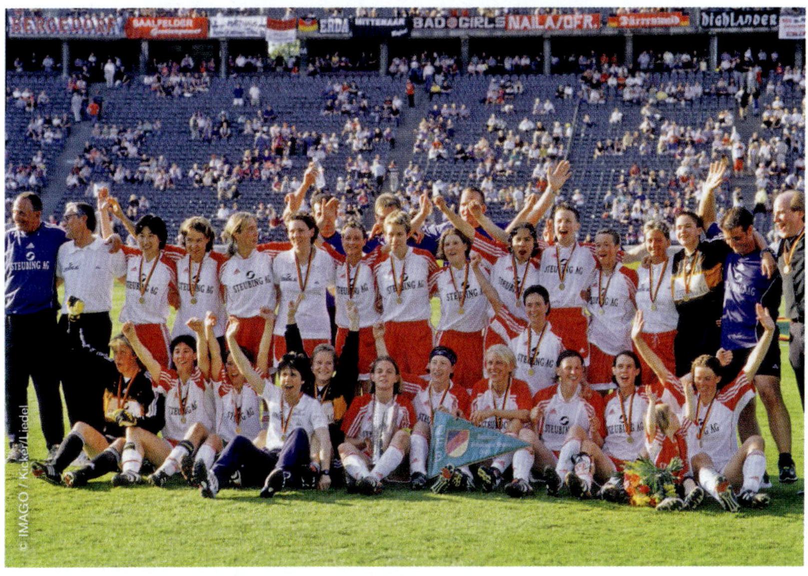


Pokalsieg mit FFC Frankfurt 2000. Mit Manager Siggi Dietrich ganz rechts und Trainerin Monika Staab sitzend ganz vorne.

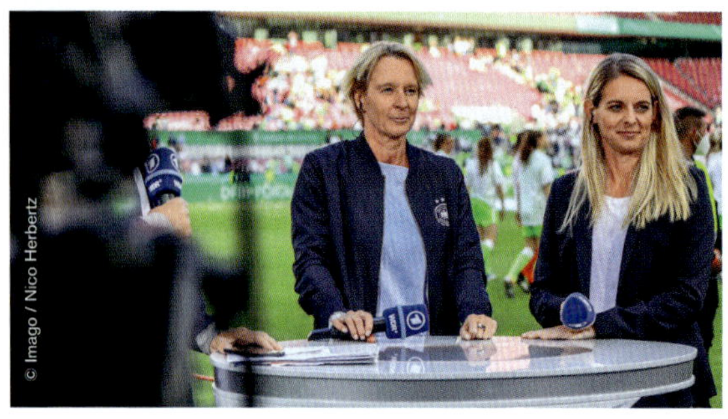


Beim DFB-Pokalendspiel im RheinEnergieStadion Köln mit Martina Voss-Tecklenburg (28. Mai 2022).

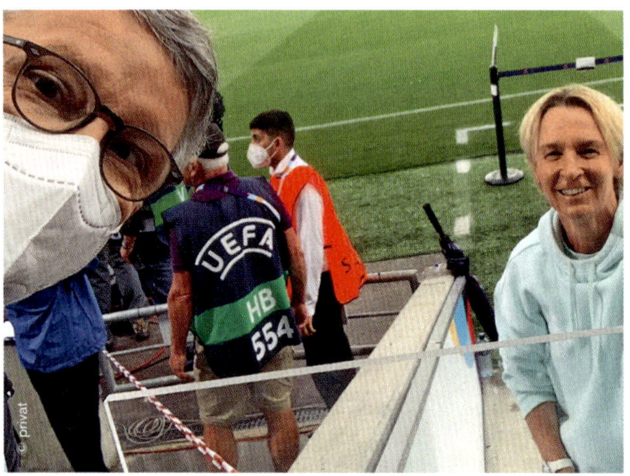


Direkter Austausch: letzte Infos vor dem Anpfiff von der Bundestrainerin auf dem »kurzen Dienstweg«.

EM-Finale 2022 im Wembleystadion, England - Deutschland, Rekordeinschalt-Quote: über 20 Millionen Zuschauer fiebern mit der deutschen Mannschaft vor den TV-Schirmen.

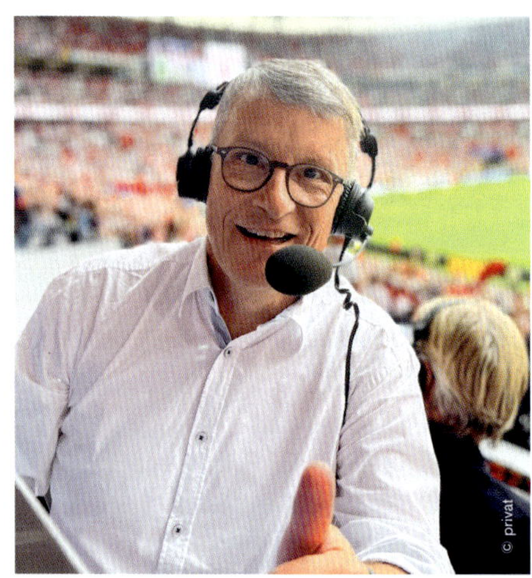

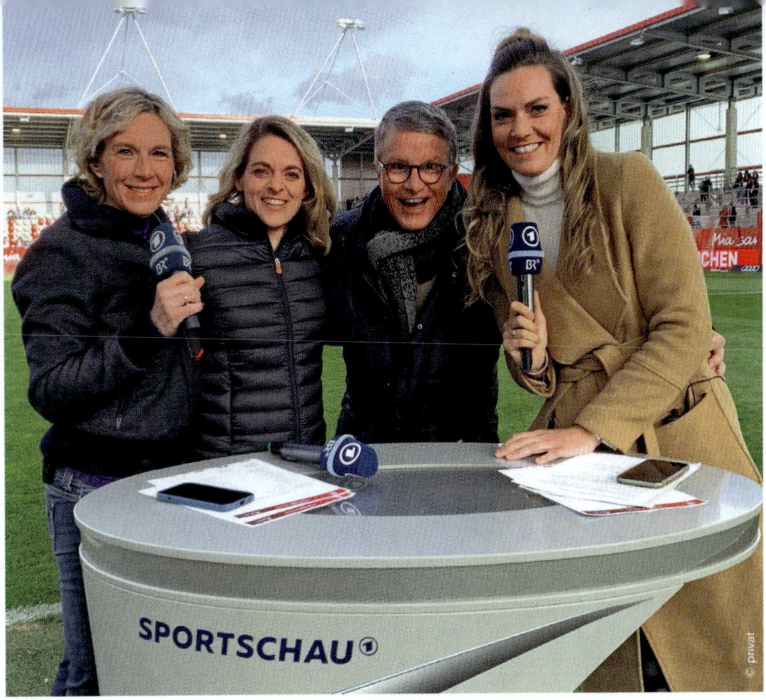

Oben: Beim Bundesliga-Topspiel FC Bayern München gegen VfL Wolfsburg im März 2023: Julia Büchler, Nia Künzer, Bernd Schmelzer, Julia Scharf. Unten: mit Claus Lufen bei der EM im Wembleystadion 2022.

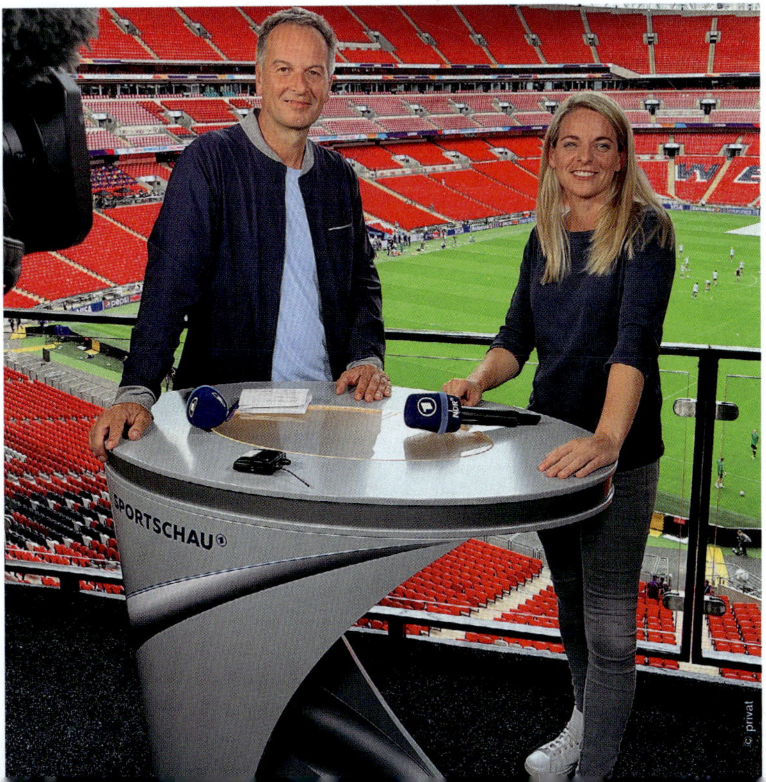

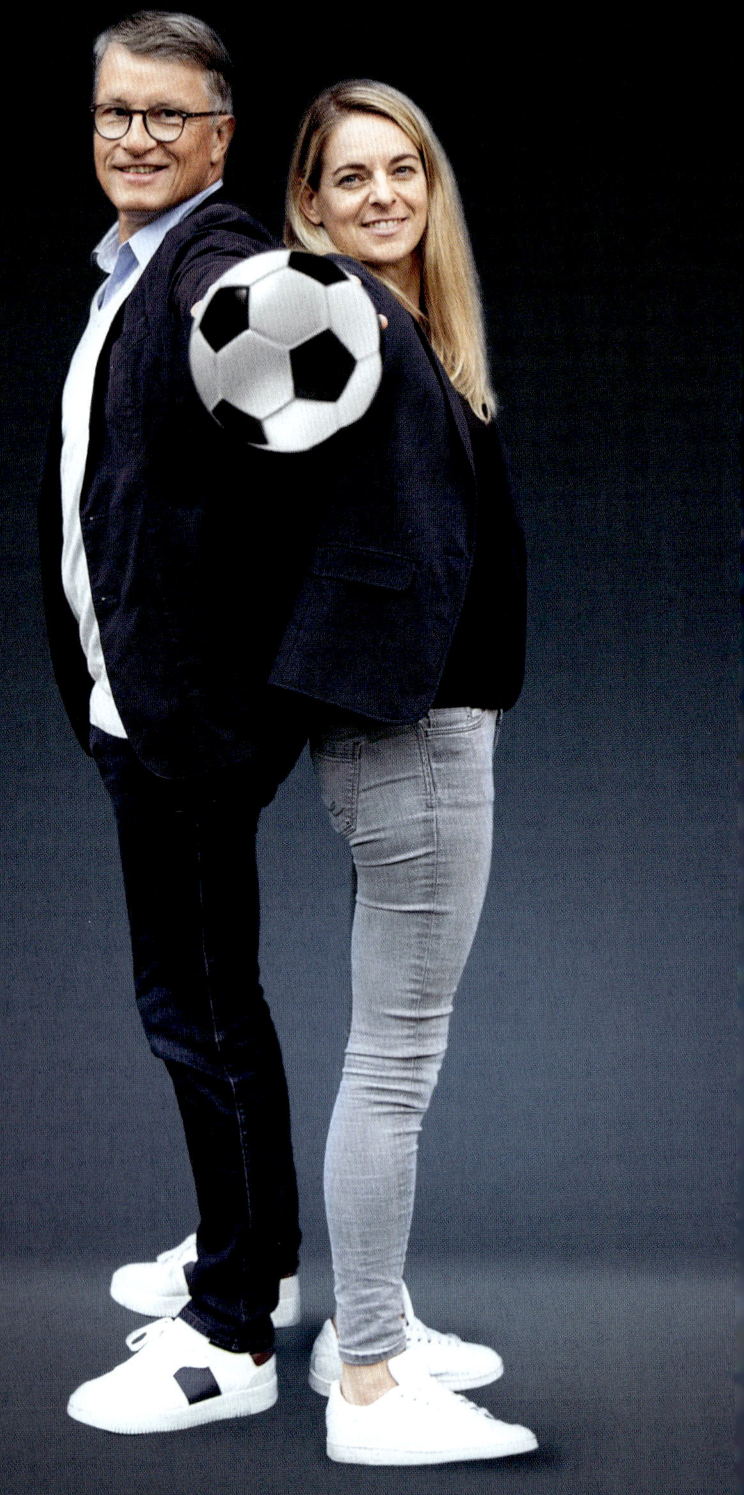

haben sich inzwischen einige Mitspielerinnen eingefunden. Unter anderem Lina Magull. Das allein ist ungewöhnlich, wird aber von den wenigsten bemerkt. Dann tritt Poppi vor, mit Maske und umgedrehter Baseballkappe. Cool. Vor dem Mikro muss sie die Maske natürlich abnehmen. Umgehend setzt ein Blitzgewitter ein. Auch DFB-Pressesprecherin Annette Seitz ist ein wenig überrascht. Oder sie tut zumindest so ... Denn unter der Maske trägt Poppi einen aufgeklebten Schnauzbart. Alle im Raum lachen. Logisch. Aber fast noch besser als der lustige Anblick ist die Erklärung, die Poppi jetzt abgibt. Nach ihren vielen Toren in den bisherigen EM-Spielen hatten einige Medien sich den Spaß gemacht, Hansi Flick, dem Bundestrainer der Männer, dringend zu empfehlen, Poppi zur WM nach Katar mitzunehmen. Als echte Neun. Als klassische Mittelstürmerin. Genau das fehle den Männern ja, eine richtige Goalgetterin. Intern hatten die Frauen offensichtlich ein Riesenvergnügen daran. Detailliert berichtet Alexandra Popp über ihre Mutationsgedanken und ihre Verwandlung in Alexander Bopp. Wer mithalf und wie der Bart entstand. Hinten im Saal lachen die Mitspielerinnen sich schlapp. Was für ein großartiger Moment. Und ein Musterbeispiel für das, was wir gerade beschrieben haben. Absolut einzigartig. Natürlich geht so eine Szene in den sozialen Netzwerken viral. Das steigert die Aufmerksamkeit. Aber auch die Sympathiewerte für das gesamte Team. Eine in jeder Hinsicht gelungene Aktion.

Zu den Highlights bei Pressekonferenzen zählen Ausnahmesituationen, wenn zum Beispiel sehr spezielle Fragen gestellt werden oder ein Medienvertreter aus dem Ausland eine Frage in einer anderen Sprache stellt. Sofern kein Dolmetscher anwesend ist, soll sie möglichst in seiner Sprache beantwortet werden, damit er die Antwort sofort versteht beziehungsweise damit sie im Falle eines Radio- oder Fernsehberichterstatters direkt als O-Ton verwendet werden kann. Bei den Frauen ist die Hemmschwelle, sich in einer Fremdsprache gegebenenfalls grammatikalisch nicht ganz korrekt auszudrücken, eher gering. Es wird einfach munter geantwortet, charmant und teilweise augenzwinkernd, insgesamt unaufgeregt und uneitel. Englisch ist für die meisten überhaupt kein Problem, einige parlieren sogar auf Französisch. Sara Däbritz musste vor und nach dem Halbfinale gegen Frankreich bei der EM 2022 einigen Kollegen aus Frankreich Rede und Antwort stehen. Nach drei Jahren bei Paris St. Germain kein Problem für die gebürtige Oberpfälzerin aus Amberg. Nebenbei sammelte sie damit natürlich Sympathiepunkte für die anstehende Saison in Frankreich, die von einem großen Medieninteresse begleitet wird. Seit Sommer 2022 spielt Däbritz bei Olympique Lyon, dem Rekordsieger in der Champions League, der besten Mannschaft in Europa seit vielen Jahren, wie viele sagen.

Die virtuellen Pressekonferenzen bei den Frauen unterscheiden sich übrigens nur unwesentlich von den Präsenzpressekonferenzen. Sowohl inhaltlich wie auch im Umgang miteinander. Auch das ist ein Unterschied zu vielen anderen Veranstaltungen, die während der Coronapandemie nur online stattfinden konnten und daraufhin qualitativ deutlich abfielen gegenüber realen Zusammenkünften, bei denen sich Menschen direkt in die Augen sehen. Ich denke, Sie

**Bernd**

> wissen, was gemeint ist: stundenlange Videoschalten mit gelangweilten Gesichtern, sofern die Kameras eingeschaltet sind. Im Hintergrund ein weinendes Schulkind, das mit einer schlechten Note nach Hause kommt, ein Handwerker, der ein Loch zu viel in die Wand geschlagen hat, oder ein Postbote, der schnell noch ein Paket abgibt. Dagegen haben sich die Termine zum Fußball der Frauen stets wohltuend abgehoben. Spielerinnen, Trainerinnen und andere Teamverantwortliche sorgten stets für eine angenehme Atmosphäre und für das Gefühl von Nähe. Das halte ich für ganz wichtig.

Ein weiteres Beispiel für die grundsätzlich offenere, ehrlichere Art im Umgang sind auch die Interviews vor oder direkt nach den Spielen. Da wird die eine oder andere schon mal von ihren Gefühlen übermannt. Doch solche Ausbrüche sind niemals aufgesetzt, berechnend oder gar von einem Medienberater vorbereitet. Nein, die kommen frisch von der Leber weg, als hätten Reporter und Spielerin sich gerade zufällig auf der Straße getroffen. Für die Zuschauer ist das ein großer Mehrwert. Es ist erfrischend unterhaltsam und vermittelt einen positiven, geerdeten Eindruck. Nehmen wir das Statement der Ex-Nationalspielerin Tabea Kemme, die im Gespräch mit dem *SZ-Magazin* schonungslos zum Thema Winter-WM in Katar Stellung bezog und dabei in einer einzigen Antwort nahezu alle gesellschaftspolitischen Aspekte benannte, die in den Wochen rund um das Turnier diskutiert wurden. Es ging um die Aussage des katarischen WM-Botschafters, Homosexualität sei ein geistiger Schaden, und die Frage, was so eine Aussage bei ihr auslöse.

> „Ich befinde mich seit Monaten in einem inneren Konflikt, weil ich mir nicht sicher war, was ich tun würde, wenn eine Anfrage als Expertin kommt. Kann ich das mit mir vereinbaren? Will ich das? Wie ich liebe, ist in Katar schließlich strafbar. Aber ein Boykott kommt für mich nicht infrage. Seit meinem Karriereende reise ich viel und besuche soziale Projekte in aller Welt. Dadurch habe ich viele Missstände gesehen. Ein Boykott würde bedeuten, dass ich mich den Zuständen in Katar nicht stelle. Ich will aber die Möglichkeit nutzen, mit meinen Werten vor Ort in den Austausch zu gehen und in dem ein oder anderen die Erkenntnis hervorzurufen, als homosexuelle Frau nicht den vermeitlichen geistigen Schaden zu haben."

Diese ehrliche, offene Art sollte unbedingt beibehalten werden. Martina Voss-Tecklenburg und ihre Spielerinnen wollen weiter wichtige Themen wie Diversität und Gleichberechtigung in den Alltag der Menschen bringen. Oder, wie es die Bundestrainerin mit Blick auf die künftigen Turniere formuliert: „Wir müssen dranbleiben."

## Verträge ohne Klauseln

**Nia**

Mit den hochkomplexen Vertragswerken aus heutiger Zeit haben meine ersten Verträge sicher nichts zu tun. Das waren Dokumente, die aus circa drei Seiten mit ein paar zusätzlichen Anmerkungen bestanden, mehr nicht. Schauen wir mal auf die Anfänge. Zu Beginn meiner Karriere hatte ich eine Entscheidung zu treffen. Für welchen Verein wollte ich spielen? Drei Clubs standen zur Auswahl. Der FSV Frankfurt, der TSV Siegen (zwei damals sehr erfolgreiche Adressen im Frauenfußball) und die SG Praunheim. Am Ende wurde es Praunheim, es war das beste Gesamtpaket. Ums Geld ging es dabei nicht. Auf die Summen, die damals bezahlt wurden, komme ich noch zu sprechen. Das erste Gespräch mit Moni Staab, der Trainerin der SG, fand bei mir im Elternhaus statt. Wir tranken Kaffee, meine Eltern waren auch dabei, ich war noch nicht volljährig. Moni hatte einfach die besten Argumente. Sie hat mir eine Perspektive aufgezeigt. Dabei ging es auch um Dinge wie die Fahrten zum Training und wieder zurück, schließlich wohnte ich in Wetzlar und hatte noch keinen Führerschein. Ich war Schülerin und auf dem Weg zum Abitur. Letztlich entstand ein Schriftstück über knapp drei Seiten. Darin ging es um ein paar formelle Dinge, die Vertragslaufzeit (in der Regel ein Jahr) und Kostenzuschüsse bei Auswärtsspielen, 20 DM pro Partie. Beziffert wurden auch Siegprämien in Höhe von 120 DM, für ein Unentschieden gab es 60 DM. Ein Grundgehalt gab es natürlich nicht. Vorbereitet und ausgefertigt wurden meine Verträge von Moni Staab, der Schatzmeisterin und Siggi Dietrich, weitere Personen waren nicht involviert, ein ganz kleiner Kreis also.

Mit der Ausgliederung der SG Praunheim und der Gründung des 1. FFC Frankfurt wurden diese Kontrakte erneuert.

Da war dann erstmals von mir als „Vertragsspielerin gemäß § 22 der DFB-Spielordnung" die Rede. Im Zuge der Lizenzierung mussten gewisse Auflagen erfüllt werden, später kam noch die Versicherungspflicht über die Berufsgenossenschaft dazu. Ab jetzt gab es ein Grundgehalt. Wir sprechen dabei von einer Summe von circa 200 Euro, später 300 Euro. Bei meinem letzten Vertrag, 2007, lag sie bei 400 Euro im Monat. Zuzüglich der Aufwandsentschädigungen, also Fahrtkostenerstattungen und ein paar Prämien. Bedeutet: Nur über die Vergütung durch den Verein war die Finanzierung des täglichen Lebens nicht möglich. Nach der WM 2003 hatte ich einige private Sponsoren und auch Werbeverträge, was die finanzielle Situation deutlich verbesserte. Ein paar lukrative Angebote lehnte ich damals (und auch in späteren Jahren) ab, ein Fotoshooting für den *Playboy* zum Beispiel oder die Teilnahme am Dschungelcamp. Passt einfach nicht zu mir.

Was es überhaupt nicht gab, waren sogenannte spezielle Klauseln, über die heutzutage so viel diskutiert wird, waren spezielle Vereinbarungen in einem Vertrag, wie beispielsweise Ausstiegsklauseln, automatische Vertragsverlängerungen nach einer bestimmten Anzahl von Spielen oder fest fixierte Ablösesummen. Das alles kam erst viel später hinzu und ist im Fußball der Frauen bis heute nicht Standard. Trotzdem sind die Verträge inzwischen deutlich komplexer, und durch die gewachsene Beraterszene hat sich der Markt allgemein extrem verändert. Die wenigsten Spielerinnen hatten früher einen Agenten, da war ich fast die Ausnahme, wie auch Birgit Prinz, die ebenfalls bei Siggi

**Nia**

> Dietrich unter Vertrag war. Aber sonst …? Heute ist nahezu jede Spielerin bei einer Agentur. Auch im Fußball der Frauen kann man in diesem Bereich inzwischen gutes Geld verdienen. Zudem bewegen sich die Gehälter der Nationalspielerinnen mittlerweile auf einem Niveau, das es ihnen erlaubt, sich vorwiegend auf den Fußball zu konzentrieren. Und das ist auch gut so.

Reden wir über Ablösesummen. Bei Dzsenifer Marozsán wurde bei ihrem Wechsel von Frankfurt nach Lyon eine Summe im fünfstelligen Bereich kolportiert. Für Pernille Harder, die 2020 von Wolfsburg zum FC Chelsea wechselte, soll der VfL 350 000 Euro erhalten haben, das wäre die bisherige Rekordablösesumme bei den Frauen. Torhüterin Merle Frohms konnte Eintracht Frankfurt im Sommer 2022 Richtung Wolfsburg verlassen, weil sie eine Ausstiegsklausel im Vertrag hatte. Das sind ein paar Beispiele, die verdeutlichen, dass der Fußball der Frauen sich auch im Bereich der Vermarktung der Spielerinnen deutlich entwickelt. Und wie man sieht: Der Markt ist bei Weitem noch nicht ausgereizt. Da wird sich noch einiges tun, weil Wachstumspotenziale vorhanden sind, auch das ist ein großer Unterschied zu den Männern.

Eine andere interessante Geschichte ist die von Almuth Schult. Sie verlängerte ihren Vertrag beim VfL Wolfsburg nicht. Das stand bereits lange vor der EM 2022 fest. Sie suchte eine neue Herausforderung. Ihr Wechsel in die USA, zu Angel City, dem neuen Club in Los Angeles, war eine echte Sensation, wir kommen noch darauf zu sprechen.

Zunächst aber war ihre Entscheidung vor allem ein Risiko. Almuth war lange verletzt gewesen und in der Nationalmannschaft nicht mehr die Nummer eins. Hut ab, muss man sagen. Sie hätte es einfacher haben können, aber das wollte sie offenbar nicht. Nach drei Monaten war das Abenteuer dann wieder beendet. Der Verein teilte das auf seiner Homepage ziemlich nüchtern mit. Almuths US-Bilanz ist übersichtlich, sie kam nur in einem einzigen Spiel zum Einsatz und das wurde auch noch 0:2 verloren. Der Fairness halber muss man aber anmerken: Almuth kam mitten in der laufenden Saison nach Los Angeles, das ist alles andere als leicht. Wie es nach ihren Einsätzen als ARD-Expertin bei der Männer-WM in Katar weitergeht, war zunächst offen. Doch nun hat Almuth im Februar 2023 mit einer freudigen Nachricht allen weiteren Spekulationen erst mal eine Absage erteilt. Denn Almuth ist erneut schwanger und wird im Sommer ihr drittes Kind bekommen. Deshalb ist sie auch nicht bei der WM 2023 dabei. Der NDR berichtete als Erster darüber. Schult freut sich auf ihre nächste „Reise". „Die Schwangerschaft lässt uns alle wieder fröhlicher in die Zukunft blicken", sagte sie. Zuvor hatte die Torhüterin nach dem Tod ihres Schwiegervaters die eigene Karriereplanung in den Hintergrund gestellt.

Fakt ist: Auch im Fußball der Frauen ist das Leben schnelllebiger geworden. Was sich auch auf die Verträge der Spielerinnen auswirkt. Auch der Fußball der Frauen ist ein Geschäft geworden. Ehemalige Spielerinnen, beispielsweise Lena Goeßling, arbeiten inzwischen auch in der Beraterszene. Das ist sehr zu begrüßen, denn sie wissen genau, worauf es für die Frauen ankommt. Es geht schließlich nicht nur um die Vermarktung, sondern um einen ganzheitlichen Ansatz, sprich auch um Perspektiven für die Zeit nach der Karriere. Mit der Berufswahl und im Privatleben müssen die Weichen frühzeitig gestellt werden. Und genau darauf sollte es den Beratern in dieser Sportart ankommen. Es geht nicht nur um die Transfers von einem Verein zum nächsten oder darum, möglichst viel an den Spielerinnen zu verdienen. Es geht um Beratung im Sinne von Ratschläge erteilen, Wege aufzeigen. Verträge sind das eine, die Persönlichkeitsbildung der Spielerinnen ist das andere.

Eine absolut sinnvolle Initiative, die in diese Richtung zielt, ist die Plattform sport4education. Unter dem Hashtag #connect4 können sich dort Spielerinnen vernetzen und austauschen. Mitbegründerin und Ex-Nationalspielerin Tabea Kemme nennt es „die Plattform für deine nachhaltige Förderung". Die Philosophie: „Wir stellen die Athletinnen mit ihren Bedürfnissen in den Vordergrund und schaffen vielfältige Angebote zur individuellen, ganzheitlichen und nachhaltigen Förderung. Daher ist es uns besonders wichtig, dass Körper, Seele und Geist eine Einheit bilden, dass sie gesund sind. Unter Berücksichtigung der persönlichen Skills entwickeln wir Guidelines für eine umfangreiche und anspruchsvolle Karriere im Fußball und darüber hinaus."

**Nia**

Duale Karrieren oder Karrieren beim Verband macht der DFB übrigens auch möglich. Ich nenne mal einige Beispiele: Silvia Neid, erst Spielerin, dann Co-Trainerin, Cheftrainerin und inzwischen Leiterin der Scoutingabteilung Frauen- und

**Nia**

Mädchenfußball. Oder meine ehemaligen Mitspielerinnen, zunächst Steffi Jones: Zwischen 2008 und 2011 fungierte sie als Präsidentin des Organisationskomitees für die WM 2011, dann wurde sie Direktorin beim DFB, danach Bundestrainerin. Renate Lingor, die „Idgie“, studierte Sportwissenschaft und ging 2006 zum DFB in die Abteilung Schulfußball. Tolle Karrieren, ich könnte die Liste lange fortsetzen. Zum Beispiel mit Doris Fitschen, sie ist bereits seit Ende 2001 beim DFB tätig. Zunächst verantwortlich für den Bereich Marketing in der Crew, die die WM 2011 verantwortlich organisierte. Teilweise war Doris gleichzeitig noch Managerin bei der Nationalmannschaft, sozusagen der Olli Bierhoff der Frauen (kleiner Scherz!). Das war übrigens eine sehr erfolgreiche Zeit: Mit ihr als Managerin holte unsere Mannschaft 2009 und 2013 den EM-Titel und Olympiagold 2016. Seit Anfang April 2022 ist sie die Gesamtkoordinatorin „Frauen im Fußball“ beim DFB. Und damit für alle Entwicklungen und Strategien verantwortlich. Wir kommen darauf noch mal zu sprechen. Insgesamt wäre mit Blick auf die Zukunft noch mehr Durchlässigkeit zwischen Männern und Frauen wünschenswert. Damit sich Frauen nicht nur um Frauenthemen und die Männer nicht nur um die Belange der Männer kümmern. Die Mischung macht's.

## Nicht der Mittelpunkt der Welt

**Nia**

Der Fußball der Frauen ist wichtig, aber die Menschen, die daran teilnehmen, sind nicht der Mittelpunkt der Welt. Und sie halten sich auch nicht dafür. Das ist ein feiner, aber wichtiger Unterschied zu den Männern. Machen wir uns nichts vor. Trotz aller Siege, aller Rekordgehälter und allen Medienrummels – es gibt Wichtigeres im Leben. Und es ist gut, sich immer wieder mal selbst daran zu erinnern. Natürlich hat sich in den vergangenen Jahren, seit dem Ende meiner Karriere, viel verändert, auch bei den Frauen. Aber es hält sich alles in Grenzen.

Die umfängliche Betreuung der Sportler hat selbstverständlich ihren Stellenwert. Von speziell abgestimmten individuellen Trainingsplänen über die Ernährung bis hin zur mentalen Vorbereitung auf das Turnier oder Spiel. Das hat durchaus seine Berechtigung. Bei den Frauen ist es beispielsweise interessant, den Menstruationszyklus zu berücksichtigen, der sich unter anderem auf die Verletzungsanfälligkeit auswirkt, und gegebenenfalls die Belastung anders zu steuern. Wenn da im Training umsichtig und vorausschauend gearbeitet wird, ist das für alle Seiten ein Gewinn, für die Spielerin ebenso wie für den Verein und die Nationalmannschaft. Die Abstimmung zwischen DFB und Liga ist in den vergangenen Jahren deutlich besser geworden. Auch der Austausch unter den Trainern ist ein ganz anderer.

Was sich ebenfalls verändert hat, ist die Rolle, die die Spielerinnen inzwischen außerhalb des Platzes einnehmen. Sie gehen heute viel bewusster damit um, Vorbilder zu sein und junge Mädchen in dem, was sie tun oder tun möchten, zu bestärken. Es macht den Eindruck, als möchten sie da etwas zurückgeben, gerade

**Nia**

> nach der fantastischen Europameisterschaft 2022. Sie wollen zeigen, was man mit Einsatz, Leidenschaft und Teamgeist alles erreichen kann. Das finde ich sehr positiv. Daneben hat die Bereitschaft zur Auseinandersetzung mit Themen, die über den Fußball hinausgehen, deutlich zugenommen. Besonders im privaten Bereich. Viele Spielerinnen beschäftigen sich schon früh mit der Frage: Was mache ich eigentlich nach dem Sport? Zurzeit nutzen viele die Gunst der Stunde durch den aktuellen Hype und basteln an Zukunftsperspektiven.

Lea Schüller vom FC Bayern München absolviert neben dem Fußball ein Studium Wirtschaftsingenieurwesen. In einem Interview mit Sky sagte sie vor dem Turnier in England, wie sehr es sie belaste, sich nach der Karriere in die Berufswelt eingliedern zu müssen: „Ich habe schon Angst. Wenn ich erst mit 35 anfange, das wird schon schwieriger sein als mit 24.“ Schüller möchte mal in der Automobilbranche oder im Bereich Architektur arbeiten. Erste Erfahrungen in dieser Richtung sammelte sie im Rahmen eines Praktikums im September 2022, also wenige Wochen nach der EM. Darüber berichtete sie auf ihrem Instagram-Account in mehreren Posts. Sie arbeitete bei einer Firma, die im Bereich Ingenieurs- und Entwicklungsdienstleistungen tätig ist. Dabei geht es um die Mobilität der Zukunft. Autonomes Autofahren beispielsweise. Lea Schüller schreibt: „Ihr fragt euch jetzt bestimmt, wann ein Auto komplett autonom unterwegs sein wird? [...] Es gibt fünf Stufen des autonomen Fahrens und aktuell sind bereits Autos der Stufe 4 entwickelt, das heißt, diese können autonom fahren, allerdings nur unter bestimmten Bedingungen und mit Sicherheitsfahrer an Bord." Eine spannende Erfahrung– zumal sie das alles neben Training, Liga, Pokal und Champions League wuppt.

**Nia**

Im besten Falle gelingt Leistungssportlern eine duale Karriere, sodass sie nach ihrer sportlichen Laufbahn eine gute berufliche Perspektive haben. Ich habe in Gießen Erziehungswissenschaften, Psychologie und Sport an der JLU Gießen studiert und gleichzeitig in Frankfurt in der Bundesliga und in der Nationalmannschaft gespielt. Ab 2008 habe ich im Hessischen Ministerium des Innern und für Sport in der Abteilung Sport als Referentin unter anderem im Bereich „Sport und Integration" gearbeitet. Das war auch das Thema meiner Diplomarbeit. Nachdem ich etwa drei Jahre für die Gesellschaft für Internationale Zusammenarbeit (GIZ) für das Programm „Sport für Entwicklung" tätig war, das Projekte unter anderem in Namibia, Afghanistan, Jordanien und Brasilien umsetzt, wo ich auch vor Ort sein durfte, bewarb ich mich 2017 um die Dezernatsleitung in der Abteilung VII des RP Gießen, da es inhaltlich zu meinem fachlichen Hintergrund passte und es mich reizte, Personalverantwortung zu übernehmen.

Es war die richtige Entscheidung, neben dem Leistungssport auch meine Ausbildung voranzutreiben und das Studium abzuschließen. Gleichzeitig profitiere ich beruflich sehr von den Kompetenzen, die mir im Leistungssport vermittelt und abverlangt wurden.

Das Paradebeispiel für eine gelungene duale Karriereplanung ist für mich Turid Knaak. Sie war die erste „Fußball-Doktorin" im Nationalteam. 2022 beendete sie ihre aktive Laufbahn. Ihre Doktorarbeit im Fachbereich Sonderpädagogik verfasste sie zum Thema „Schriftsprachenerwerb bei Kindern mit Lernförderbedarfen". Was sich mir nachhaltig eingeprägt hat, ist die DFB-Pokal-Achtelfinalauslosung, die Ende 2019 im Fernsehen übertragen wurde. Dort musste sich Turid vom ehemaligen Bundestorwarttrainer Andreas Köpke anhören, dass ein solches Doppelpensum bei den Männern gar nicht möglich sei: „Wir trainieren so viel, da ist keine Zeit mehr." Turid konterte relativ fassungslos: „Wir doch auch." Tatsächlich haben also sogar die Kollegen nur eine äußerst dürftige Vorstellung vom Fußball-Alltag der Frauen. Das war schon extrem schräg.

Es wäre wünschenswert, wenn noch mehr Frauen sich entscheiden würden, in den Trainerjob einzusteigen. Die B-Lizenz machen ja bereits viele. Aber sie sollten dranbleiben. Zum einen ist es für Mädchen, die anfangen, Fußball zu spielen, möglicherweise ein Vorteil, von einer Frau trainiert zu werden. Zum anderen haben wir in der Liga immer noch viel zu wenig Frauen an der Seitenlinie. Mit Kim Kulig hat der VfL Wolfsburg ja schon mal eine im Trainerteam. Man muss selbst wissen, ob man dafür geeignet ist oder nicht. Ich fände es aber einen Schritt in die richtige Richtung. Am Ende des Tages geht es darum, ehemalige Spielerinnen in verantwortliche Positionen im Fußball zu bringen. Bianca Rech ist so eine, die es beim FC

**Nia**

Bayern geschafft hat. Sie ist dort die Sportliche Leiterin. Daneben haben sie Nicole Rolser als Teammanagerin und, nicht zu vergessen, Karin Danner, die Chefin der Münchnerinnen. Eine Institution.

Der DFB hat sich im März 2022 neu aufgestellt. Fünf Frauen gehören dem neu gewählten Präsidium an, unter ihnen Generalsekretärin Heike Ulrich, die ehemalige Pressesprecherin der Frauennationalmannschaft und die frühere Nationalspielerin Célia Šašić. Das Präsidium besteht somit zu einem Drittel aus Frauen. Ein gutes Zeichen. International stehen nicht einmal zehn Frauen den jeweiligen Nationalverbänden vor. In den Dachverbänden FIFA und UEFA sorgen Quoten dafür, dass Frauen in den wichtigen Gremien vertreten sind. Ist das eigentlich noch zeitgemäß?

Und noch eine Revolution ist berichtenswert. Die Rede ist von Nicole Kumpis. Sie hat die erste Kampfabstimmung um die Vereinsführung in der fast 127-jährigen Clubhistorie bei Eintracht Braunschweig gewonnen. Das war im März 2022. Noch immer sind Frauen an der Spitze eines Proficlubs die große Ausnahme. Kumpis hat sich mit 472 zu 411 Stimmen gegen Mitbewerber Axel Ditzinger durchgesetzt. Die 48-Jährige ist aktuell die einzige Frau, die einen von insgesamt 56 Clubs in den ersten drei Profiligen anführt. Und sie ist auch seit 30 Jahren die Erste, die das im deutschen Profifußball tut. In der Saison 1991/92 spielte der TSV 1860 München unter seiner Präsidentin Liselotte Knecht für ein Jahr in der Zweiten Bundesliga.

Auch hier wird deutlich: Es ist noch viel Luft nach oben. In den Vereinen, aber auch in vielen Landesverbänden, in denen Frauen eine zu geringe bis gar keine Rolle spielen. Ein Novum in der Deutschen Fußball-Liga: In den neuen Aufsichtsrat des Zweitligisten FC St. Pauli wurden bei der Mitgliederversammlung Mitte Dezember 2022 mehrheitlich Frauen gewählt. Vier der sieben Mitglieder des Kontrollgremiums sind jetzt weiblich. Präsident Oke Göttlich bewertete den Ausgang der Wahl positiv: „Das ist ein sensationelles Ergebnis. Nicht weil es Frauen sind, sondern weil es eine inhaltlich starke Aufstellung ist."

## Mama ist die Beste

Kinder verändern die Welt. Sie verändern das Leben. Auch oder gerade im Spitzensport. Die US-amerikanische Sprinterin Allyson Felix ist ein absoluter Superstar, der mit 30 Medaillen bei Olympia und Weltmeisterschaften mehr als jede andere Leichtathletin gewonnen hat. 2018 bekam sie ein Kind – und wurde daraufhin von ihrem Werbepartner Nike fallen gelassen. Es passte offenbar nicht ins Bild des Sportartikelherstellers. Doch der öffentliche Aufschrei war riesig. Nike befürchtete einen gewaltigen Imageschaden und so kam es zur radikalen Kehrtwende. Nike hat seitdem eine Mutterschaftsklausel in seinen Verträgen, die eine Gehaltsfortzahlung für 18 Monate garantiert. Andere Sportausrüster passten ihre Verträge ebenfalls an.

Wer im Tennissport wegen einer Schwangerschaft aussetzt, wird als „verletzt“ eingestuft. So hat es die Women’s Tennis Association festgelegt. Das heißt, bei der Rückkehr auf die Tour gilt das „Protected Ranking“: Bei längeren Verletzungspausen (mehr als sechs Monate) rutschen die Spielerinnen und Spieler in der Weltrangliste nicht so weit nach unten, wie es die lange Auszeit eigentlich zur Folge hätte. Dadurch soll verhindert werden, dass Stars durch eine entsprechende Position auf der Setzliste eines Turniers möglicherweise schon früh ausscheiden. Aber ist es angemessen, eine Schwangerschaft auf eine Stufe mit einem Muskelfaserriss oder einem Bandscheibenvorfall zu stellen? Kann es dafür keine eigene Regel geben? Die deutsche Weltklassespielerin Angelique Kerber war darüber in einem Interview mit dem *Stern* ziemlich erbost. „Eine Schwangerschaft ist keine Verletzung“, postete sie auf Instagram. Kerber, die im März 2023 Mutter einer Tochter (Liana) wurde und deshalb pausiert, sieht sich nicht genügend wertgeschätzt. Ihre Karriere möchte sie unbedingt fortsetzen. Am liebsten in Wimbledon im Juli 2023, bei dem Turnier, das sie 2018 gewann. Gelingt das nicht, wären die US Open Ende August das nächste Ziel. Auch ein guter Termin: Kerber konnte dieses Turnier 2016 zu ihren Gunsten entscheiden. Eine Rückkehr zu den Olympischen Spielen 2024 in Paris ist ganz sicher geplant. Aber vielleicht klappt es ja vorher, wir drücken jedenfalls die Daumen. Familienplanung und Sport auf höchstem Niveau, das ist ein ziemlicher Spagat. Prominente Beispiele für Frauen, die das geschafft haben, gibt es. Serena Williams etwa oder Tatjana Maria, die sogar zweifache Mutter ist. Immerhin sind im Tennis die Rahmenbedingungen vorhanden, auch wenn, wie gesagt, die Verletzungsterminologie unglücklich ist.

**Bernd**

Im Frauenfußball ist das derzeit noch anders, zumindest in Deutschland. Ein Beispiel aus der Bundesliga ist Verena Schweers. Nach der Übertragung des Topspiels der Liga zwischen Wolfsburg und dem FC Bayern erklärte sie mir, wie schwierig es für eine Frau im Fußball ist, sich für eine Familie zu entscheiden beziehungsweise vor die Wahl gestellt zu sein: entweder Fußball oder Familie. Schweers beendete erst ihre Karriere und wurde dann schwanger. Sie hatte vorher lange überlegt, alle Möglichkeiten abgewogen, mit Ärzten gesprochen. „Es gab einfach zu viele Unwägbarkeiten. Zum einen war ich mir nicht sicher, ob ich meinen Vertrag dann noch hätte erfüllen können, zum anderen konnte ich auch niemanden fragen. Den Fall gab es ja nicht im Verein beziehungsweise in der Mannschaft." Also erst die Schuhe an den Nagel hängen, dann Mutter werden. „Das machen viele so", sagte Schweers, „es gibt keine Strukturen in Deutschland für den anderen Weg und keinerlei Unterstützung für die Spielerinnen."

In anderen Sportarten ist das anders. Die olympische Sportkletterin Shauna Coxsey, selbst Mutter, macht schwangeren Profisportlerinnen auf Social Media Mut: „Früher wurde ein Kind als das Ende der Sportkarriere gesehen – heute ist das nicht mehr so. Natürlich weiß man nicht, wie lange es dauert, bis man schwanger ist. Solche Dinge kann man nicht genau planen." Sie selbst ist seit Kurzem Mutter und plant bereits die Rückkehr in den Leistungssport. Allerdings fordert auch sie mehr Unterstützung durch die Funktionäre in den Verbänden.

Wir schalten weiter zum Beachvolleyball. Laura Ludwig wurde im Mai 2022 zum zweiten Mal Mutter und spielte relativ kurze Zeit später schon wieder ihr erstes Turnier. Sie will sogar noch mal zu den Olympischen Spielen, 2024 in Paris. In Rio gewann sie 2016 die Goldmedaille und avancierte zu einem gefeierten Star in Deutschland. In einer Medienrunde in Hamburg sprach Ludwig im Sommer 2022 über ihre Comeback-Pläne: „Ich liebe es, Mami zu sein", sagt die 36-Jährige. „Ich liebe es aber auch zu gewinnen." Wie hoch die Doppelbelastung von Muttersein und Sportlerinnen-Karriere sein kann, erlebte sie 2018 nach der Geburt ihres ersten Sohnes: „Man will ja in allen Dingen 100 Prozent geben: Ich will die perfekte Mama sein, die perfekte Athletin sein, die perfekte Frau – und das geht halt nicht immer", erzählte sie. „Da haben viele Frauen mit zu kämpfen." Es sei für sie „ein Prozess gewesen, Hilfe anzunehmen". Als Aushängeschild des deutschen Beachvolleyballes genießt Ludwig großen Rückhalt im Verband, die Türen stehen ihr offen. Sie sieht trotzdem Verbesserungspotenzial in den Strukturen, um Frauen zu ermöglichen, ihre sportliche Karriere auch mit Familie fortzusetzen. Gegenüber dem Nachrichtenportal *t-online* schlug sie die Einrichtung von Kindergärten an Stützpunkten und finanzielle Unterstützung vor. Ludwig und ihr Mann haben sich mit zwei Tagesmüttern und zusätzlicher Hilfe aus der eigenen Familie ein Umfeld aufgebaut, das es ihr möglich macht, weiterhin im Leistungssport aktiv zu sein.

Aber im Fußball? Da ist es anders. „Es geht ums Geld. Bei Verletzungen ist es ähnlich. Wer weg ist, ist weg, wird ersetzt. Du bist eine Nummer, die letztlich ganz schnell aus den Köpfen der Menschen ist." Verena Schweers fordert, dass es normal wird, eine Familie zu gründen, ohne die sportliche Karriere beenden zu müssen. Da seien in Deutschland noch große Defizite aufzuarbeiten. „Mein Mann und ich haben es letztlich für uns selbst entschieden", meinte Schweers, die 2013 mit dem VfL Wolfsburg das Triple gewann (Meisterschaft, DFB-Pokal, Champions League). „Es sollte einfach Thema sein bei den Vereinen. Wie die Menstruation der Frauen, die gehört doch auch dazu." Und Kinderkriegen nicht? Oder noch nicht? In England sind sie da offenbar einen Schritt weiter. Melanie Leupolz, in Diensten des FC Chelsea, ist im Oktober 2022 Mutter geworden. Bundestrainerin Martina Voss-Tecklenburg bezeichnete es „als den schönsten Grund, um ein Turnier abzusagen", trotzdem solle Leupolz unbedingt wieder auf den Platz zurückkehren. Was dann im April 2023 auch geschieht. Leupolz steht wieder im Kader der DFB-Auswahl für die Länderspiele in den Niederlanden und gegen Brasilien in Nürnberg. In der Pressemitteilung des DFB vom 28.3.2023 sagt die Bundestrainerin Voss-Tecklenburg: „Ich freue mich, dass Melanie Leupolz nach ihrer Schwangerschaft in unseren Nationalmannschaftskreis zurückkehrt." Am 11. April ist es dann soweit. Melanie Leupolz wird in der zweiten Halbzeit eingewechselt. Das Comeback dürfte einer der emotionalsten Momente ihrer Karriere gewesen sein. „Der Verein unterstützt sie, mit allem, was sie braucht, die haben großes Interesse an Melly als Spielerin", erzählt Verena Schweers, die solches beim FC Bayern offenbar nicht vorfand. In der Tat schaffte es die Europameisterin von 2013 und Olympiasiegerin von 2016, die ihr letztes Spiel für Chelsea vor der Schwangerschaft im Dezember 2021 bestritt, zurück auf den Platz. „Ich war wirklich sehr aufgeregt, ein bisschen nervös", gab sie im Januar 2023 nach der Comeback-Einheit im Twitter-Clip ihres Clubs zu: „Es fühlte sich an wie mein erstes Training bei Chelsea. Aber es war einfach schön, ich hatte viel Spaß und freue mich auf morgen. Wenn der Verband und das Umfeld für einen da sind und Sponsoren einen nicht fallen lassen, dann ist eine Rückkehr absolut möglich. Ich möchte Vorbild sein und zeigen: Du musst dich nicht zwischen Familie und Karriere entscheiden." Darüber hinaus verkündete Chelsea die Verlängerung ihres Vertrags bis 2026. „Melly hat in ihren ersten 18 Monaten im Club eine Schlüsselrolle bei unseren Erfolgen gespielt. Wir freuen uns, sie wieder im blauen Dress zu sehen und auf unseren Erfolgen in den nächsten Jahren aufbauen zu können", sagte Chelseas Manager Paul Green auf der Vereinshomepage.

Für Schweers ist klar, dass Frauen nicht warten können, bis sie 35 sind, um das erste Kind zu bekommen. Sie befinden sich dann bereits im Bereich einer Risikoschwangerschaft. „Nicht praktikabel, nicht zeitgemäß, da muss ein Stück Normalität rein." Verena Schweers ist sehr deutlich in ihren Formulierungen. Gefordert sei an erster Stelle der

DFB, dann die Liga und schließlich die einzelnen Vereine, da dürfe sich keiner aus der Verantwortung stehlen. „Männer haben die Probleme doch auch nicht", schmunzelt sie. „Die schwängern ihre Frauen drei- bis viermal und spielen munter weiter. Wo ist da die Gerechtigkeit?" Wie kompliziert das Thema ist, zeigt die Tatsache, dass selbst Schweers Berater ihr damals keine eindeutige Auskunft zu ihrer Vertragssituation geben konnte. Ob der Vertrag seine Gültigkeit verloren hätte oder der Verein die Spielerin intern auf einen anderen Platz im Unternehmen hätte versetzen können, er konnte es ihr einfach nicht sagen. „Deshalb sollte gerade dieser Bereich bei den jungen Spielerinnen so ab Mitte 20 in die Laufbahnberatung mit einfließen, unbedingt sogar." Gesprächsthema in der Kabine sei er nämlich eher selten. Und wenn, dann unter den älteren Spielerinnen. „Da geht es um den späteren Beruf, die Familie, den Blick über den Tellerrand hinaus." So die Erfahrung der ehemaligen Nationalspielerin, die bei diversen Vereinen spielte.

Nach aktuellem Stand ist es so, dass außer Nationaltorhüterin Almuth Schult keine Mutter als Spielerin in der Bundesliga aktiv ist beziehungsweise gewesen ist. In einem Interview mit der *taz* äußerte sich Schult Ende Oktober 2021 umfassend dazu und wünschte sich, dass dieses Alleinstellungsmerkmal von ihr in absehbarer Zeit keines mehr sein sollte. „Eine vereinseigene Kita, in der die Profis der Frauen und Männer ihre Kinder während der Trainingszeiten abgeben können, würde vieles natürlich einfacher machen", sagte sie. Rahmenbedingungen, wie sie auch Verena Schweers einfordert. Schult gab allerdings zu bedenken, es sei in jedem Fall schwer, eine Familie zu gründen, wenn man in einem Turnierjahr allein mit der Nationalmannschaft bis zu 100 Tage unterwegs sei. Dazu kämen die Auswärtsspiele mit dem Verein und die internationalen Einsätze während der Woche. Das erfordere eine perfekte Organisation und schrecke viele ab, sich für diesen Weg zu entscheiden. Die beiden Nationalspielerinnen Célia Šašić und Lira Alushi kehrten nach der Familiengründung nicht mehr zurück. Doch Almuth Schult gelang, was niemand für möglich gehalten hätte. Selbst innerhalb der eigenen Familie gab es Zweifel. Aber Schult ackerte, sie kämpfte mit einem unglaublichen Ehrgeiz und großer Disziplin. Sie wollte zurück, unbedingt. Beim VfL Wolfsburg durften ihre Kinder mit ins Trainingslager, für ein paar Tage zumindest. Auch der DFB kam „Mama Schult“ vor und während der Europameisterschaft 2022 entgegen. Bereits im Februar 2022 gab es das Signal für einen Kinderbetreuungs-Zuschuss. Die Zwillinge durften sowohl bei der Vorbereitung in Herzogenaurach dabei sein als auch später im Mannschaftshotel in London. Wie man danach aus dem Umfeld vernehmen konnte, kam das bei der Mannschaft extrem gut an. Die Kinder wurden sogar als Bereicherung empfunden, die Mitspielerinnen schlossen sie von Anfang an ins Herz. Hinter vorgehaltener Hand wurde gemunkelt, die ein oder andere hätte gar nicht genug von den Kleinen bekommen können, da werde sich wohl in naher Zukunft ebenfalls Nachwuchs anbahnen … Wie gesagt, alles nur Gerüchte, aber ein Fünkchen Wahrheit dürfte dran sein.

Was man aber auch festhalten muss: Almuth Schult hat zugunsten der Familie auf ihren Nimbus im deutschen Team verzichtet. Vor der Schwangerschaft war sie die klare Nummer eins unter den Torhüterinnen. „Es ist eine bewusste Entscheidung und wir freuen uns darüber, dass wir zwei gesunde Kinder haben. Natürlich könnte man sagen: Ich hätte vielleicht die Europameisterschaft im Sommer gespielt, wenn ich nicht meine Kinder bekommen hätte. Aber ich bin glücklich und dankbar für das, was ich habe."

Nun freut sich Almuth Schult, wie schon erwähnt, auf weiteren Nachwuchs. Hat aber dazu im gleichen Atemzug verkündet, dass sie – wie schon nach der ersten – auch nach der zweiten Schwangerschaft auf dem Platz erneut angreifen will: „Ich möchte gern nach der Schwangerschaft und der Geburt meine Fußballkarriere fortsetzen."

Bei den Media Days der US-Amerikanerinnen etwa bei Olympischen Spielen oder Weltmeisterschaften haben Journalisten aus der ganzen Welt die Möglichkeit, mit mehreren Spielerinnen Interviews zu führen, egal ob als Hintergrundrecherche, fürs Radio, für das Fernsehen oder Social-Media-Posts, und es ist seit jeher üblich, dass die Familien der Topstars dabei sind. Die Media Days finden in der Regel auf dem Hotelgelände statt, in großen Konferenzräumen oder im Innenhof, manchmal im Garten. Da spielen dann die Kinder in der Nähe oder die Großeltern kümmern sich um den Nachwuchs. Wenn zwischen den Interviews einen Augenblick Zeit ist, schaut auch die Mami kurz bei den Kleinen vorbei, jeder hat dafür Verständnis. Teilweise lockert es die Atmosphäre sogar auf. Aufnahmen von den

Kids dürfen selbstverständlich nicht gemacht werden, das wird im Vorfeld ganz klar angesagt, versteht sich aber eigentlich auch von selbst.

Das prominenteste Beispiel für Mütter mit Beruf Fußballerin ist Alex Morgan, US-amerikanische Stürmerin und Megastar im US-Team. Nach der Geburt von Tochter Charlie im Mai 2020 schaffte sie es, sich die Teilnahme an den Olympischen Spielen 2021 in Tokio zu erkämpfen. Die Verschiebung der Spiele um ein Jahr aufgrund der Coronapandemie kam ihr dabei natürlich entgegen. Verein, Verband und Morgan befanden sich, wie sie erzählte, immer im engen, konstruktiven Austausch, um das sportliche Comeback einer der wichtigsten Spielerinnen der USA möglich zu machen.

Auch beim Weltverband hat man inzwischen reagiert. 2021 erließ die FIFA neue Regeln: Seitdem gibt es 14 Wochen lang bezahlten Mutterschaftsurlaub mit Anspruch auf zwei Drittel des vertraglich vereinbarten Gehalts. Dazu das Recht, nach der Schwangerschaft in die Mannschaft zurückzukehren. Die Clubs sind verpflichtet, die Spielerin nach ihrer Rückkehr wieder einzugliedern und für eine „angemessene medizinische und physische Betreuung zu sorgen“. Das alles soll zu einem besseren Arbeitsschutz beitragen und werdende Mütter vor einer Vertragsauflösung schützen. Die UEFA hat seit der Saison 2021/22 ihren Clubs die Möglichkeit zugesichert, die Kaderlisten während der Saison jederzeit anzupassen, um Spielerinnen, die schwanger sind, vorübergehend zu ersetzen beziehungsweise diejenigen, die zurückkehren, wieder aufzunehmen. Womit ein Anfang gemacht ist.

Bei der EM 2022 gab es genug kickende Mütter, um ein komplettes Team zusammenzustellen, eine europäische Mütter-Auswahl sozusagen. Die Isländerinnen hatten nicht weniger als fünf Mütter in der Mannschaft! Die prominenteste ist Sara Björk Gunnarsdóttir, die ehemalige Spielerin des VfL Wolfsburg. „Mutter und Profifußballerin zu sein, ist – ehrlich gesagt – der beste Job überhaupt", sagte Gunnarsdóttir der *Sportschau*. In ihrem Verein hatte sie allerdings einige Hürden zu nehmen. Olympique Lyon setzte während der Schwangerschaft die Gehaltszahlungen aus. Gunnarsdóttir stand plötzlich ohne regelmäßiges Einkommen da. Die Isländerin entschied sich dazu, den Fall vor das FIFA-Fußball-Tribunal zu bringen. Und sie bekam Recht. Olympique Lyon muss seiner Spielerin exakt 82 094,82 Euro nachzahlen. Plus fünf Prozent Zinsen. Für Gunnarsdóttir natürlich eine Genugtuung: „Hier geht es nicht nur ums Geschäft, es geht um meine Rechte als Arbeitnehmerin, als Frau und als Mensch. " Kurz nach der Urteilsverkündung gewann Lyon die Champions League. Gunnarsdóttir war dabei, obwohl ihr der Verein zu verstehen gegeben hatte, dass sie nicht mehr gut genug sei und es ein Fehler gewesen sei, ein Kind zu bekommen. So erzählte sie es auf der US-amerikanischen Internet-Plattform *The Players Tribune*. Lyon verlängerte den im Sommer 2022 auslaufenden Vertrag der vormaligen Stammspielerin nicht mehr und Gunnarsdóttir wechselte zu Juventus Turin. „Dies ist ein Weckruf für alle Vereine und eine Botschaft an alle Spielerinnen, dass sie Rechte und Garantien haben, wenn sie schwanger sind oder schwanger werden wollen während ihrer Karriere", schrieb sie auf Twitter weiter. Warum sie mit dem Thema an die Öffentlichkeit ging? Weil sie die Angelegenheit öffentlich machen wollte. Mit Blick auf künftige „Fälle" und damit sich so etwas nicht wiederholen könne. In der isländischen Nationalmannschaft gehört das Thema Mutterschaft längst zum Alltag. Bei der EM in England durfte ihr Sohn Ragnar seine Mama selbstverständlich auch im Hotel besuchen, allerdings nicht bei ihr wohnen, wie es der DFB im Falle Schult ermöglichte.

Wahrscheinlich hat beim deutschen Team auch die Bundestrainerin ein gewichtiges Wort mitgesprochen. Auch sie setzte, nachdem sie Mutter geworden war, Anfang der 90er-Jahre ihre Karriere fort. In der Dokumentation *Born for this* spricht Voss-Tecklenburg von einer schwierigen Zeit. Sie habe Tochter Dina permanent überall mit hingenommen, sie unterwegs auf der Autobahn gefüttert, wenn sie zwischen Lüdenscheid (Arbeit) und Siegen (Fußball) pendelte. Wenn sie an den großen Turnieren teilnahm, war ihr klar, „mein Kind ist zu Hause und weint, es vermisst die Mama". Voss-Tecklenburg, die sich damals bereits in Trennung von dem Vater der Tochter befand, sah sich sogar Anfeindungen ausgesetzt. „Wie kannst du das machen? Du bist eine schlechte Mutter!", hieß es häufig, auch weil Dinas Versorgung infrage gestellt wurde, obwohl Dina bei ihrer Tante und ihren Cousinen in besten Händen war. „Doch der damals vorherrschenden Meinung zufolge", so Voss-Tecklenburg, „hatten Mütter noch eine andere Rolle zu erfüllen." Die der Mutter nämlich, die immer bei ihrem Kind bleibt. Inzwischen ist die Bundestrainerin Oma. Schults Kinder im Hotel hält sie für eine Bereicherung, sagt sie bei einer Pressekonferenz, als es mal wieder um das Thema geht. An dieser Stelle sei auch erwähnt: Der Deutsche Fußball-Bund übernahm sämtliche Kosten für An- und Abreise, Unterkunft (Vollpension) und Transfers für die Kinder und eine Begleitperson.

Familienplanung in der aktiven Karriere bleibt für viele Athletinnen unvorstellbar. Bei einer Umfrage, die der SWR 2021 unter mehr als 700 Spitzensportlerinnen vornahm, fühlte sich nur jede zehnte Teilnehmerin „von ihrem Verein oder Verband dabei unterstützt, ein Kind zu bekommen und weiter am sportlichen Wettbewerb teilzunehmen“. Die Hälfte bestätigte, die sportliche Karriere beeinflusse ihre Familienplanung. Zwölf von ihnen gaben an, sich schon einmal für eine Abtreibung entschieden zu haben, um die sportliche Karriere nicht zu gefährden. 57 Teilnehmerinnen wählten bei dieser Frage die Option „keine Angabe“. Die Deutsche Sporthilfe präsentiert auf ihrer Homepage in einem Feature mit der Überschrift „Mütter im Spitzensport: Mama ist die Weltbeste“ zwei Frauen, die den Weg gegangen sind: Cindy Roleder und Dajana Eitberger, eine Hürdensprinterin und eine Rennrodlerin. Der Erfahrungsbericht der beiden, aus dem wir im Folgenden zitieren, ist beeindruckend.

Familie oder Karriere? Sportlerinnen stehen häufig vor dieser Frage. Wann ist eine Babypause möglich? Ist sie es überhaupt? Der Terminkalender ist voll und zwar Jahr für Jahr. Die ein oder andere ist beruflich abgesichert, Polizei, Bundespolizei, die Bundeswehr oder andere, verständnisvolle

Arbeitgeber. Doch das ist längst nicht bei allen der Fall. Es gibt große Unterschiede. Dajana Eitberger ist Olympia-Zweite im Rennrodeln und jetzt Mutter eines einjährigen Jungen. „Als Spitzensportlerin ist man angehalten, mit der Familiengründung zu warten, bis man seine Höchstleistungen absolviert hat, also bis man Mitte 30, Anfang 40 ist. Das ist der Preis, den es bislang zu bezahlen galt“, erzählt die 30-Jährige. Eitberger hat ein Jahr pausiert und anschließend ein fulminantes Comeback gefeiert. Die Thüringerin holte sich ihre erste Einzelmedaille bei einer WM. Ihr Vorteil: Als Sportsoldatin genießt sie bestimmte Privilegien, die anderen Sportlerinnen nicht vergönnt sind. In der Praxis bedeutet das für die jüngeren Athletinnen, sich immer wieder mit dieser Thematik auseinandersetzen zu müssen und abzuwägen, ob es sinnvoll und erstrebenswert ist, die Karriere für ein eigenes Kind zu unterbrechen oder möglicherweise sogar zu beenden. Eitberger versucht deshalb, Ängste und Vorurteile zu widerlegen. „Manchmal scheint es schwierig, sich für Familie und gegen den Sport zu entscheiden. Ich sage ganz klar: Es geht beides. Die Grenzen setzt man sich nur selbst im Kopf. “ Bemerkenswert ist in diesem Zusammenhang auch der Umgang ihrer Sponsoren mit der Thematik Schwangerschaft.

Niemand sei abgesprungen oder hätte die finanziellen Zusagen gekürzt, erzählt sie. Zudem wäre es auch ein starkes Zeichen des Verbandes gewesen, ihren persönlichen Weg mitzugehen und sie zu unterstützen, wohl wissend, dass die Förderung der Verbände unmittelbar mit den Erfolgen der Athletinnen zusammenhängen würden, was also ein gewisses Risiko für die Funktionäre mit sich bringen würde. Im Zuge der Verschiebung der Olympischen Spiele 2020 aufgrund der Coronapandemie wagte auch Cindy Roleder den Schritt mit der Familienplanung. Ähnlich wie bei Eitberger zogen auch ihre privaten Sponsoren mit und setzten teilweise sogar noch eigene Akzente. „Viele Athletinnen haben inzwischen bewiesen, dass sie nach einer Schwangerschaft sogar neue Bestleistungen erzielen können. Für einen Sponsor kann das auch ein extra Bonus sein." Allerdings ist der Übergang von Sport zur Familie und wieder zurück nicht in allen Sportarten ein so gradliniger wie hier anhand der beiden Beispiele beschrieben.

Ein aktuelles Beispiel liefert auch der Reitsport. Jessica von Bredow-Werndl hält die Mutterschutzregel des Pferdesport-Weltverbandes FEI für „schlichtweg ungerecht". Der Doppelolympiasiegerin wurde ein rasches Comeback nach ihrer Babypause verwehrt. Gerade mal nur sechs Wochen nach der Geburt ihrer Tochter hatte sich die Bayerin für eine Veranstaltung in Ludwigsburg angemeldet. Das Reglement des Weltverbandes besagt, dass diejenigen, die Mutterschutz beantragen, die Hälfte ihrer bislang gesammelten Turnierpunkte für sechs Monate auch behalten dürfen, verbunden mit der Tatsache, auch erst nach einem halben Jahr wieder an den Start gehen zu können. Eine vorzeitige Rückkehr hätte zur Folge, alle Punkte während der Schwangerschaftspause zu verlieren, und zwar auch noch rückwirkend. Für Jessica von Bredow-Werndl ein absolutes Unding, was sie auf ihrem Instagram-Kanal dementsprechend wütend kommentiert.

Anfang Dezember 2022 reagiert schließlich der Reitsport-Weltverband und passt sein Regelwerk an. Was bedeutet, dass die Reiterinnen künftig nur noch drei statt sechs Monate nach der Geburt des Kindes auf ihr Wettkampf-Comeback warten müssen. Eine deutlich flexiblere Lösung also. Und für die Sportlerinnen sicher ein wichtiger Schritt in die richtige Richtung.

Zurück zum Fußball der Frauen. Da hofft Almuth Schult künftig auf mehr Verständnis für die Familienplanung der Spielerinnen. „Aktuell entscheiden mehrheitlich Männer darüber, und sie haben diese Situation nie selbst erlebt. Ich hoffe, dass es in den nächsten Jahren Gespräche mit Funktionären gibt, um da bessere Lösungen zu finden", erklärte sie im Interview mit der *Augsburger Allgemeinen*.

**Nia**

Familienplanung und Karriere zu vereinbaren, ist auch in vielen Berufen außerhalb des Fußballs schwer. Das stelle ich in der „normalen" Arbeitswelt tagtäglich selbst fest. Auch da läuft es in Sachen Gleichstellung der Frau, Equal Pay und so weiter längst noch nicht so, wie es sollte. Eine aktuelle Studie zeigt eindrucksvoll, das viele Dinge auf die Mütter abgewälzt werden beziehungsweise es vorausgesetzt wird, die Mutter würde es schon richten. Rund zwei Drittel der Befragten erklären nämlich, sie müssten die sogenannte Care-Arbeit allein verrichten. Nur etwas mehr als ein Drittel geht den Alltag gemeinsam, also zusammen mit dem Partner, an. Und verschwindend geringe zwei Prozent der Befragten gaben an, der Vater übernehme die wesentlichen Aufgaben. Ein klares Bild demnach. Ähnlich sieht es bezüglich der Thematik „Vereinbarkeit von Arbeit und Kind" bzw. „Arbeit, Beruf und Familie" aus. Etwas weniger als zwei Drittel der Frauen fällt es schwer, beides unter einen Hut zu bringen. Erschreckende Ergebnisse liefert die Studie, wenn es um die Rückkehr an den Arbeitsplatz geht. Nahezu 40 Prozent berichten von erschwerten Bedingungen nach dem Wiedereinstieg in die Arbeit, ähnlich hoch ist der Prozentsatz bezüglich Eltern, die nach dem Mutterschutz am Arbeitsplatz diskriminiert werden. Andere Länder scheinen da deutlich weiter zu sein als Deutschland, diesen Eindruck muss man gewinnen, wenn man diese Studie analysiert.

Aus meiner persönlichen Erfahrung mit Kindern, Beruf und ehrenamtlichem Engagement kann ich bestätigen, dass es manchmal sehr anstrengend ist und einem auch schon mal Zweifel kommen. Es braucht gute Rahmenbedingungen und ein Netzwerk, damit es funktioniert. Ich empfinde es aber als sehr erfüllend und bin dankbar und froh, dass mir dieser Spagat meistens gelingt. Ich habe meine Kinder erst nach der Karriere bekommen. Allerdings musste ich die ja auch schon mit 28 beenden. Eine Beschäftigung mit den inzwischen nachgewiesenen Zusammenhängen von Menstruationszyklus, Leistung und Verletzungsrisiko hätte mir vielleicht bei der Vorbeugung von Verletzungen helfen können. Das war aber zu meiner Zeit kein Thema. Glücklicherweise spielen Themenfelder wie Belastungssteuerung, medizinische Betreuung oder Ernährungsplanung heute eine viel größere Rolle.

# SOLO IM TEAM

## Erst den rechten Stutzen: Rituale und Marotten

Nia

Hin und wieder spricht man im Fußball davon, dass man einfach „seinen Rhythmus finden" muss. Gut, ganz so einfach ist es natürlich nicht, aber es stimmt, einen gewissen Rhythmus braucht jeder Sportler, egal ob Frau oder Mann. Allerdings gibt es in puncto „Rhythmussuche" oder „Rhythmusfindung" erhebliche Unterschiede in den verschiedenen Sportarten. Schauen wir uns die Leichtathletik an. Beim 100-Meter-Lauf stellen sich die Athleten hinter dem Startblock auf. Dort gehen sie jeden einzelnen Moment, der in den nächsten Sekunden folgt, noch mal ganz genau im Kopf durch. Beine, Arme, Muskeln, der gesamte Ablauf wirkt komplett visualisiert. Es ist immer das gleiche Ritual, rechten Fuß zuerst in den Startblock, dann den linken oder andersherum. Bei Usain Bolt gehörte auch noch die Bekreuzigungsgeste dazu. Da war schon eine gewisse

**Nia** Theatralik im Spiel. Dann der Startschuss und ab die Post. Oder die Skifahrer ...

**Bernd** Genau. Beim Slalom gehen die Läuferinnen und Läufer den Kurs der Strecke nach der Besichtigung nochmals ganz genau durch. Sie stehen im Zielraum, auf ihre Stöcke gestützt, und rotieren mit Armen und Händen in alle möglichen Richtungen. Mit geschlossenen Augen visualisieren sie die Torkombinationen. Sie lernen den Lauf sozusagen auswendig. Egal wie der Kurs gesetzt ist, mit wie vielen Stangen und Torkombinationen, sie haben das, was später auf sie zukommt, sehr präzise im Kopf. Man hat Läufer den Kurs nach der Besichtigung auf ein Blatt Papier aufmalen lassen, und das Ergebnis sah tatsächlich exakt so aus, wie er oder sie ihn dann anschließend gefahren sind.

**Nia** Das geht beim Fußball nicht so, klar, aber gewisse Rituale bestimmen auch hier die Abläufe, gerade vor wichtigen Spielen. Bei den Männern kennen wir beispielsweise die Bilder von den Brasilianern, die mit lauter Musik im Bus zum Stadion unterwegs sind und sich dann tanzend auf den Weg in die Katakomben machen. Da wird einer zum DJ ernannt und gibt den Ton an. In der Kabine geht es dann weiter. Zu meiner Zeit gab es das auch schon, wenn auch nicht so markant. Aber die Brasilianerinnen sind auch damals schon regelmäßig tanzend und singend ins Stadion gekommen. Oder die Spielerinnen aus Nigeria, die sich zu ganz bestimmten Rhythmen bewegt haben. Da hatte jedes Team seinen eigenen Stil. Anders ausgedrückt: Jede

Mannschaft baut auf eigene Art und Weise vor dem Wettkampf Spannung auf. Auch bei uns gab es Spielerinnen, die für die Musik zuständig waren, auch bei uns gab es Rituale vor den Spielen. Tina Theune legte großen Wert auf diese Dinge. Die Bundestrainerin achtete penibel darauf, dass alles immer gleich ablief. Am Vorabend der Spiele aßen wir immer zusammen. Gut, was ist daran ein Ritual, werden Sie denken. Bei uns war es das. Wir aßen ja nicht im Hotel, sondern gingen in ein Restaurant. Ein denkwürdiger Restaurantbesuch fand am Abend vor dem WM-Endspiel 2003 statt, da waren wir alle gemeinsam auf der Queen Mary II: die ganze Mannschaft inklusive Betreuerteam, zusammen mit DFB-Präsident Gerhard Mayer-Vorfelder und allen Funktionären, die vor Ort waren. So etwas ist sehr besonders und schweißt das Team noch enger zusammen.

Es gibt aber auch sportliche Rituale. Die Spielvorbereitung zum Beispiel. Tina Theune hatte da sehr genaue Vorstellungen. Es musste immer exakt gleich ablaufen. Das sogenannte Anschwitzen, also die Aktivierung des Körpers (nicht das Aufwärmen direkt vor dem Spiel!), fand zu einem festen Zeitpunkt statt. Die Zeitspanne bis zum Anstoß war immer exakt gleich. Was in den USA dazu führte, dass sich die Mannschaft morgens um 5.30 Uhr auf einem dunklen Parkplatz vor dem Hotel traf und „fünf gegen zwei“ spielte. Denn Anpfiff war am späten Vormittag, in Deutschland wurde die Partie abends zur besten Sendezeit übertragen. Eine skurrile Situation, aber wir sollten den gewohnten Rhythmus beibehalten. Das „Matchmeal“, womit die Mahlzeit vor dem Spiel gemeint ist, das besonders viel Energie geben soll, fand um 6.30 Uhr statt. Kohlehydrate sind beim Matchmeal besonders wichtig, es gab also Spaghetti in allen Variationen, Gemüse, Obst und so weiter. Aber zur Frühstückszeit war das natürlich gewöhnungsbedürftig. Tina Theune sagte immer, dass wir nichts daran ändern würden, solange es gut und erfolgreich lief. Aktivierung um halb sechs morgens und Spaghetti um halb sieben haben uns zum WM-Titel geführt. Von daher: Alles richtig gemacht. Ach ja: Vor dem Spiel lief im Bus *immer* der Radetzkymarsch, auf besonderen Wunsch von Tina Theune. Daraus wurde ein richtiger Running Gag – will sagen: Wenn der Marsch gespielt wurde, war allen klar, dass wir gleich im Spiel den Gegnerinnen den Marsch blasen werden! Scherzhaft gemeint natürlich.

Und schließlich hat jeder Sportler persönliche Rituale. Betrete ich den Rasen zuerst mit dem linken oder doch lieber mit dem rechten Fuß? Es ist ja eine bekannte Marotte von Cristiano Ronaldo, das Spielfeld stets mit dem rechten Fuß zuerst zu betreten. Bei manchen Spielern sind die Socken wichtig, bei anderen die Unterhosen, es gibt Glückskettchen, die in der Kabine liegen, geknüpfte Armbänder, Kleeblätter und, und, und. Weltmeister Bastian Schweinsteiger bekannte mal, „ich feuchte meine Schuhe und auch meine Socken ein wenig an, um ein besseres Ballgefühl zu haben." Auch eine Methode. Meine ehemalige Mitspielerin Sandra Smisek versteckte immer Fotos unter dem Schienbeinschoner. Wer oder was da abgebildet war, weiß ich nicht mehr, aber das war ihr Glücksbringer.

Heutzutage sind es ja oft Tattoos, die für Aufsehen sorgen. Zu meiner aktiven Zeit noch gar kein Thema. Da werden unter anderem bestimmte Spiele mit Datum und Ergebnis auf dem Körper verewigt, ebenso wie Vereine, für die man mal gespielt hat, aber auch Losungen, Porträts oder Kunstgebilde. Auch das hat etwas mit einem Ritual zu tun, wenn es auch sehr aufwendig ist. Ob das wirklich sein muss oder nicht, kann nur jeder für sich selbst entscheiden. Anderen mag es übertrieben erscheinen, aber wenn es am Ende den gewünschten Erfolg bringt? Für mich ist es durchaus nachvollziehbar und dann finde ich es auch richtig, es so zu machen.

Nach jedem Länderspiel gab es bei uns eine „blaue Stunde“. Da verlieh Tina Theune einer Spielerin den Wimpel des Gegners, als Auszeichnung für besondere Leistungen. Dazu zählten wichtige Paraden der Torhüterin, gewonnene Zweikämpfe, das entscheidende Tor – um hier ein paar Beispiele zu nennen. Den Wimpel der Schwedinnen vom WM-Finale 2003 bekam ich und bewahrte ihn natürlich auf. Eine Zeit lang war er im FIFA-Museum in Zürich. Dort kann man immer noch die Schuhe sehen, die ich im Finale trug, und die Medaille für das Tor, das zum Tor des Jahres gekürt wurde. Die WM-Medaille und mein Trikot ist im DFB-Museum in Dortmund zu sehen.

Lustig sind auch solche Rituale, bei denen zum Beispiel die Länderspieldebütantin nach ihrem ersten Spiel in der Kabine etwas vorsingen oder ein Gedicht vortragen muss. Und natürlich nicht zu vergessen, die ritualisierten Ansprachen kurz vor Anpfiff, wenn die Mannschaft

**Nia**

einen Kreis bildet und ein vorher festgelegtes Motto gemeinsam ruft. Ich erinnere da an unsere Männer, die 2014 vor jedem Training und auch vor jedem Spiel immer riefen: „Wir sind ein Team!“ Und zwar vom Ablauf her folgendermaßen: Einer stimmte an „Wir sind ein ...“ und dann riefen alle zusammen „Team“. In Frankfurt riefen wir immer „Sisu“. Der Begriff stammt aus dem Finnischen und bedeutet so viel wie Ausdauer, Zähigkeit, aber auch Unnachgiebigkeit, Kampfgeist, Durchhaltevermögen. Auch wenn wir das damals gar nicht so genau wussten, hat es doch geholfen! Und uns zusammengeschweißt.

**Bernd**

Auf Außenstehende wirken diese Rituale teilweise wie eine Inszenierung. So ehrlich muss man sein. Weil vieles schlichtweg übertrieben und dadurch gekünstelt erscheint. Nehmen wir das Beispiel Glückspulli. Andre Schubert hatte als Bundesligatrainer von Borussia Mönchengladbach 2015 mit seinem Pulli-Ritual viel Erfolg. In den ersten zehn Ligaspielen trug Schubert einen grünen Borussen-Sweater und blieb in allen Partien mit seiner Mannschaft ungeschlagen. Irgendwann riss diese Serie, aber die Aufregung um den Pulli war schon bemerkenswert. Joachim Löw trug bei der WM 2006 auch einen augenfälligen blauen Pullover. Da ging es teilweise mehr um den Pulli als um das Spiel. Ich darf das aber gar nicht allzu sehr kritisieren. Diese Spielchen spielen die Medien nämlich immer gerne mit beziehungsweise sie bauschen die Geschichten erst richtig auf; und so tragen wir auch unseren Teil dazu bei. Gerade der Fußball der Frauen hebt sich da, wie ich finde, wohltuend von anderen ab. Die Rituale bewegen sich mehr im Bereich des Alltäglichen, das macht sie nachvollziehbar, sympathisch. Bei der Europameisterschaft 2022 in England bildeten die Spielerinnen vor jeder Partie einen Kreis. Eine von ihnen hielt eine kurze Ansprache, dann wippten alle mit dem Oberkörper vor und zurück und riefen ganz laut: „Schwarz-Rot-Gold! All in!" Nach dem Motto: So, und jetzt geben wir bitte alle alles für Deutschland! Ohne großen Schnickschnack, aber extrem motivierend – auch für die, die mitfieberten.



Der Sport lebt eben auch von Ritualen und Routinen. Viele Mentaltrainer raten ausdrücklich dazu, sich an feste Abläufe zu halten. Wolfgang Seidl, Mentalcoach aus Österreich, der Führungskräfte und Spitzensportlerinnen und -sportler betreut, sagte in einer Ausgabe des *Sport Business Magazin*: „So wie jeder Pilot vor dem Start seinen Routineablauf durchführt, um sicher an sein Ziel zu gelangen, ist es auch im Fußball empfehlenswert, durch antrainierte Routinen Sicherheit und Vertrauen zu gewinnen. Erfolgreiche Spieler und Mannschaften haben sich diese erarbeitet, um sie vor dem Match, in der Pause oder zur schnelleren Regeneration nach dem Spiel anzuwenden." Und weiter: „Sowohl Glaube als auch Aberglaube lösen im Sportler innere Vorgänge aus, die sich schlussendlich auf die Leistung am Spieltag auswirken. Meine Empfehlung an Sportler ist, sich ihre eigenen individuellen Routinen zu erarbeiten, die ihnen Sicherheit und Vertrauen geben."

Die DFB-Frauen hatten bei der EM in England noch mehr Rituale, wie sie verraten haben. Torhüterin Merle Frohms tat immer alles mit der rechten Hand. Erst den rechten Stutzen angezogen, erst den rechten Torwarthandschuh übergestreift, den Platz erst mit dem rechten Fuß betreten. (Sie erinnern sich an Ronaldo?) Kapitänin Alexandra Popp zog ihren Schmuck immer in der gleichen Reihenfolge aus. Und vor jedem Spiel gab es Dinkelpfannkuchen mit Schokocreme. Aber es gilt auch: Rituale sind nicht der Weisheit letzter Schluss, wie Lena Oberdorf einmal verriet. Sie schaffte nämlich ihre Rituale wieder ab. Warum? Weil sie Angst hatte, dass sie dabei irgendwann mal etwas durcheinanderbringen würde, was sie dann anschließend auf dem Platz verunsichern würde. Also: vor dem Spiel die Sache nicht zu kompliziert machen, es lieber einfach halten! „Flach spielen und hoch gewinnen." Wer hat das noch mal gesagt? So sieht es die Obi offenbar auch. Und bislang ist sie mit dieser Einstellung sehr weit gekommen.

## Wer sind die Stars der Szene? Ein Gespräch

**Nia**

Woran denkst du bei Solo? Tolle Einzelleistung oder totales Ego? An jemanden, der immer seinen eigenen Weg geht? Offen gesagt, egal woran du denkst, du liegst immer richtig. In unserem Fall geht das alles zusammen. Denn wir wollen hier über eine der besten Torhüterinnen der Welt reden. Hinter unserer Nadine Angerer selbstverständlich ... Also: Hope Solo. Torhüterinnen und Linksaußen sind sehr spezielle

Menschen, sagt man gemeinhin. In diesem Fall trifft das unbedingt zu. Denn Hope Solo deckt wirklich die gesamte Spannbreite zwischen Genie und Wahnsinn ab. In jeder Hinsicht. Begnadete Sportlerin, aber außerhalb des Platzes teilweise nicht zurechnungsfähig, was Marotten und Eskapaden betrifft. Kein Vorbild für die Jugend. Ein Blick in ihre Vita verdeutlicht das eindrucksvoll. In der Rubrik „Schwarze Schafe des Sports" erschien im April 2020 in der *Augsburger Allgemeinen* eine Geschichte zu Hope Solo mit dem Titel „Zwischen Knast und Kasten". Gleich die ersten Sätze beschreiben, was der begnadeten Fußballerin während all ihrer Jahre in der Öffentlichkeit seit der WM 2007 in China, bei der sie ihr erstes großes Turnier spielte, immer wieder vorgehalten wurde. Ihr „Doppelleben". Die Augsburger Allgemeine schreibt: „Der Weg war vorgezeichnet. Die Mutter alkoholkrank, der Vater ein Hochstapler. Gezeugt wurde Hope Solo im Gefängnis. Papa saß gerade mal wieder wegen Betrugs ein. Als die kleine Hope sechs Jahre alt war, ließen sich die Eltern scheiden. Vater Jeffrey ist anschließend phasenweise obdachlos. Was also soll aus so einem Kind werden außer einer vulgären Mutter, die ihr tristes Leben in einem Trailer-Park fristet? Solo wurde die weltbeste Torhüterin. Eine US-amerikanische Ikone, zu finden auf den roten Teppichen, in Klatschzeitungen oder auch mal im Gefängnis." Hart, fast zynisch, aber im Kern die Sache treffend. Leider. Ein Megastar, der mit sich und der Welt nicht klarkommt. Der aber gleichzeitig, bei allem was er tut, ohne jeden Selbstzweifel ist, sowohl auf und abseits des Rasens. Zu den besonderen Merkmalen der US-Amerikanerinnen

**Nia**

gehört: Sie haben eine unfassbare Mentalität. Sie sind vor jedem Spiel zu 100 Prozent davon überzeugt, die Partie zu gewinnen. Niemand stellt den eigenen Erfolg auch nur im Geringsten infrage. Diese mentale Stärke der Amerikanerinnen ist absolut außergewöhnlich. Diese selbstbewusste Arroganz – die Formulierung ist überhaupt nicht negativ gemeint – hilft ihnen, Spiele zu gewinnen. Nicht umsonst zählen sie seit Jahrzehnten zu den besten Mannschaften der Welt. Das ist eine Art Unbezwingbarkeits-Nimbus, der sie umgibt. Und das gehört sicherlich zu den Erfolgsgeheimnissen auf dem Weg an die Weltspitze. Wenn es bei den USA allerdings mal daneben geht, dann ist es immer ein besonderes Drama. 2003 etwa, als wir im Halbfinale in Portland gegen die Gastgeberinnen gewannen, war das wie ein Weltuntergang für sie, weil sie damit überhaupt nicht gerechnet hatten, sondern sich schon im Finale wähnten. Da wirkten sie nach Spielende wie vom Blitz erschlagen, versteinert und fassungslos. Das hatte etwas von Majestätsbeleidigung: Die Amerikanerinnen besiegt man doch nicht einfach so?! Und dann das. Da brach eine Welt zusammen.

**Hope Solo**
US-amerikanische Torhüterin
Geboren am 20. Juli 1981
202 Länderspiele
**Erfolge als Spielerin:**
Weltmeisterin 2015
Olympiasiegerin 2004, 2008, 2012
Welttorhüterin 2012, 2013, 2014, 2015

**Abseits des Platzes:**
2012: Von der US-Antidopingagentur öffentlich verwarnt wegen Einnahme eines verbotenen Medikaments
2014: Festnahme durch die Polizei, Vorwurf, sie hätte ihre Halbschwester unter Alkoholeinfluss angegriffen und verletzt
2017: Sie beschuldigt den ehemaligen FIFA-Präsidenten Blatter, sie sexuell belästigt zu haben.
2022: Erneute Festnahme wegen Fahrens trotz Fahruntüchtigkeit und Widerstand gegen die Polizeibeamten, verurteilt zu 30 Tagen Gefängnis

**Nia**

Oder nehmen wir die Brasilianerin Marta. Gegen die ich, wie schon erwähnt, selbst gespielt habe. Angenehm war das nicht. Marta galt lange Zeit als die beste Fußballerin der Welt. Technisch mega-stark, konnte am Ball wirklich alles, war dazu schnell und mit vielen Finten unterwegs. Aber auf der anderen Seite eben auch eine Diva. Wer sie mal unsanft berührte, den hat sie angeschaut, als ob er vom Mond käme. Gegen eine Marta geht man doch nicht so in den Zweikampf, schien sie sagen zu wollen. Dann wurde diskutiert: mit der Schiedsrichterin, mit den Gegenspielerinnen, mit ihren Teamkolleginnen, endlos. Wenn es nicht nach Martas Willen ging, dann war das für sie ein absolutes No-Go. Ihre individuelle Klasse hatte aber auch noch andere Negativeffekte, weil sie häufig viel zu eigensinnig auf dem Platz unterwegs war, den Ball nicht abgeben wollte und offenbar dachte, sie könne die Partie allein entscheiden. Ohne die anderen zehn Brasilianerinnen. Geht manchmal gut, aber leider auch sehr häufig daneben. Marta bleibt dennoch eine Ausnahmespielerin. Wie gesagt: der weibliche Ronaldo. Dabei bewegt sie sich immer auf dem schmalen Grat zwischen launischer Diva und fußballerischer Ausnahmekönnerin. So eine Art von Star ist nicht leicht in eine Mannschaft zu integrieren. Weil es immer um den Sonderstatus geht, den sie für sich beansprucht. Und weil permanent andere für sie auf dem Platz die Arbeit machen müssen, und dementsprechend häufig das doppelte Pensum an Kilometern abspulen. Es ist eine undankbare Aufgabe, so etwas intern zu moderieren. Andererseits kann man sich die Frage stellen, ob es sinnvoll ist, eine Mannschaft ausschließlich mit pflegeleichten Teamplayern zu bestücken. Die zwar brav zu allem Ja und Amen sagen, aber in den entscheidenden Spielsituationen dann womöglich überfordert sind. Genau dann sind es diese „positiv Verrückten", die den Unterschied machen können, angetrieben von ihrem unbändigen Ehrgeiz und ihrer individuellen Klasse.

**Marta**

Brasilianische Mittelfeldspielerin

Geboren am 19. Februar 1986

154 Länderspiele, 108 Tore

**Erfolge und Rekorde als Spielerin:**

6-malige FIFA-Weltfußballerin

Vizeweltmeisterin 2007

Olympische Silbermedaille 2004 und 2008

UEFA-Women's-Cup-Gewinnerin 2004
Die meisten WM-Tore: 17
**Abseits des Platzes:**
Seit 2010: UN-Botschafterin
Bei der Eröffnungsfeier 2016 trug sie die Olympische Flagge ins Maracanã-Stadion.

**Nia**

Der erste richtige Superstar, den ich erlebt habe, war Mia Hamm, die ich ebenfalls bereits erwähnt habe. 2003 bei ihrer Heim-WM in den USA wurde sie wie ein Popstar gefeiert. 2022 feierte sie ihren 50. Geburtstag. Als ich in den Zeitungen die ein oder andere Hymne über sie las, kamen viele Erinnerungen hoch. Sie war mein Idol, mein großes Vorbild, als bei mir im Teenageralter der Fußball eine immer wichtigere Rolle spielte. Ihre Spiele haben mich inspiriert und angespornt. Mia Hamm hat in den USA *den* Fußballboom schlechthin unter den Mädchen ausgelöst. Man stelle sich vor: 18 Millionen Fans an den TV-Geräten verfolgten 1999 den WM-Titelkampf der USA. Danach gab es kein Halten mehr. Alle wollten nur noch dem runden Leder hinterherjagen. Was für ein Hype, den Mia Hamm da (mit)entfacht hat. Was mich an ihr immer fasziniert hat, ist ihre Bescheidenheit. Sie konnte mit dem Rampenlicht gar nicht so viel anfangen, hat es immer gemieden, sich in den Vordergrund zu stellen. 2004 beendete sie ihre einzigartige Karriere, wurde Mutter von drei Kindern, zusammen mit ihrem Mann, einem ehemaligen Baseballspieler. Sie ist Anteilseignerin des Los Angeles FC, einem Verein in der Major League Soccer.

**Mia Hamm**

US-amerikanische Stürmerin

Geboren am 17. März 1973

276 Länderspiele, 158 Tore

**Erfolge und Rekorde als Spielerin:**

Weltmeisterin 1991 und 1999

Olympiasiegerin 1996 und 2004

2-malige Weltfußballerin

Die meisten Tore gegen Deutschland: 9 in 18 Spielen

**Besonderheiten:**

Einzige Feldspielerin, die jemals bei einer WM das Tor hüten musste: 1995 im Gruppenspiel gegen Dänemark während der letzten fünf Minuten, hat dabei zwei Schüsse abgewehrt.

**Bernd:** In der *Sport Bild* gab es eine Rangliste mit den Top 10 der Fußballerinnen in Deutschland. Kennst du sie?

**Nia:** Nein.

**Bernd:** An welcher Stelle würdest du dich einordnen? Für mich gehörst du natürlich da hinein.

**Nia:** Weiß nicht. Schwer zu sagen. Ich mag mich auch nicht selbst bewerten, das überlasse ich lieber anderen. Bin ich da überhaupt dabei?

**Bernd:** Jein. Du hast den Sprung in die Top 10 gaaaanz knapp verpasst.

**Nia**

Überrascht mich nicht unbedingt, wo wir in Deutschland ja eine extrem lange Liste an außergewöhnlichen Fußballerinnen vorzuweisen haben. Da ist es schon Würdigung genug, in den Kreis der Nominierten zu kommen. Aber nun bin ich natürlich schon neugierig, wer die Top 10 sind. Birgit Prinz ist sicher dabei, oder?

**Bernd**

Na logisch. Auf Platz eins, das dürfte niemanden überraschen. Sie ist die beste Stürmerin aller Zeiten, hält alle Torrekorde in Deutschland und viele weitere auf der Welt. Hinter Birgit Prinz folgen Heidi Mohr, ebenfalls Stürmerin, dann Mittelfeld-Strategin Dzsenifer Marozsán und Nadine Angerer, eine der weltbesten Torhüterinnen. Und schon auf Platz fünf kommt Alexandra Popp, die sich durch die großartige EM 2022 natürlich ganz schön weit nach vorne gearbeitet hat.

**Birgit Prinz**
Deutsche Stürmerin
Geboren am 25. Oktober 1977
214 Länderspiele, 128 Tore
**Erfolge als Spielerin:**
Weltmeisterin 2003 und 2007
Europameisterin 1995, 1997, 2001, 2005, 2009
UEFA-Women's-Cup-Gewinnerin 2002, 2006, 2008
WM-Torschützenkönigin 2003
Weltfußballerin 2003, 2005
Silbernes Lorbeerblatt

9-malige Deutsche Meisterin
10-malige DFB-Pokalsiegerin
**Besonderheiten:**
Lehnte 2003 ein Angebot des italienischen Vereins AC Perugia ab, in der Männermannschaft mitzuspielen, hielt es für einen PR-Gag. 2011 kam Birgit-Prinz-Barbiepuppe auf den Markt.

**Nia**

Würde ich bis dahin so unterschreiben. Wobei: So eine Rangliste ist immer schwierig zu erstellen. Man sollte die Spielerinnen immer generationsweise betrachten, weil es übergreifend natürlich schwer zu vergleichen ist. Dennoch: Birgit Prinz ist und bleibt herausragend, als Stürmerin und Spielerin überhaupt. Das ist eine für die Ewigkeit. Ich durfte ja mit Heidi und Birgit zusammen spielen. Und ich kann sagen, auch Heidi war und bleibt für mich eine echte Ausnahmeerscheinung. Leider ist sie bereits gestorben. Sie war eine superwitzige Person, authentisch, für den Fußball in Deutschland ganz wichtig. Dzsenifer Marozsán halte ich für eine sensationelle Fußballerin, so 'ne richtige Kickerin, die einfach nur die Kugel haben möchte. Sie will einfach nur spielen. Großartig. Seitdem sie in Frankreich spielt und ihren Rücktritt aus der Nationalmannschaft bekannt gegeben hat, läuft sie in Deutschland ein wenig unter dem Radar und steht nicht mehr so im Fokus, aber sie ist eine der besten Technikerinnen auf der Welt. Nadine Angerer – wobei hier auch Silke Rottenberg genannt werden müsste, beide sind einfach herausragende Torhüterinnen – und Alex Popp haben es absolut verdient, unter den ersten fünf zu sein.

Bernd

Auf Platz sechs steht Nadine Keßler, inzwischen Spitzenfunktionärin bei der UEFA, wir werden noch auf sie zu sprechen kommen. Dann Renate Lingor, eine der besten Mittelfeldspielerinnen aller Zeiten, Abwehrchefin Ariane Hingst, die sich inzwischen als Co-Trainerin beim VfL Wolfsburg einen guten Namen im Trainerfach gemacht hat. Nicht zu vergessen Célia Šašić, früher Célia Okoyino da Mbabi, Topstürmerin und heute DFB-Vizepräsidentin für Gleichstellung und Diversität und Botschafterin für die EM 2024 in Deutschland. Sowie, last, but not least, Inka Grings, ebenfalls eine herausragende Stürmerin, die bereits erfolgreich als Trainerin im Männerbereich gearbeitet und gerade die Frauennationalmannschaft der Schweiz übernommen hat.

Nia

Nadine Keßler und Renate Lingor sind beide Mittelfeld-Strateginnen vom Allerfeinsten. Allein das Auge oder das feine Füßchen von Renate Lingor – einfach überragend. Von ihren Standards habe ich selbst häufig genug profitiert, nicht zuletzt beim Golden Goal. Sie war ja lange beim FFC Frankfurt, ein ganz toller Mensch. Wir hatten gemeinsam eine großartige und sehr prägende Zeit. Ich bin sehr froh, dass wir uns nicht aus den Augen verloren haben und uns wieder häufiger sehen. Ariane Hingst war ebenfalls eine großartige Spielerin, eine Innenverteidigerin, wie ich sie selten gesehen habe. Ich habe viel von ihr gelernt, sie hat Maßstäbe gesetzt und geht inzwischen auch als Trainerin ihren Weg, was ich bewundere. Célia hat insgesamt nicht

**Nia** ganz so lange gespielt wie einige andere, die Energie, die sie auf den Platz gebracht hat, war überragend. Mittlerweile macht sie einen Topjob beim DFB, sie ist ein Gesicht des Frauenfußballs. Und zu Inka Grings muss ich nicht viel sagen: Weltklassestürmerin.

**Bernd** Neben dir haben es übrigens auch die aktuelle Bundestrainerin Martina Voss-Tecklenburg, Silvia Neid, Doris Fitschen und Lena Goeßling knapp nicht in die Top 10 geschafft. Als Kommentator würde ich sagen: Da ist die Reservebank prominent besetzt und weil man inzwischen ja fünf Mal auswechseln darf und ohnehin gerne rotiert wird, können wir aus den Top 10 eigentlich ruhig die Top 15 machen. Was mir auffällt: fünf Stürmerinnen in den Top 10, aber nur eine Torhüterin und eine Abwehrspielerin? Heißt es nicht: Die Offensive schießt die Tore und die Defensive gewinnt die Spiele?

**Nia** Im Defensivbereich fällt mir noch Sandra Minnert ein, im Mittelfeld gab es Kerstin Stegemann und Kerstin Garefrekes. Sie alle waren überragende und höchst erfolgreiche Spielerinnen des deutschen Fußballs, die es auch verdient hätten, in so einem Ranking aufzutauchen. Und auch die auf der Bank, wie du sagst, haben den Frauenfußball extrem geprägt, Doris Fitschen war mein absolutes Vorbild in puncto Persönlichkeit auf und abseits des Platzes. Was ich gut finde: Viele sind dem Fußball treu geblieben – haben auch den Weg Richtung DFB gewählt.

Bernd

Ein Solo, das zu einem Tor führt, bleibt eben mehr in Erinnerung als eine Grätsche, die ein Gegentor verhindert hat. So ist es nun mal.

Nia

Es gibt noch einen weiteren Fall von Solo. Das Solo auf dem Parkett. Was ich damit meine, sind die Begegnungen mit Politikern bei besonderen Anlässen. WM-Finale, spezielle Auszeichnungen, Empfänge. Nach dem WM-Sieg 2003 wurden wir als Mannschaft vom damaligen Bundeskanzler Gerhard Schröder eingeladen. Wir wussten, er kennt sich aus. Er hat ja auch intensive Erfahrungen bei Hannover 96 sammeln können, also das waren Gespräche auf Augenhöhe. Natürlich hat er sich mehr für den Männerfußball interessiert, aber er war gut vorbereitet. Und wenn man bei Gesprächen ein gemeinsames Thema hat, ist man schnell auf einer Wellenlänge. Das fühlt sich dann gut an, zumal so ein Abend für viele von uns absolutes Neuland war. Sehr aufregend bereits im Vorfeld. Vor so einem Besuch wirst du als Person komplett durchleuchtet. Du musst vor dem Empfang deinen Personalausweis abgeben. Wir haben auch Hunde gesehen, die nach Sprengstoff gesucht haben, bevor der Kanzler mit seinen Personenschützern in diesen Raum im Kanzleramt kam.

Frank-Walter Steinmeier überreichte mir 2017 auf Schloss Bellevue in Berlin das Bundesverdienstkreuz. Die Familie durfte dabei sein. Bewegend. Auch der Bundespräsident ist mit dem Fußball der Frauen sehr vertraut. Absolut im Thema drin. Wie sich herausstellte, ist er ein

Anhänger von Turbine Potsdam. Aufgrund der Rivalität, die zu meiner Zeit zwischen Turbine und dem FFC Frankfurt bestand, musste man schon ein bisschen schmunzeln, wie er die Potsdamerinnen lobte ... Nein, das war überhaupt kein Problem, es belegt das Interesse für unsere Sportart, und das hat uns alle extrem gefreut. Auch Angela Merkel hat sich regelmäßig bei Silvia Neid gemeldet, als die Bundestrainerin war. Silv hat es häufig erwähnt. Auch bei Martina Voss-Tecklenburg übrigens. Es war also keinesfalls so, dass sich Frau Merkel nur für Podolski und Co interessiert hätte. Ich habe Angela Merkel auch einige Male getroffen. Im Rahmen der WM 2010 und bei der WM 2014 beim Besuch eines Projekts in Verbindung mit dem Programm „Sport für Entwicklung“ von der GIZ, der Deutschen Gesellschaft für internationale Zusammenarbeit. Dabei geht es darum, über den Sport Werte zu vermitteln und Bildung zu fördern. Gerade Sport motiviert junge Menschen, sich Themen wie schulischer Ausbildung, Gesundheit, aber auch Gewaltprävention, Gleichberechtigung und Persönlichkeitsentwicklung zuzuwenden, und ist eine Möglichkeit, Werte spielerisch einzuüben. Das verbessert die Perspektive auch von Mädchen und jungen Frauen in armen Ländern. Es wurden bereits 50 Projekte in 37 Ländern erfolgreich auf den Weg gebracht. Über eine Million Kinder und Jugendliche profitieren mittlerweile in Südamerika, Afrika, auf dem Balkan, im Nahen Osten und in Südostasien im Schulunterricht und auf Sportplätzen von der Initiative. Auch im Rahmen der Aktion „Kinder stark machen“ traf ich beim Tag der offenen Tür im Bundeskanzleramt mit Angela Merkel zusammen. Dort standen wir zusammen mit Doris Fitschen auf der Bühne. Die ehemalige Kanzlerin machte immer einen sehr gut informierten und interessierten Eindruck. Spitzenpolitiker schmücken sich gerne mit erfolgreichen Sportlern, keine Frage. Aber unsere Begegnungen waren keine Wahlkampfauftritte, das kann ich garantieren.

Auch Auftritte im Fernsehen fallen unter die Rubrik Solo, auch wenn ich hier zurzeit vor allem Duos sehe, etwa Alexandra Popp und Lena Oberdorf, die viele gemeinsame Termine haben. Oder auch den *Wetten, dass..?*-Besuch von Giulia Gwinn (so heißt sie richtig, lieber Thomas Gottschalk, nicht Giuliana) und Alexandra Popp. Ich selbst denke dabei vor allem an *Verstehen Sie Spaß?*. Da war ich Lockvogel bei einem Streich, der Lira Bajramaj (seit 2013 Fatmire „Lira" Alushi) unmittelbar vor der WM 2011 in Deutschland gespielt wurde. Lira saß beim Hessischen Rundfunk (HR) im Studio, und in einem Einspielfilm wurde behauptet, sie werde in die USA verkauft. Dazu wurde auch ein Interview gezeigt, das ich zuvor mit ihr geführt hatte, das aber „bearbeitet" worden war und in dem jetzt völlig andere Fragen gestellt wurden, sodass der Eindruck entstand, wir sprächen über ihren Wechsel nach New York. Ein Beispiel: Ich hatte Lira gefragt, wie sie ihren Wechsel nach Frankfurt beschreiben würde, und Lira hatte geantwortet: „Tolle Sache, ich freue mich – top!" Im dem Fake-Interview war eine andere Frage vor die Antwort geschnitten worden: Jetzt fragte ich Lira, was sie zu ihrem Wechsel nach New York sage. Und ihre Antwort lautete: „Tolle Sache, ich freue

**Nia**

mich – top!“ Es wurde auch ein US-Manager vorgestellt, der mit amerikanischem Akzent den Deal bestätigte. Am Ende hatte ich sogar noch einen kurzen Auftritt, bei dem ich die Wechsel-Meldung noch mal nachdrücklich bestätigte. Ich war an diesem Abend ebenfalls im Studio des HR und konnte zunächst im Hintergrund miterleben, wie Lira die Gesichtszüge entgleisten. Bei der Auflösung wurde ihr ein großer Blumenstrauß überreicht und alles war wieder gut. Sie galt damals als der absolute Star der Nationalmannschaft und stand mit Blick auf die WM im eigenen Land extrem im Rampenlicht. Da ist so eine Nummer nicht so einfach zu verdauen. Lira hat das toll gemacht, wirklich bewundernswert. Ich weiß nicht, wie ich damit umgegangen wäre.

**Bernd**

Beim Thema Solo können wir die Torhüterinnen, also auch die jenseits von Hope Solo, natürlich nicht aussparen. Denken wir etwa an Nadine Angerer, Natze, wie sie genannt wurde. Du hast sie ja hautnah erlebt. War oder ist sie wirklich so positiv verrückt, wie sie von vielen gesehen wurde?

**Nia**

Also, mit Natze habe ich vor der WM 2003 viel Zeit verbracht. Sie war damals die Nummer zwei in Deutschland hinter Silke Rottenberg. Eine superlustige, teilweise fast tollpatschig anmutende Person. Es sind ihr ja tatsächlich auch einige „Pannen“ passiert. Im Training war sie allerdings extrem hart zu sich selbst, da durfte bei ihr wirklich nichts schieflaufen. Als Torhüterin war sie stets lange vor den Feldspielerinnen auf dem Platz, das ist Usus, sie kam aber häufig noch früher. Und blieb in aller Regel auch länger als alle anderen. Für ihren Aufwand ist sie später, als sie die Nummer eins im deutschen Tor wurde, belohnt worden. Das habe ich ihr von Herzen gegönnt. Ihr privater Lebensstil mutete tatsächlich ein bisschen alternativ an. Aber Natze war immer authentisch und sympathisch und ist es auch geblieben. Und in Portland als Cheftorwarttrainerin sehr erfolgreich. Da kann ich nur sagen: Hut ab, Natze! (Haha!)

Das EM-Finale 2013 in Schweden gegen Norwegen, in dem unsere Natze zwei Elfmeter gehalten hat, ist sicher allen noch in bester Erinnerung. Im Halbfinale hatte sich Deutschland gegen den Gastgeber durchgesetzt. Die Wege von Deutschland und Schweden haben sich häufig und in vielen wichtigen Spielen gekreuzt. Bei der WM 2019 war es die DFB-Auswahl, die im Viertelfinale an Schweden scheiterte – der erste Pflichtspielsieg über Deutschland seit 24 Jahren! Egal ob auf Vereins- oder Nationalmannschaftsebene, die Schwedinnen haben in den vergangenen Jahrzehnten durchweg auf sehr hohem Niveau gespielt. Beeindruckend. Ein so kleines Land, das aber auf eine lange und erfolgreiche Tradition zurückblicken kann. Mit fantastischen Einzelkönnerinnen in ihren Reihen, wie Torjägerin Lotta Schelin und Torhüterin Hedwig Lindahl, die auch in der Bundesliga beim VfL Wolfsburg spielte und an fünf (!) Olympischen Spielen teilnahm.

**Nadine Angerer**
Deutsche Torhüterin
Geboren am 10. November 1978

146 Länderspiele

**Erfolge und Rekorde als Spielerin:**

Weltmeisterin 2003 und 2007

Europameisterin 1997, 2001, 2005, 2009, 2013

Weltfußballerin 2013

UEFA-Women's-Cup-Gewinnerin 2005

Silbernes Lorbeerblatt 2007

**Besonderheiten:**

In 621 WM-Minuten keinen Treffer kassiert

Nur ein Gegentor im gesamten EM-Turnier 2013, dazu im Finale gegen Schweden zwei Elfmeter gehalten

Einzige Spielerin, die mehr als 17 Jahre in der Nationalmannschaft spielte

Abseits des Platzes:

Hutträgerin des Jahres 2013

**Nia**

Und natürlich Rekordspielerin Caroline Seger. Persönlich habe ich nie ein Duell gegen sie bestritten, obwohl sie so lange dabei war und auf über 230 Länderspiele kommt. Sie steht für eine ganze Generation erfolgreicher Schwedinnen, die leider den allerletzten Schritt nie geschafft haben. Zum Beispiel bei der WM 2003, wo sie gegen uns das Finale verloren. In der Verlängerung. Nur einmal, bei der EM 1984, haben sie es zu Ende gebracht. Fast schon tragisch, was die Schwedinnen danach bei Weltmeisterschaften, Europameisterschaften und Olympischen Spielen (Finale 2016 gegen Deutschland verloren, Finale 2021 gegen Kanada verloren!) liegen gelassen haben. Dennoch: Sie sind

Nia

in allen Wettbewerben immer wieder ganz oben mit dabei. Das verdient höchsten Respekt.

**Caroline Seger**

Schwedische Mittelfeldspielerin

Geboren am 19. März 1985

221 Länderspiele, 29 Tore

**Erfolge als Spielerin:**

WM-Dritte 2011, 2019

Olympiasilber 2016, 2020(21)

UEFA-Women's-Champions-League-Gewinnerin 2017

Europäische Rekordnationalspielerin

**Abseits des Platzes:**

Ihr Nachname bedeutet „Sieg"

Bernd

Neben Schweden hat auch Norwegen mehrere herausragende Fußballerinnen hervorgebracht. Das prominenteste Beispiel ist Ada Hegerberg. Sie zählt zu den berühmtesten und schillerndsten Spielerinnen überhaupt. 2018 bekam sie als erste Frau den Ballon d'Or, eine der höchsten Auszeichnungen im Fußball. Im Jahr davor streikte Hegerberg, weil sie dem norwegischen Fußballverband vorwarf, den Frauenfußball zu wenig wertzuschätzen und den Spielerinnen zu wenig zu bezahlen. Derzeit verdient die Norwegerin Gerüchten zufolge jährlich rund 430 000 Euro. Auf dem Platz ist Hegerberg für ihren Verein Olympique Lyon Jahr für Jahr jeden Cent wert. Seit 2014 spielt sie in Frankreich, holte seitdem insgesamt sechs Mal die Champions League. Ein absoluter Fabel-Rekord. Vor der EM 2022 kehrte die Starstürmerin dann ins Nationalteam zurück. Und sorgte bereits im Vorfeld des Turniers erneut für Aufsehen. Nach einem Anschlag auf eine beliebte Schwulenbar in Oslo, bei dem ein Angreifer mehrere Schüsse abfeuerte und dabei zwei Menschen starben sowie 21 verletzt wurden, ergriff Ada Hegerberg das Wort im Namen von Norwegens Fußballerinnen. Als sie Ende Juni 2022 in einem Testspiel gegen Neuseeland ein Tor erzielte, rannte Hegerberg zu ihrer Kapitänin Maren Mjelde. Sie nahm ihr die Regenbogenbinde vom Arm und zeigte damit demonstrativ Richtung Zuschauer. Später am Abend schrieb sie auf ihrem Instagram-Kanal: „Lieben ist ein Menschenrecht". Es sollte ein Zeichen gegen den Hass des Attentäters sein. Typisch Hegerberg, die sich seit Jahren als Aktivistin für Gleichberechtigung einen Namen gemacht hat und dabei häufig ganz eigene Wege geht. Das polarisiert zum Teil, keine Frage. Und zwar extern genauso wie innerhalb des Teams. Sportlich lief es bei der EM 2022 in England überhaupt nicht. Die Norwegerinnen schieden bereits nach der Vorrunde aus. Unter anderem kamen sie gegen die Gastgeberinnen mit 0:8 unter die Räder. Für eine der renommiertesten Nationen im internationalen Frauenfußball ein Desaster. Ein 0:1 gegen Österreich im letzten Gruppenspiel besiegelte das Aus. „Ganz Norwegens Fiasko" titelte das *Dagbladet*. Aber nicht nur die Presse, auch die Mannschaft selbst ging hart mit sich ins Gericht. Ada Hegerberg redete in den Interviews nach Spielende Klartext: „Jeder hat hier eine Verantwortung, auch ich. Wir müssen alles, was in den letzten Wochen passiert ist, mit brutaler Ehrlichkeit auswerten, um uns davon zu erholen." Trainer Martin Sjögren trat kurz nach der herben Enttäuschung zurück. Seine Nachfolgerin war schnell gefunden: Hege Riise, mit 188 Spielen Norwegens Rekordnationalspielerin. In ihrer aktiven Zeit wurde sie in den 90er-Jahren Europa- und Weltmeisterin, 2000 in Sydney auch Olympiasiegerin. Zuletzt arbeitete Riise 2021 als Interimstrainerin bei den Engländerinnen.



**Ada Hegerberg**

Norwegische Stürmerin

Geboren am 10. Juli 1995

68 Länderspiele, 41 Tore

**Erfolge als Spielerin:**

2018: erste Spielerin, die mit dem Ballon d'Or als Weltfußballerin ausgezeichnet wird

UEFA-Women's-Champions-League-Gewinnerin 2016, 2017, 2018, 2019, 2020, 2022

Vizeeuropameisterin 2013

**Besonderheiten:**

Beendete im Sommer 2017 ihre Karriere in der Nationalmannschaft wegen Differenzen mit dem norwegischen Verband in Sachen Wertschätzung und Bezahlung des Frauenfußballs. Comeback im März 2022. Beim 5:1 gegen den Kosovo erzielte sie drei Tore.

Bernd

Auf eine lange, erfolgreiche Karriere kann auch Homare Sawa zurückblicken. Die Japanerin ist vielen Fans in Deutschland noch aus dem dramatischen Endspiel gegen die USA in Erinnerung, mit dem ihre Mannschaft den WM-Titel 2011 gewann.

**Homare Sawa**

Japanische Mittelfeldspielerin

Geboren am 6. September 1978 in Japan

205 Länderspiele, 83 Tore

**Erfolge als Spielerin:**

Weltmeisterin 2011

Vizeweltmeisterin 2015

Olympiasilber 2012

Weltfußballerin 2011

Beste Spielerin und Torschützin WM 2011

22 Jahre in der japanischen Nationalmannschaft

**Besonderheiten:**

Wurde bereits mit zwölf Jahren in der japanischen Liga eingesetzt und erzielte in ihrer ersten Saison fünf Tore.

Nia

Homare trug leider auch dazu bei, dass die deutsche Mannschaft damals vorzeitig aus dem Turnier ausschied. Dennoch hat sie auch bei mir bleibenden Eindruck hinterlassen. Das Endspiel fand in „meinem" Stadion in Frankfurt statt und ich war für die ARD dabei. Es war ein Hexenkessel. Viele Fans aus Japan und den USA waren im Stadion und verbreiteten eine gewaltige Stimmung. Mit einem spektakulären Hackentreffer erzielte Homare

**Nia**

in der 117. Minute den 2:2-Ausgleich. Das war Gänsehaut pur. Im Elfmeterschießen setzten sich die Japanerinnen dann durch. Homare Sawa war damals der Superstar, in jeder Hinsicht die beste Spielerin des Turniers. Sie und die Nadeshiko (Spitzname der japanischen Frauenfußball-Nationalmannschaft) zauberten den Menschen im Land der aufgehenden Sonne nach Erdbeben- und Tsunami-katastrophe wieder ein Lächeln in die Gesichter. Homare wurde zum Sinnbild des erfolgreichen Fußballs der Japanerinnen in den folgenden Jahren. Sie spielten auch danach immer wieder um Titel mit. Nach dem historischen, ersten WM-Sieg für die Asiatinnen überhaupt stand Japan vier Jahre später bei der WM 2015 in Kanada erneut im Finale. In dieser denkwürdigen Partie gegen die USA lag der Titelverteidiger bereits nach 15 Minuten 0:4 hinten. Eine unglaubliche Revanche der Amerikanerinnen, die 5:2 gewannen. Für Homare, die erst in der 33. Minute eingewechselt wurde, war es das letzte ganz große Spiel ihrer langen Karriere. Sie hatte eigentlich noch bis zu den Olympischen Spielen 2016 weitermachen wollen, aber Japan qualifizierte sich nicht. Als sie bei der WM 2015 im ersten Gruppenspiel gegen die Schweiz auflief, war Homare Sawa die erste Spielerin, die bei sechs WM-Endrunden (1995 bis 2015) eingesetzt wurde. Ein außergewöhnlicher Rekord.

**Bernd**

Wenn es um Rekorde geht, müssen wir noch über eine ganz besondere Frau sprechen. Eine Kanadierin. Sie spielt schon so lange international und auf höchstem Niveau,

**Bernd**

dass sich manche fragen, ob sie bei Karriereende wohl direkt in Rente gehen wird. Spaß beiseite. Christine Sinclair ist eine absolute Ausnahmeerscheinung.

**Nia**

Ich habe sogar noch gegen sie gespielt! Bei unserem Auftaktspiel bei der WM 2003. Ich wurde eingewechselt. Sie stand damals schon eine Zeit für Kanada auf dem Platz und tut das immer noch. Unglaublich.

**Bernd**

Im Oktober 2022 wurde Sinclair mit dem Portland Thorns FC, für den sie seit 2013 spielt, wieder einmal Meisterin in der US-amerikanischen National Women's Soccer League. Sie hält den Länderspieltor-Weltrekord und hat sich mit Kanada gerade für ihre sechste (!) WM-Teilnahme qualifiziert. Zur Heim-WM 2015 brachte die kanadische Post eine Briefmarke mit ihrem Porträt heraus. Inzwischen hat Sinclair auch eine Autobiografie veröffentlicht. Sehr persönlich. Um ihre vielen Erfolge geht es darin nur am Rande. Die Feierlichkeiten zu ihrem Länderspieltorschützen-Rekord für die Ewigkeit (erzielt durch die Länderspieltreffer 184 und 185 im Olympiaqualifikationsspiel gegen St. Kitts & Nevis am 29. Januar 2020) mussten aufgrund der Pandemie verschoben werden. Als das Fest dann mit einem Jahr Verspätung 2021 endlich stattfand, konnte sie diesen Moment nicht mehr mit einem der wichtigsten Menschen in ihrem Leben teilen, mit ihrer Mutter. Im Buch heißt es: „Aber meine Mutter konnte nicht dabei sein. Sie starb am 2. Februar, während ich dieses Buch schrieb." (Christine Sinclair, *Playing The Long Game: A Memoir*, 2022). Beeindruckend, was Christine Sinclair darin über sich preisgibt. Was ihr im Leben wichtig ist und was nicht. Wie sie über ihre Karriere denkt. Eine Persönlichkeit durch und durch. Und wie gesagt: Ein Ende ist nicht absehbar. Nach der WM 2023 will Sinclair mindestens noch ein Jahr in Portland dranhängen. Dann wird sie 40 Jahre alt sein.

**Christine Sinclair**
Kanadische Stürmerin
Geboren am 12. Juni 1983
309 Länderspiele, 188 Tore
**Erfolge als Spielerin:**
Olympiasiegerin 2020 (ausgetragen 2021)
Olympische Bronzemedaille 2012, 2016
Weltrekordtorschützin
Torschützenkönigin Olympische Spiele 2012
**Besonderheiten:**
Brach sich beim WM-Eröffnungsspiel 2011 in Berlin das Nasenbein, weigerte sich aber, ausgewechselt zu werden, erzielte später noch das 1:2 für Kanada. Es war das erste WM-Gegentor für Nadine Angerer.

# DIE ZUKUNFT

## Mehr Wert

„Wenn die CDU es schafft, eine Frauenquote einzuführen, dann muss das der Fußball auch können." Diese Aussage stammt von einem Mann. Robert Schäfer sagte das Ende Dezember 2022 in einem Podcast. Er ist ein Intimkenner der Fußballszene, war unter anderem Geschäftsführer von so namhaften Vereinen wie dem TSV 1860 München, Fortuna Düsseldorf, Dynamo Dresden und Hannover 96 und hat diese Vereine trotz teilweise schwieriger finanzieller und sportlicher Gegebenheiten zu bemerkenswerten Erfolgen geführt. Er war außerdem Aufsichtsratsmitglied der Deutschen Fußball Liga und gründete im Sommer 2022 seine eigene Managementfirma. Was er hiermit sagen will: So geht es nicht weiter. Damit der Fußball insgesamt besser, spannender wird, braucht er eine Frauenquote. Er muss darüber hinaus diverser, nachhaltiger, jünger werden. Und zwar möglichst schnell. In jeder Hinsicht ein spannender Impuls für die Zukunft.

Kurz zuvor, in der Zeit nach der EM 2022, hat es den Anschein, als habe diese Zukunft bereits begonnen. Die Frauen sollen mehr Wertschätzung erfahren, ist von verschiedenen Seiten zu hören. Es äußern sich plötzlich Menschen zum Frauenfußball, die sich vorher keine Spur für diese Sportart interessiert haben. Plötzlich ist es schick, sich zu Wort zu melden … für Prämien, für ein Grundgehalt, für mehr Geld. Diese Stichworte stehen an vorderster Stelle aller Einwürfe, egal von welcher Seite. Dabei geht es in der Frage der Wertschätzung doch eigentlich gar nicht primär um Kohle. Sondern um die Rahmenbedingungen, um Infrastruktur. Da haben die Frauen den größten Nachholbedarf. Und diese Lücke gilt es zuerst zu schließen.

Ein famoses Beispiel für effektive Arbeit an den Rahmenbedingungen ist der VfL Wolfsburg. Eine Mannschaft, die den Frauenfußball in Deutschland in den letzten Jahren geprägt und dominiert hat. Serienmeister, Serienpokalsieger. Das Nonplusultra der Liga, wie viele sagen. Nach dem Motto „Stillstand ist Rückschritt" gab das VfL-Frauenteam Ende September 2022 eine Kooperation mit den Chicago Red Stars bekannt. Dabei geht es natürlich auch um Marketingstrategien und die Erschließung neuer Märkte. Aber das Wichtigste ist der Blick über den Tellerrand in Sachen Infrastruktur. Was machen die Amerikaner anders und womöglich besser als die Deutschen? VfL-Cheftrainer Tommy Stroot erklärte auf einer Pressekonferenz, man wolle sich insbesondere „im Bereich der Fitness, mit all ihren Facetten“ umsehen. Jeder weiß: Wenn die Amerikaner immer schon einen Vorteil hatten, dann in Sachen Physis und Fitness. Darin sind sie anderen Ländern deutlich voraus. Das Topfrauenteam aus Wolfsburg mit bereits bestehenden Toptrainingsbedingungen macht keinerlei Anstalten, sich auf den Lorbeeren der vergangenen Jahre auszuruhen. Die Entwicklung darf nicht stillstehen. Bemerkenswert.

Letzteres hat sich auch Bayern Münchens ehemaliger Vorstandsvorsitzender Karl-Heinz Rummenigge auf die Fahne geschrieben und fordert im *Siegel* auf nationaler Ebene mehr Engagement und Veränderung im Fußball der Frauen. Bei den Männern sei vieles ausgereizt. „Wachstumspotenzial existiert im Moment eigentlich nur im Mädchen- und Frauenbereich. [...] Wir werden uns verändern müssen.“ Sagt einer, der sich jahrelang nur wenig mit der Frauenabteilung im eigenen Verein beschäftigt hat, inzwischen aber weiterdenkt und gerade in finanzieller Hinsicht noch viel Luft nach oben sieht. Allerdings sagt er auch: „Wir brauchen ein unabhängiges Management. [...] Die Frauenbundesliga muss sich für die Vermarktung ausgliedern.“ Was er konkret damit meint, sagt er in einem Interview mit dem *Münchner Merkur* und der *tz*: „Genauso wie es im Männerfußball geschehen ist, sollte auch die Frauenbundesliga darüber nachdenken, ob sie nicht vielleicht eine Art Frauen-DFL gründet. Der Männerfußball hat sich qualitativ nachhaltig entwickelt, als er sich vom DFB in Richtung Selbstständigkeit gelöst hat.“

„Was die Rahmenbedingungen wie Trainingsplätze, Krafträume oder Staff betrifft, stehen wir Barcelona in nichts nach, denke ich. Wir sind da absolut auf dem richtigen Weg.“ Das sagt Klara Bühl in einem Interview mit der *Bild* Anfang Dezember 2022. Barcelona, das ist für viele die beste Vereinsmannschaft der Welt. Die Benchmark sozusagen. Da geht es auch um die Verzahnung mit den Männern, aber vor allem um die personelle Zusammenstellung des Kaders und eben die Infrastruktur, die den Frauen zur Verfügung steht.

Beim FC Bayern kam es diesen Winter zu einer besonderen Premiere, als das Frauen- und das Männerteam in ein und dasselbe Trainingslager fuhren und dort sogar einige gemeinsame Einheiten absolvierten. Das war im Januar 2023, kurz vor Beginn der Rückrunde in beiden Ligen. Oliver Kahn feierte das auf Twitter: „Die FC-Bayern-Frauen und unsere Herrenmannschaft gemeinsam auf dem Platz im Trainingslager. Es war sehr schön, dass die beiden Teams heute in Doha zusammengekommen sind und gemeinsam ihre Trainingseinheiten absolviert haben.“ In den vergangenen beiden Jahren waren die geplanten Katar-Aufenthalte der Bayern-Frauen aufgrund der Coronapandemie jeweils kurzfristig abgesagt worden. Doch die an sich erfreuliche Maßnahme eines gemeinsamen Trainingslagers stieß mit Blick auf das Thema „Wertediskussion“ nicht nur auf positive Resonanz. Die beiden Norwegerinnen im Team, Truve Hansen und Emilie Bragstad, kritisierten die Entscheidung für Katar und berichteten dem norwegischen Rundfunk, sie sei über die Köpfe der Spielerinnen hinweg getroffen worden. Trotzdem wollten beide das Beste aus der Lage machen und vor Ort „die Werte des Clubs“ nach außen tragen. Sicherlich hätten sich viele gewünscht, dass nach den Diskussionen um die Wüsten-WM und den Protesten in Sachen Menschenrechte und Gleichberechtigung erst mal wieder Ruhe einkehrt, aber dem ist keineswegs so. Es gab Meldungen, dass die Tourismusbehörde Saudi-Arabiens „Visit Saudi“ als möglicher Sponsor der Frauen-WM in Australien und Neuseeland vorgesehen sei, wogegen sich das Organisationskomitee der Gastgeberländer umgehend positionierte. Wie man weiß, wollen die Saudis 2030 die Männer-WM austragen und sind deshalb bestrebt, ähnlich wie seinerzeit Katar, international an Renommee zu gewinnen und ihr Land auf den verschiedenen Plattformen zu präsentieren. Und nicht zum ersten Mal würde die FIFA beim Thema Werte wohl mindestens ein Auge zudrücken, wenn im Gegenzug ordentlich Geld flösse (auch wenn letzten Nachrichten zufolge die FIFA den möglichen Deal noch mal überdenkt). „Wenn dieser Bericht sich als korrekt erweist, dann sind wir geschockt und enttäuscht, das zu hören“, hieß es in einer Stellungnahme des neuseeländischen Verbandes. Beide Verbände richteten ein Protestschreiben an die FIFA.

Auf der anderen Seite meldeten die Veranstalter lange vor Turnierbeginn Rekordnachfragen in Sachen Eintrittskarten. Die Partie zwischen Co-Gastgeber Australien und Irland sollte ursprünglich im Sydney Football Stadium ausgetragen werden, in das rund 42 500 Zuschauer passen. Doch der Andrang ist zu groß und der Umzug in das ehemalige

Olympiastadion, Stadium Australia, stand schnell fest. Die größte Spielstätte des Turniers hat Platz für 83 500 Zuschauer. Dort werden die „Matildas", so der Spitzname der australischen Frauenfußball-Nationalmannschaft, jetzt auflaufen.

Einen ganz anderen Weg, den Fußball der Frauen zu stärken, trifft man in der gemeinnützigen Netzwerkorganisation „Fußball kann mehr" an. Die Initiative, der unter anderem Nationaltorhüterin Almuth Schult und die ehemalige Schiedsrichterin Bibiana Steinhaus-Webb angehören, hat sich „die Unterstützung von Frauen im Berufsfeld Fußball und die angemessene Anerkennung Fußball spielender Frauen" zum Ziel gesetzt. Im Mai 2021 forderte die Initiative in einem Positionspapier acht klare Regeln im Sinne der Geschlechtergerechtigkeit im deutschen Fußball:

- Verbindliche Quote für Fußballverbände von mindestens 30 Prozent Frauen in Führungspositionen (etwa im Präsidium, Vorstand, Geschäftsführung) bis 2024
- Verbindliche Quote von mindestens 30 Prozent Frauen in Aufsichtsräten sowie die Besetzung eines jeden (Club-) Vorstandes/Geschäftsführung von allen Männer- und Frauenprofiligen mit mindestens einer Frau bis 2024
- Paritätischer Unterbau von Frauen und Männern auf der zweiten Führungsebene bei Verbänden und Clubs bis 2024 (rund 50 Prozent Quote)
- Gezielte Programme zur Herstellung der Chancengleichheit von Frauen für die sportnahen Bereiche in den Clubs (Trainer*innen, Scouting, Nachwuchsleistungszentren, Trainer*innenlizenz, Managementprogramme usw.)

- Gehaltstransparenz: gleiche Bezahlung für den gleichen Job auf jeder Hierarchiestufe
- Die Veränderung der Rahmenbedingungen, die Frauen und Diversität in der Organisation stärken (Recruiting, Personalentwicklung, Karriereplanung, Female-Mentoring-Programme, Vereinbarkeitsregelungen, Führung in Teilzeit, Infrastruktur am Arbeitsplatz usw.)
- Eine geschlechtergerechte, diskriminierungsfreie Sprache auf allen Ebenen des Fußballs
- Konsequente Sanktionierung jeder Form von Sexismus und Diskriminierung, auch außerhalb des Platzes, und entsprechende Anlaufstellen für Betroffene.

Die Netzwerkerinnen beziehen sich unter anderem auf die Studie „Equal Play" von 2019. Darin heißt es: „Es gibt viele Frauen, die die Kompetenz, die Erfahrung und die Integrität mitbringen, um Führungspositionen zu übernehmen. Viele von ihnen sind schon längst da, sie brauchen gezielte Förderung und vor allem Chancengleichheit. Gegenwärtig sehen sich 50 Prozent der im Sport beschäftigten Frauen aufgrund ihres Geschlechtes auf dem Karriereweg benachteiligt." Dies, so die Unterzeichnerinnen, „sei ein verheerender Zustand, den es unmittelbar zu verändern gilt." Die ehemalige Bundestrainerin Silvia Neid gehört der Initiative nicht an, forderte aber ebenfalls öffentlich – spannenderweise auf der DFB-eigenen Plattform – drastische Veränderungen: „Das ewige Kämpfen um Anerkennung muss ein Ende haben. Wir spielen auf höchstem Niveau in der Welt, müssen uns nicht verstecken. Wir haben Frauen mit unheimlich viel Fachwissen, die stärker eingebunden werden sollten. Und vielleicht steht bis dahin ja sogar mal eine Frau an der Spitze des DFB." Die Tendenz ist klar: Raus aus der Rechtfertigungsecke, eine klare, eigene Linie vorgeben und selbstbewusster auftreten, das ist die Philosophie.

Apropos selbstbewusst: Am 1. Dezember 2022 ist es geschafft. Bei der Fußball-WM der Männer in Katar schreibt Stéphanie Frappart Geschichte. Sie ist die erste Frau, die als Schiedsrichterin ein Spiel der Männer bei einer Weltmeisterschaft leitet: die Partie der deutschen Mannschaft gegen Costa Rica. Kein unbedeutender Kick, denn bei diesem Aufeinandertreffen geht es um den Einzug ins Achtelfinale. Die Französin hat übrigens alle Meilensteine gesetzt, die sich in den vergangenen Jahren diesbezüglich setzen ließen: Sie war die erste Frau, die in der französischen Ligue 1 eingesetzt wurde, später in der Champions League, es folgten die Nations League und die WM-Qualifikation. Sie war auch die erste Frau, die bei einer Europameisterschaft der Männer eingesetzt wurde, als vierte Offizielle beim Eröffnungsspiel 2021. Mit 18 Jahren entschied sich Frappart, Schiedsrichterin zu werden, und legte eine steile Karriere hin. Immer unterstützt vom französischen Arbeitersportverband, bei dem sie bis heute angestellt ist. Inzwischen in Teilzeit. Eine resolute Persönlichkeit, die sich bereits in ihrer Anfangszeit in der zweiten französischen Liga schnell einen Namen machte. In ihren ersten 70 Partien sprach Frappart mehr als 280 Verwarnungen aus (Gelbe Karten), dazu 18 Platzverweise. Das Echo auf die Bekanntgabe ihrer Ansetzung als Spielleiterin fiel ausgesprochen positiv aus.

Der Weltverband FIFA twitterte: „History in the making", soll heißen: Hier wird Geschichte geschrieben. Die französische Sportzeitung *L'Équipe* titelte: „Historische Premiere für Frappart". „Für mich ist das keine Überraschung", sagte Almuth Schult in der ARD und verwies auf die große Erfahrung von Frappart. „Ich freue mich drauf, dass jetzt eine Frau zum Einsatz kommt." In der gleichen Talkrunde betonte der ehemalige Weltmeister Sami Khedira, er sei ein „Riesenfan, dass Frauen mit Leistung auch im Männer-Fußball Fuß fassen". Die frühere deutsche Nationalspielerin Tabea Kemme erhoffte sich von der Nominierung eine Signalwirkung. Noch werde es besonders hervorgehoben, meinte die 30-Jährige bei MagentaTV. „Es wäre schön, wenn wir irgendwann zu einer gewissen Normalität kommen." Schon vor dem Turnier erklärte FIFA-Schiedsrichter-Chef Pierluigi Collina in einer Mitteilung: „Das ist der Beweis dafür, dass die Qualität und nicht das Geschlecht zählt. […] Ich hoffe, dass das Aufgebot von Eliteschiedsrichterinnen für wichtige Männerwettbewerbe schon bald keine Sensation mehr, sondern eine Selbstverständlichkeit ist."

Ja, ja, die FIFA. Schon immer ihrer Zeit voraus, zumindest mit Worten. Wir erinnern uns: Bereits vor 15 Jahren verkündete Joseph Blatter, der längst abgesetzte Präsident des Weltfußballverbands: „Die Zukunft des Fußballs ist weiblich." Große Ankündigungen, denen allerdings keinerlei Taten folgten. Heiße Luft. Bis eben zu jenem 1. Dezember 2022.

Für die deutsche Nationalmannschaft war die WM-Premiere einer Schiedsrichterin kein großes Thema. So hatte es zumindest den Anschein. Abwehrspieler Lukas Klostermann: „Für mich ist es das Normalste der Welt, ich habe noch nie darauf geachtet, ob ein Mann oder eine Frau pfeift." Auch Bundestrainer Hansi Flick vertraute Frappart zu „100 Prozent". „Wir freuen uns auf dieses Spiel, und ich hoffe, dass sie sich auch auf dieses Spiel freut", schmunzelte Flick bei der Abschlusspressekonferenz der deutschen Mannschaft in Doha. „Was für ein Meilenstein in der Geschichte für Schiedsrichterinnen", sagte die frühere Bundesligaschiedsrichterin Bibiana Steinhaus-Webb wenige Stunden vor dem Spiel der Deutschen Presse-Agentur und sprach von „weltweiter Aufmerksamkeit für diese Ansetzung". Kritik kam vom ehemaligen Profischiedsrichter Urs Meier, der mehr strategische als fachliche Überlegungen unterstellte. Meier hielt die für die WM nominierten Schiedsrichterinnen für zu schwach. „Ich habe in Europa 30 Schiedsrichter, die viel stärker sind als Frappart. Da nehme ich doch nicht die Nummer 31 oder 32 mit, wenn ich nur zwölf europäische Schiedsrichter nominieren darf", sagte der Schweizer in seinem *Urs-Meier-Podcast.* Doch diese unzufriedene Stimme war eine Ausnahme, ansonsten fiel die Resonanz auf die Frappart-Nominierung durchweg positiv aus.

Die 38-jährige Französin pfiff das Spiel letztlich unauffällig, was für Referees immer ein großes Lob bedeutet. Sie war in ihren Entscheidungen konsequent und hinterließ einen fokussierten und unaufgeregten Eindruck. Das Nachrichtenportal t-online bewertete ihre Leistung folgendermaßen: „Die Französin bekam bei der enorm spannenden

Gruppenentscheidung viel zu tun, musste diskutieren, ermahnen. Es gibt deutlich leichtere Premieren auf einer der größten aller Fußballbühnen."

Was im Zuge des medialen Rummels um Frappart untergeht, ist die Tatsache, dass weibliche Referees im Männerfußball längst nichts Ungewöhnliches mehr sind. 2017 leitete Bibiana Steinhaus-Webb als erste Frau ein Spiel in der Fußballbundesliga. In den drei Jahren darauf folgten weitere 22 Begegnungen, bis sie Ende September 2020 ihren Rücktritt als Schiedsrichterin bekannt gab. Ihr letztes Spiel war der Supercup zwischen dem FC Bayern München und Borussia Dortmund. Künftig solle die Leistung das alleinige Kriterium für den Einsatz einer Unparteiischen sein, und nicht Geschlecht, Alter oder Hautfarbe. So in etwa formulierte sie ihre Forderungen für die Beurteilung von Schiedsrichterinnen in Zukunft.

Noch vor dem EM-Boom ließ folgende Meldung aufhorchen: Ein Investorinnen-Team um die Unternehmerin Verena Pausder hat es sich zum Ziel gesetzt, das Frauenteam des Regionalligisten FC Viktoria Berlin in die Bundesliga zu führen, einen bis dato völlig unbekannten Verein. Mit an der Spitze der Unterstützerinnen, zu denen auch die 174-malige Nationalspielerin, vierfache Europameisterin und zweimalige Weltmeisterin Ariane Hingst zählt, steht Franziska van Almsick. Der ehemalige Schwimmstar ist im Aufsichtsrat und holte die ehemalige Skirennläuferin Maria Höfl-Riesch mit ins Boot. Auf der Liste der Geldgeberinnen findet man unter anderem TV-Moderatorin Dunja Hayali und Komikerin Carolin Kebekus.

„Mich hat die Franziska angesprochen und ich war sofort begeistert“, erzählt Maria Höfl-Riesch in unserem Gespräch und ist von dem Konzept überzeugt. Der Verein könne es tatsächlich schaffen, in die Bundesliga aufzusteigen. Innerhalb von fünf Jahren, lautet die Planung. Vielleicht geht es sogar schneller, überlegt sie laut. „Als Sportler hast du eine andere Herangehensweise an manche Dinge, bist etwas ungeduldiger.“ Die dreifache Olympiasiegerin beschäftigt sich seitdem intensiv mit dem Fußball der Frauen und freut sich über das wachsende Interesse seit dem erfolgreichen Turnierauftritt der Deutschen. „Das ist ein glücklicher Zufall, dass Viktoria in diesen Hype hineingefallen ist und so viel Aufmerksamkeit bekommt.“ Den Liga-Alltag der Frauen hat Maria Höfl-Riesch früher selbstverständlich nicht verfolgt, aber Großereignisse schon. Inzwischen hält sie sich auf dem Laufenden. Der Frauensport könne grundsätzlich ein wenig mehr Beachtung vertragen, nicht nur im Fußball, ergänzt sie. Sie denkt offenbar weiter. Bei Viktoria geht es erst mal um eine vernünftige Infrastruktur. Kabine, Trainingsmöglichkeiten, Outfits für die Spielerinnen. Also die Basics, wie es so schön heißt. Es geht generell um Professionalisierung, außerdem soll das Team wachsen. Der Trainer ist übrigens ein Mann. „Ganz ohne Männer geht es halt doch nicht“, lacht Maria Höfl-Riesch. Die Investorengruppe ist zu 75 Prozent weiblich. Ihre persönlichen Erfahrungen aus dem Profisport kann Höfl-Riesch nur eingeschränkt einbringen. Zwischen Individualsportart und Mannschaftssport gebe es zu große Unterschiede. Zudem sei die Leistungsdichte im Fußball deutlich höher, als es zu ihrer Zeit bei den Alpinen der Fall war. „Da gab es nur eine recht kleine Weltspitze. Wenn ich mir da die Frauenbundesliga anschaue, ist die Breite viel, viel größer." Unterstützt wird sie in ihrem Engagement von ihrem Mann Marcus Höfl, selbst einst Investor im Fußball, nämlich bei FC Augsburg. „Logisch, wir tauschen uns aus und er begrüßt meinen Schritt", sagt sie. Zumal er als erfahrener Manager und Sportvermarkter auch in anderer Hinsicht wertvolle Ratschläge geben kann, etwa wenn es um die Steigerung von Reichweiten oder die Schaffung einer eigenen Marke geht. „In dieser Hinsicht läuft doch letztlich fast alles über Social Media, die privaten Kanäle jedes Einzelnen und die öffentlichen [Kanäle] der Vereine und Verbände. Das hat die EM ja gezeigt." Maria Höfl-Riesch verfügt hier über einen reichhaltigen Erfahrungsschatz, von dem die jungen Spielerinnen sicher profitieren können und damit auch der Verein Viktoria Berlin. Inzwischen sind mit Stepstone und Douglas zwei Weltkonzerne als Sponsoren eingestiegen. Und das ohne TV-Präsenz der Mannschaft!

Vergleichbar ist das Projekt mit Angel City aus den USA. Dort haben 2020 Risikokapitalanlegerinnen und Unternehmerinnen Seite an Seite mit Prominenten aus Show und Sport wie Natalie Portman, Eva Longoria, Mia Hamm, Lindsey Vonn und Serena Williams einen Fußballclub gegründet, bei dem für kurze Zeit auch unsere deutsche Nationaltorhüterin Almuth Schult spielte. Wir haben oben bereits davon erzählt. Sportdirektorin ist die ehemalige englische Nationalspielerin Eniola Aluko. Seit 2022 ist der Club in den Spielbetrieb der NWSL (National

Women's Soccer League) integriert. Das Zuschauerinteresse ist riesig. 16 000 Dauerkarten wurden verkauft. Besonders erwähnenswert: Zehn Prozent der Einnahmen gehen an soziale oder gemeinnützige Zwecke. Außerdem werden die Spielerinnen am Gewinn des Vereins beteiligt. Ein weiteres erklärtes Ziel lautet, auf die Vereinbarkeit von Job und Familie zu achten. Will sagen: Es geht nicht *nur* um Fußball, sondern auch darum, Frauen zu fördern und zu unterstützen. Schauspielerin Natalie Portman verkündete bei der Präsentation der Angels, es gehe darum, „Meister auf dem Platz zu sein und Champions für Gerechtigkeit außerhalb des Fußballfeldes zu werden". Und so heißt das Motto des Angel City FC: Ladies first.

## Mehr Akzeptanz

Unmittelbar nach der erfolgreichen EM im Sommer 2022 gab es einen fast schon hektischen Aktionismus. Und zwar von allen Seiten. Jetzt legen wir aber mal richtig los, so der offenbar einhellige Tenor. Der Frauenfußball soll vorangebracht werden. Angeführt und koordiniert von Doris Fitschen, der 144-maligen Nationalspielerin, seit 2001 beim DFB, von 2009 bis 2016 Managerin der Nationalmannschaft und eine anerkannte Expertin. Unter dem Schlagwort FF27 (was für „Fast Forward – Vorspulen ins Jahr 2027" steht oder wahlweise auch als Strategie „Frauen im Fußball 2027" bezeichnet wird) hat der DFB mit Blick auf die WM, die in eben diesem Jahr in Deutschland, Belgien und den Niederlanden stattfinden wird, ehrgeizige Ziele für die kommenden fünf Jahre formuliert. Unmittelbar vor dem Eröffnungsspiel zur Bundesligasaison 2022/23 zwischen Eintracht Frankfurt und dem FC Bayern München wurden sie, prägnant formuliert, der Öffentlichkeit vorgestellt.

1. Die Anzahl von Spielerinnen, Trainerinnen und Schiedsrichterinnen soll sich um mindestens 25 Prozent erhöhen.
2. In den Medien soll sich die Reichweite verdoppeln.
3. Der Frauenanteil in Führungsebenen soll mindestens 30 Prozent betragen.
4. Die Nationalelf soll bis dahin genauso Titel gewinnen wie Vereine in der Champions League.

Realistische Ziele? Schon während des Empfanges der DFB-Frauen auf dem Frankfurter Römer im Anschluss an die erfolgreiche EM sprechen Spielerinnen und die Bundestrainerin viel von der neuen „Sichtbarkeit", die es nun geben müsse. Dabei geht es um Sendetermine und Einschaltquoten. Das EM-Finale hat Appetit gemacht. Das tolle Auftreten der Spielerinnen natürlich auch. Sie haben sich und ihr Land hervorragend präsentiert. Sie sind jetzt Stars. Ein wichtiger Schritt nach vorne für den Frauenfußball. Jede Sportart braucht Gesichter und Vorbilder. Sichtbarkeit erfolgt über Persönlichkeiten. Vor dem Hintergrund dieser positiven Entwicklung muss das frühe Ausscheiden der Männer in Katar kurz darauf differenziert gesehen werden. Das war nämlich aus Sicht der Frauen durchaus ein zweischneidiges Schwert. Zweifellos haben die Frauen deutlich an Prestige und Popularität gewonnen, das merkte man im Umfeld der Winter-WM ganz deutlich. Trotzdem profitieren die DFB-Frauen immer enorm von der guten finanziellen Situation des Verbandes, die wiederum vor allem durch die Männer-Mannschaft gewährleistet wird. Oliver Bierhoff, der ehemalige Geschäftsführer der Nationalmannschaften und der Akademie, hat „die Mannschaft" (als es diesen Begriff noch gab) einmal als die „Cashcow des DFB" bezeichnet. Und an diesem Tropf hängen alle anderen. Spielen die Männer kein Geld ein, leidet der gesamte Betrieb darunter. Das frühe Scheitern in Katar wird zur Folge haben, dass das Geld nicht mehr ganz so locker sitzt. Es dürfte schwieriger werden, neue Ideen umzusetzen. In allen Bereichen, auch in der Abteilung Frauenfußball.

Das Zuschauerinteresse steigt rapide. 23 200 Fans beim Liga-Auftakt am 16. September 2022 in der Frankfurter Arena. Rekordkulisse für ein Bundesligaspiel. Die alte Bestmarke lag acht Jahre zurück. Damals spielte Wolfsburg vor 12 464 Menschen gegen den damaligen FFC Frankfurt. Die intensive Öffentlichkeitsarbeit im Vorfeld hat sich also gelohnt. Die Frankfurter hatten Werbung gemacht, was das Zeug hielt, um aus einem einfachen Spiel ein Highlight zu machen. Die Reaktionen der Spielerinnen gaben den Verantwortlichen recht: „Gänsehaut", „einmaliges Erlebnis", „bemerkenswert", ja es wurde sogar von einem „historischen Moment" gesprochen. In Frankfurt kicken sie allerdings gewöhnlich ohnehin nicht vor allzu wenigen Zuschauern. In der Saison 2020/21 lag der Zuschauerschnitt der Eintracht-Frauen bei rund 1600 Fans pro Spiel. Kleinere

Vereine kommen auf deutlich weniger Besucher. Der Ligadurchschnitt liegt bei etwas über 800. Mit einer einzigen Partie spielte die Eintracht also zuschauertechnisch gesehen auf einen Schlag vor einer Kulisse von vierzehneinhalb Heimspielen. Das war natürlich ein Traumstart für die erste Saison nach der EM. Noch nie haben mehr Zuschauerinnen und Zuschauer an den ersten beiden Spieltagen der Frauenfußballbundesliga Spiele im Stadion verfolgt. Insgesamt besuchten 47 238 Fans die ersten zwölf Spiele der Saison. Das waren bereits mehr als in der gesamten Hinrunde der Vorsaison, berichtete der DFB. Das Spitzenspiel der Hinrunde, VfL Wolfsburg gegen den FC Bayern München, am fünften Spieltag Ende Oktober 2022 in der Volkswagen Arena erleben 21 287 Fans. Das ist neuer Rekord für ein Liga-Heimspiel der Wölfinnen. Auch hier hat sich der enorme Werbeaufwand des Vereins im Vorfeld gelohnt. In der Bundesliga schießen die Zahlen in die Höhe. In vielen Bereichen: Zuschauer, Übertragungszeiten, allgemeine Präsenz durch Reportagen und Berichte.

In der Champions League feierten die Frauen des FC Bayern München am 7. Dezember 2022 einen neuen bayerischen Zuschauerrekord bei einem Pokal-/Ligaspiel. 24 000 Zuschauer wollten das Duell zwischen den Münchnerinnen und Barcelona in der Allianz Arena sehen. Klara Bühl sprach nach dem Spiel davon, „wie der Kessel gebebt habe". Das ist natürlich ein tolles Gefühl für die Spielerinnen, die nun viel von dem zurückbekommen, was ihnen in den vergangenen Jahren oft versagt blieb: Zuspruch. Das alles vor den Augen von Bundestrainerin Martina

Voss-Tecklenburg und Bayern-Präsident Herbert Hainer, der diesen Abend später auch als „Meilenstein in der Geschichte der Bayern-Frauen“ bezeichnete. Auch sonst spürt der FC Bayern, wie sich das Interesse an den Frauen gesteigert hat. Zu den acht Heimspielen in der Liga und in der Champions League bis zur Weihnachtspause 2022 kamen im Schnitt rund 5000 Zuschauer – was in dem kleinen Stadion auf dem Bayern-Gelände mit einem Fassungsvermögen von 2500 Besuchern rein rechnerisch gar nicht möglich ist, aber durch die magischen 24 000 in der Arena Wirklichkeit wurde. Zahlen, von denen vor wenigen Monaten niemand zu träumen gewagt hätte.

Kurz vor Weihnachten 2022 vermeldete der DFB eine neue Bestmarke. Mehr als 3000 Fans pro Partie, insgesamt 183 477 Zuschauer an den ersten zehn Spieltagen der Frauenbundesliga. Zum Vergleich: In der bisherigen Rekordsaison 2013/14 waren es nach 22 Runden insgesamt 173 438 Fans (ein Schnitt also von 1314), in der Vorsaison 2021/22 waren es am Ende 107 071 (ein Schnitt von 811). Damit stieg der Zuschauerschnitt im Vergleich zur letzten Spielzeit um satte 277,06 Prozent! Drei Partien knackten die 20 000er-Marke! Im April 2023 spielt die Nationalmannschaft in Nürnberg gegen Brasilien, vor nicht weniger als 32 587 Fans. Das ist der höchste Besuch eines Spiels der DFB-Auswahl seit Juni 2013, damals traf Deutschland in der Münchner Allianz Arena auf Japan vor 46 104 Zuschauern. Am 23. April 2023 schließlich der nächste Meilenstein, denn als der 1. FC Köln und Eintracht Frankfurt aufeinander treffen, sind exakt 38 365 Zuschauer im Müngersdorfer Stadion, die diesen

Nachmittag zu einem Erlebnis machen. Wieder ein neuer Fanrekord für die Frauenbundesliga!

Der Fußball der Frauen ist en vogue. Die Auswirkungen spüren die Spielerinnen zunehmend am eigenen Leib. EM-Heldin Alexandra Popp erzählt, dass sie plötzlich in Hamburg erkannt und angesprochen wird. Und wie ungewohnt das für sie ist. Zugleich ist sie beeindruckt, wie viele Leute sich schlicht bedanken wollten – für den Sommer und das schöne Turnier. Überhaupt schwärmt Poppi auf einer Pressekonferenz des VfL Wolfsburg von den „Nachwehen" der EM. Der „Hype-Zug" sei unterwegs durch Deutschland, jetzt müssten aber auch bitte alle einsteigen und mitfahren. In den Presseabteilungen der Vereine ist dementsprechend richtig viel los. Gerade die Spitzenclubs registrieren ein deutlich gestiegenes Interesse an den Nationalspielerinnen. Dirk Zilles leitet seit vielen Jahren die Pressestelle der Frauen des VfL Wolfsburg. Seit dem Sommer 2022 hat sich extrem viel getan. „Das Interesse ist bereits während des Turniers stark gestiegen, in erster Linie ging es dabei natürlich um Alexandra Popp." Plötzlich hätte es Anfragen von großen, auch internationalen Tageszeitungen gegeben, die alles über Poppi wissen wollten. Zilles spricht von schätzungsweise einer Verdopplung der Interviewanfragen in der Zeit nach der EM und die Taktung bleibe unverändert hoch. Auch viele Monate danach lasse der Hype nicht nach. Schmunzelnd fügt er hinzu: „Oder er ist neue Normalität." Nicht nur Alexandra Popp, sondern auch Lena Oberdorf, Merle Frohms und Svenja Huth seien sehr gefragt. Andere Namen, wie Lena Lattwein, Felicitas Rauch,

Kathrin Hendrich, Tabea Waßmuth und Marina Hegering, blieben etwas außen vor. Selbst Jule Brand (immerhin als beste europäischen Nachwuchsspielerin ausgezeichnet und das Golden Girl der *Tuttosport*) sei bei Weitem noch nicht in die Riege der Erstgenannten vorgestoßen.

Einen deutlichen Popularitätsschub hat auch Lina Magull erlebt, die ebenfalls mitunter auf der Straße angesprochen wird. „Das schönste Geschenk ist, dass sich Leute bei mir dafür bedankt haben, dass wir ihnen so viel Freude bereitet haben", sagte sie in einem Interview mit dem *DFB-Journal*. Und lieferte die Erklärung gleich mit. Sie hätten Nähe zugelassen, auf Social Media, aber auch in der Dokumentation *Born for this*. Sie würden sich nicht verstellen, sondern einfach so sein, wie sie sind. Sie hätten sich als Charaktere präsentiert und stünden für Teamgeist und fußballerische Qualität. Oder wie es Laura Freigang (Eintracht Frankfurt) auf dem Frankfurter Römer sagte: „Echt, ehrlich, ungefiltert" sei das Turnier aus ihrer Sicht bezüglich der deutschen Mannschaft gewesen. Kurz und knapp, aber auf den Punkt.

Lea Schüller vom FC Bayern München erzählte in einem Interview mit der *Sport Bild*, wie sehr der Bekanntheitsgrad gestiegen sei. „Ich bekomme deutlich mehr Fanpost. Wir haben bei den Bayern Fächer für jede Spielerin. Die sind jetzt regelmäßig voll." Auch Teamkollegin Linda Dallmann berichtet im Vorfeld ihres Champions-League-Rückspiels gegen Real San Sebastian von unzähligen Zuschriften von Mädchen und jungen Frauen, die sich durch die EM inspiriert fühlen und angefangen haben, Fußball zu spielen.

Nun gehe es darum, das Interesse in den kommenden Monaten hochzuhalten. Nur so könne man die Akzeptanz weiter steigern. In Tuchfühlung mit den Fans bleiben, das ist das simple Erfolgsgeheimnis. Martina Voss-Tecklenburg sagte dazu in der *Sportschau*: „Durch die Struktur in der Liga haben wir eine Nähe zu den Fans. [...] Also sowohl in den sozialen Medien als auch vor und nach den Spielen, dass man sich sehr viel Zeit nimmt. Und das ist so, weil die Spielerinnen total echt sind und sich immer noch über jeden freuen, der nach einem Autogramm oder Selfie fragt." Im *NDR-Sportclub* stimmte Nationaltorhüterin Merle Frohms der Einschätzung der Bundestrainerin zu, legte aber auch Wert auf einen anderen Grund für die positive Entwicklung: „Ich denke, es ist mittlerweile Normalität geworden, dass die Leute zu uns ins Stadion kommen – nicht nur aufgrund des Hypes, der während der EM entstanden ist, sondern auch, weil wir in der Liga einfach gute und qualitativ hochwertige Spiele zeigen. Das haben wir uns verdient."

Die EM-Heldinnen sind omnipräsent. Auf allen möglichen Plattformen und auf den Fernsehbildschirmen. Es geht dabei schon lange nicht mehr *nur* um Fußball. Dirk Zilles erzählt anschaulich, was seinen Wölfinnen in der Medienwelt so alles widerfährt. „Die Anfragen gehen mittlerweile weit über die klassischen Sportmedien hinaus. Gerade die deutschen Topspielerinnen (Alexandra Popp und Lena Oberdorf vorneweg, dann Merle Frohms und Svenja Huth) haben einen gewissen Promistatus erreicht, bei dem das Tagesgeschäft letztlich keine Rolle mehr spielt." Beispiele sind der Auftritt von Alexandra Popp bei *Wetten, dass..?* (November 2022). Oder Popp und Oberdorf, die (September 2022) den Deutschen Fernsehpreis (Kategorie beste Sportsendung) verkündeten. Oder Merle Frohms, die in der Sendung *Klein gegen Groß* bei Kai Pflaume zu Gast war (Oktober 2022). Aber damit nicht genug. Inzwischen gibt es so viele Anfragen, dass sie sich nicht mit dem Zeitplan, das heißt Training, Spiele, Regeneration, in Einklang bringen lassen. Sonst, so Zilles, wäre noch einiges mehr im Bereich Unterhaltung möglich (*Promi Dinner* und so weiter). Dazu gehört auch, dass die Spielerinnen nun häufiger bei „Promi-Umfragen" dabei sind. Der PR-Experte des VfL Wolfsburg nennt ein schönes Beispiel: „Alexandra Popp soll einen Tipp zur Hundeerziehung zum Besten geben. So was in der Art hatte ich vor der EM kaum bekommen …" Aber sie werden plötzlich auch zu Themen wie Klimaschutz und Ukrainekrieg befragt. Das kuriose Fazit lautet: Das Interesse am rein Sportlichen ist übersichtlich – „niemand will vor unserem Spiel in Freiburg von Poppi wissen, was sie vom SC hält", sagt Zilles –, dafür nehmen andere Themen überhand.

Lea Schüller hat es sogar auf die Titelseite der deutschen *Vogue* geschafft. Als erste Fußballerin ziert sie das Cover der April-Ausgabe 2023.

Die Nationalspielerinnen haben durch die EM auch bei Instagram extrem profitiert. Vergleicht man den Stand der Followerzahlen vom 30. Juni (also *vor* dem Turnier) mit den Zahlen vom 1. August (*nach* dem Finale), kann man bei allen zusammen eine Steigerung von fast 100 Prozent feststellen. Unglaublich! Prozentual am meisten zugelegt hat Lena Lattwein (über 430 Prozent). Gefolgt von Merle Frohms (203 Prozent), Jule Brand (176 Prozent), Lena Oberdorf (139 Prozent) und Laura Freigang (101 Prozent). In absoluten Zahlen legte Giulia Gwinn (plus 150 000) am deutlichsten zu, vor Lena Oberdorf (plus 88 000) und Alexandra Popp (plus 67 000). Was die aktuelle Anzahl der Follower betrifft, ist Giulia Gwinn weiterhin die unangefochtene Nummer eins (516 000), vor Lena Oberdorf (237 000), Sara Däbritz (223 000), Jule Brand (184 000) und Alexandra Popp (178 000). (Stand 1.4.2023) Das sind Zahlen, die neue Perspektiven eröffnen. Beispielsweise die, dass sich die Fußballerinnen durch die Erschließung neuer Märkte (oder Vermarktungsmöglichkeiten) finanziell emanzipieren. Hieße, dass sie nicht mehr ausschließlich von den Einnahmen aus den Vereinen abhängig wären. Sie hätten ein zweites oder drittes Standbein – was die Clubs allerdings nicht von ihrer Pflicht entbinden darf, für eine angemessene Grundversorgung der Spielerinnen zu sorgen.

Ein weiteres Zeichen für Aufbruchsstimmung auch beim DFB war die Veröffentlichung der Studie „Neue Perspektiven – Wirtschaftliche Zukunft der Frauenbundesliga" durch den DFB Anfang November 2022. Die Dokumentation, die der Verband zusammen mit der Sportsmarketing-Agentur Two Circles vorlegte, soll den aktuellen Stellenwert des Frauenfußballs und besonders der Bundesliga veranschaulichen und damit „fundierte Entscheidungsgrundlage[n] geben", dazu, wie „die Zukunft des Frauenfußballs in Deutschland zielgerichtet und nachhaltig zu gestalten" ist. Dabei ist wichtig zu wissen: Bislang decken die Einnahmen der Vereine noch lange nicht die Ausgaben. Lagen die durchschnittlichen Erträge der Clubs in der Saison 2020/21 bei 1,42 Millionen Euro, was im Vergleich zur Spielzeit 2017/18 ein Plus von 40 Prozent bedeutete, so müssen die Vereine auf der anderen Seite inzwischen 2,936 Millionen Euro für den Spielbetrieb aufbringen. Von einer Rendite für Investoren oder zumindest einem Break-even kann noch lange nicht die Rede sein. Aber die Studie macht Hoffnung. Auf seiner Homepage fasst der DFB die Ergebnisse wie folgt zusammen:

- **Zielgruppenpotenzial** (auf Grundlage der MaFo [Marktforschung]): Fast die Hälfte der Fußballinteressierten in Deutschland gibt an, sowohl Männer- als auch Frauenfußball zu verfolgen. Dahinter verbergen sich 19 Millionen Fans, die ein besonders hohes Interesse und Bewusstsein für den Frauenfußball aufweisen.
- **Wachstumsmarkt** (auf Grundlage der Modellierung): Der kommerzielle Wert der Frauenbundesliga, zusammengesetzt aus Sponsoring, Medienrechten, Spieltagen und sonstigen Erlösen, kann nach Schätzungen für den optimistischen High Case (Szenario mit 16 Clubs) in der Saison 31/32 bei 130 Millionen Euro liegen.
- **Zuschauer*innenpotenzial** (auf Grundlage der Modellierung): Die Frauenbundesliga kann im „High Case"-Szenario im Jahr 2031/32 einen Zuschauer*innenschnitt von 7500 pro Spiel erreichen.
- **TV-Reichweite** (auf Grundlage der Modellierung): Bis zur Saison 2031/32 kann im „High Case" von einer Verfünffachung der durchschnittlichen Live-Reichweite der

Frauenbundesliga ausgegangen werden (2021/22: 150k vs 2031/32: 750k [also durchschnittlich 150 000 versus 750 000 Zuschauer])

- **Investments der Clubs** (auf Grundlage der Interviews): 33 Prozent der Clubs schätzen ihr Investment in fünf Jahren als hoch ein, aktuell wären das 18 Prozent. [d.h. auch im Investmentbereich werden stark ansteigende Zahlen erwartet.] Die Steigerung der Sichtbarkeit für das Frauenteam wird dabei als absolute Priorität angegeben.

Doris Fitschen, Gesamtkoordinatorin Frauen im Fußball und verantwortlich für die Strategie FF27 beim DFB, sagt: „Die Professionalisierung der Frauenbundesliga ist eines der Fokusthemen im Rahmen der Strategie FF27 und spielt bei der Entwicklung des Frauenfußballs in Deutschland eine herausragende Rolle. Die Ergebnisse und Handlungsempfehlungen der Studie sind für uns eine wertvolle Grundlage, um auf Basis dessen gemeinsam insbesondere mit den Clubs weitere Maßnahmen zu initiieren. […] Die Studie zeigt: Die Investitionen lohnen sich nicht nur, um gesellschaftspolitisch ein Statement zu setzen, sondern weil mittelfristig die wirtschaftlichen Potenziale absolut vorhanden sind.“

Durch Highlight-Spiele mit vollen Stadien gelingt es, die Aufmerksamkeit aufrechtzuerhalten und weiter zu erhöhen. Die Spiele sind attraktiv, auf hohem sportlichen Niveau und senden eine rundum positive Message in die Öffentlichkeit. Die Stadien sind voll mit Familien, vielen jungen Mädchen oder Frauen. Die Zuschauer erleben

Fußball frei von Fanausschreitungen oder anderen Arten von Randale. Weder auf den Rängen noch hinter den Kulissen wird über absurd hohe Ablösesummen oder Millionengehälter diskutiert. Es sind entspannte, auf den Fußball fokussierte Veranstaltungen.

In diesem Sinne lautet die Devise: „Weiter, immer weiter", wie Oliver Kahn es mal formuliert hat, was nichts anderes heißt als „Stillstand bedeutet Rückschritt". Nicht zufrieden sein mit dem Erreichten, sondern nach vorne schauen, weiter an Optimierungen arbeiten, besser werden wollen. Ein Paradebeispiel dafür sind die Engländerinnen. Da wurde die Nationalmannschaft der Frauen Europameister und nur wenige Stunden später beschäftigten sich Spielerinnen und Verantwortliche mit der Zukunft. Dem Nachwuchs nämlich. Die Lionesses forderten laut Homepage des englischen Fußballverbands die Regierung auf, mehr in den Mädchenfußball zu investieren. Es müsse „absolute Priorität" haben, sich dem Mädchenfußball an Schulen zu widmen, hieß es. „Wir haben viel erreicht für den Frauenfußball, wir stehen aber immer noch am Anfang." Und weiter: „Wir haben jetzt die große Gelegenheit, eine echte Veränderung anzustoßen. Eine Veränderung, die Auswirkungen auf das Leben von Millionen junger Mädchen hat."

Doch an der Basis, in den Vereinen und beim Schulsport gibt es auf der Insel ähnlich große Defizite wie fast überall sonst: Nur 63 Prozent der Mädchen haben in den englischen Schulen die Möglichkeit, im Sportunterricht Fußball zu spielen, wie Untersuchungen des Fußballverbandes

FA ergaben. Bei den weiterführenden Schulen bieten sogar weniger als die Hälfte den Schülerinnen einen gleichberechtigten Zugang zum Fußball im Sportunterricht. Für die konkrete Gestaltung der Lehrpläne seien die Schulen selbst zuständig, hieß es dazu aus dem Bildungsministerium.

Unter anderem geht es darum, Mädchenfußball in den Schulen bindend in den Lehrplan aufzunehmen, und zwar mit mindestens zwei Schulstunden pro Woche. Der Verband gab zudem bekannt, dass zwei Drittel aller Schülerinnen in England gerne mehr Fußball auf dem Lehrplan hätten. „Wir möchten, dass jedes Mädchen in der Schule die Möglichkeit hat, Fußball zu spielen", erklärten die Europameisterinnen. „Mädchen sollen die Chance haben, alles zu machen, worauf sie Lust haben. Egal wie gut sie sind oder nicht, lasst sie einfach spielen, miteinander."

In Deutschland hat die EM 2022 für einen ordentlichen Schub gesorgt. Eine regelrechte Welle der Begeisterung überflutet die Vereine, die in den vergangenen Jahren deutliche Rückgänge zu verzeichnen hatten. DFB-Vizepräsidentin Sabine Mammitzsch verkündet im Herbst 2022 stolz: „Wir können 150 Prozent Erstregistrierungen von Mädchen in Vereinen vermelden – das sind 50 197 Mädchen, die neu in einem Verein Fußball spielen. Das ist ein enormer Effekt, den wir auf die EM zurückführen. Wir wissen aber auch, dass die Vereine an ihre Kapazitätsgrenzen stoßen, die Sportstätten – vor allem in den Ballungsräumen – überbelegt sind und die Gefahr besteht, dass nicht alle einen Platz finden könnten. Diese Aufgabe können wir nicht allein bewältigen, hier sind alle gefragt, auch die politischen

Entscheider auf Kommunen- und Länderebene." Präsident Bernd Neuendorf bestätigte das auf dem Sportbusinesskongress SpoBis: „Wir haben einfach zu wenig Plätze und Kapazitäten, um die Flut an Neuanmeldungen zu bedienen." Lösungen sind nach zwei Jahren Pandemie und in Zeiten hoher Energiekosten und deshalb generell starker finanzieller Belastung der Länder und Kommunen, aber auch der Privathaushalte, nicht einfach zu finden.

Zurück nach England. Beim oben erwähnten Forderungskatalog der Europameisterinnen geht es aber auch um die fehlende Diversität im englischen Frauenfußball. Die Zahl der dunkelhäutigen Nationalspielerinnen sei verschwindend gering, gerade in der Women's Super League. 90 Prozent der Spielerinnen sind weiß, sagen die Nationalspielerinnen. Was unmittelbar zur Folge hat, dass Vorbilder fehlen würden für die Mädchen aus den ehemaligen britischen Kolonien. Fluch und Segen der Professionalisierung des Frauenfußballs auf der Insel. Die ehemalige Nationalspielerin Fern Whelan geht in einem Interview mit Sky Sports sogar noch weiter: „Die Spielerinnen trainieren jetzt in den Akademien, die zum Teil weit draußen sind und schwer erreichbar. Viele schwarze Mädchen spielen Fußball und träumen von einer Profikarriere. Aber wenn es auf das nächste Level geht, in die Nachwuchsakademien – haben ihre Eltern aus den ärmeren Schichten dann überhaupt die Möglichkeit, sie zum Training zu fahren?"

Genau dieser Problematik widmet sich in Berlin der Kreuzberger Verein Türkiyemspor. 2004 wurde die Frauenabteilung gegründet. 2012 stieg die Frauenmannschaft in die Landesliga auf, 2016 folgte der Schritt in die Berlin-Liga, 2020 schließlich gelang den Spielerinnen von Türkiyemspor der Sprung in die Regionalliga Nordost. Im Sommer 2022 feierten sie den bislang größten Erfolg ihrer Vereinsgeschichte, sie holten sich vor 1650 Zuschauern und in Anwesenheit des türkischen Botschafters den Berlin-Pokal. Das Besondere an Türkiyemspor ist seine Herangehensweise an den Fußball der Frauen. Von Anfang an war das Ziel, mehrere Mädchenmannschaften, verteilt über alle Altersklassen, zu haben und den Nachwuchs selbst zu generieren. Zudem engagiert sich der Verein gesellschaftlich, wofür der DFB Türkiyemspor 2007 mit dem Integrationspreis auszeichnete: für den Aufbau einer Mädchenabteilung, aber auch für seine umfangreichen sozialen Aktivitäten neben dem Platz, die eine feste Säule des Vereinslebens darstellen. Gemeinsam mit Schulen, Kindertagesstätten, Jugendclubs, Verbänden und Moscheen gründete der Verein ein Netzwerk zum Kampf gegen Diskriminierung und Gewalt im Sport. Der Verein ist Ansprechpartner bei familiären Problemen, Wohnungs-, Ausbildungs- oder Jobsuche. „Es ist schon eine kleine Sensation, dass sich gerade ein Migrantensportverein zum Motor des Mädchen- und Frauenfußballs in Berlin entwickelt hat. Dabei bleibt es schwer zu beurteilen, wer sich zuerst verändert hat. Ob der Verein sich lediglich für den Mädchenfußball öffnen musste oder ob der Mädchenfußball das gesellschaftliche Umfeld des Vereins verändert hat. Wahrscheinlich verliefen beide Entwicklungen parallel." Es ist aber nicht alles eitel Sonnenschein rund um Türkiyemspor. Immer wieder haben

Verein und Mannschaften mit Anfeindungen zu kämpfen. „Einwandererkinder haben es immer schwer gehabt in dieser Gesellschaft und sie werden es auch weiterhin schwer haben“, sagte Murat Dogan, Co-Trainer und Leiter der Mädchen- und Frauenabteilung, dem *Tagesspiegel*. Dabei sei es mittlerweile so, dass der Verein nicht mehr „nur ein Verein von Einwandererkindern“ ist, sondern bunt und mit Menschen jeglicher Herkunft. „Ich sage das immer wieder: Wenn man jetzt nach der Staatsangehörigkeit der Menschen geht, die bei uns im Verein sind, ist unser Verein zu 60 Prozent deutsch.“ Sportlich muss sich Türkiyemspor in Berlin inzwischen gegen Union und die bereits erwähnte Mannschaft von Viktoria Berlin behaupten. Alle drei wollen in die zweite Liga aufsteigen. Allerdings unter sehr unterschiedlichen Voraussetzungen, denn mit den finanziellen Möglichkeiten dieser Konkurrenten kann Türkiyemspor nicht mithalten.

**Nia**

Es gibt einige tolle Projekte, die Mädchen den Zugang zum Fußball erleichtern sollen. Ich selbst unterstütze gemeinsam mit der Laureus-Sport-for-Good-Stiftung schon seit einiger Zeit die Initiative Futbalo Girls. Eines der bekannteren sind die Scoring Girls des Menschenrechtsvereins Háwar.help. Es wurde von Tuğba Tekkal ins Leben gerufen. Tekkal hat in der Bundesliga, beim 1. FC Köln und beim HSV, gespielt. Sie will jungen Mädchen und Frauen aus Einwandererfamilien und aus sozial benachteiligten Familien die Möglichkeit geben, diesen Sport auszuüben, auch wenn sie es aus eigenen Mitteln nicht finanzieren können. Eine großartige Geschichte, wie ich finde.

> Für ihr Engagement für die Integration geflüchteter Mädchen wurde sie vom DFB mit dem Julius-Hirsch-Preis ausgezeichnet. Die Scoring Girls sorgten auch schon mal beim Rahmenprogramm des DFB-Pokalendspiels der Frauen in Köln für Aufmerksamkeit.

Die 37-jährige Tekkal ist kurdisch-jesidischer Herkunft. Sie trainiert mit Spielerinnen, die namentlich nicht genannt werden und von denen auch keine Bilder verbreitet werden dürfen. Andernfalls drohen ihnen Schwierigkeiten in ihren Heimatländern. Sie selbst wurde in Hannover geboren, ging später nach Hamburg und engagiert sich leidenschaftlich für mehr Rechte und bessere Möglichkeiten für junge Mädchen in puncto Bildung und Sport. „Mädchen sollen Freiheit und Selbstbestimmung erleben können, Chancen bekommen, Klischees hinter sich lassen – das wollen wir mit unserem Projekt erreichen", lautet ihre Philosophie. Mittlerweile ist Tekkal an acht Standorten im Irak, in Köln und Berlin tätig. Dort spielen rund 250 Mädchen und junge Frauen aus 15 Ländern Fußball. Auf der Homepage berichtet Tekkal aber auch über viele Aktivitäten, die weit über den Fußball hinausgehen. Scoring Girls unterstützt bei Hausaufgaben, bei Behördengängen, bei der Suche nach einem Ausbildungsplatz – ein breit gefächertes Hilfsangebot also. Es gibt eine Patenschaft mit der Frauenmannschaft des 1. FC Köln und Unterstützung von prominenten DFB-Spielerinnen. Lena Oberdorf etwa. Sie spendete Anfang Dezember 2022 ihr für den Fußballspruch des Jahres („Frauenfußball, Männerfußball. Es ist einfach Fußball") erhaltenes Preisgeld in Höhe von 5000 Euro an die Scoring Girls. „Für mich war die Entscheidung, an wen das Preisgeld geht, recht einfach. Ich kannte das Projekt ‚Scoring Girls' schon und es repräsentiert alles, was den Fußball für mich ausmacht: Fairness und Respekt. Auf dem Fußballplatz sind wir alle gleich", erklärte Oberdorf bei der Übergabe des Schecks. Für Tekkal ein weiterer Schritt in die richtige Richtung. Sie muss vor allem immer wieder die Eltern der Mädchen davon überzeugen, dass sie durch den Sport ähnliche Chancen auf eine gelungene Integration haben sollen wie die Jungs. Was in deren Augen aber nicht selbstverständlich ist. Die kulturellen Hintergründe sind ein Hindernis. Spielerinnen mit Migrationshintergrund kommen auch deshalb in Deutschland noch nicht ganz oben an der Spitze an, auch wenn einige Ausnahmen diese Regel bestätigen. Sara Doorsoun etwa hat es geschafft. Die Abwehrspielerin von Eintracht Frankfurt, deren Mutter aus der Türkei und deren Vater aus dem Iran stammt, hatte in der Jugend keine Probleme, ihren Sport auszuüben. Weil sie anders erzogen wurde. „In dieser Hinsicht sehe ich bei mir eine Vorbildfunktion, um Mädels zu zeigen, dass man durch den Sport einiges erreichen kann. Es ist aber nicht meine Aufgabe, ein Urteil abzugeben, warum so wenige Spielerinnen mit Migrationshintergrund dabei sind", sagte sie in einem Interview mit der *taz*. Sara Doorsoun war übrigens noch nie im Iran, wie sie im Umfeld der EM 2022 in England erzählte, hat aber auf ihrem Instagram-Kanal viele Follower dort, von denen nach den Spielen immer ein sehr positives Feedback kommt. Weitere Spielerinnen in der DFB-Auswahl mit Wurzeln im

Ausland sind Nicole Anyomi, die einen Vater aus Togo und eine Mutter aus Ghana hat, sowie die Deutsch-Belgierin Kathrin Hendrich und die in Budapest geborene Dzsenifer Marozsán.

Bei den Männern ist das ganz anders. Die Liste der Spieler mit Migrationshintergrund, die es ganz nach oben geschafft haben, ist endlos. Was für die Betreffenden mit Vor- und Nachteilen verbunden ist. Da ist zum einen der deutlich leichtere Zugang zum Sport, zum anderen aber die deutlich höhere Gefahr von rassistisch motivierten Anfeindungen. Ein noch nicht lange zurückliegendes Beispiel zeigte es deutlich. Beim EM-Finale 2021 wurden die verschossenen Elfmeter der Engländer sofort mit Hautfarbe und Herkunft der Spieler verknüpft. Bukayo Saka, Marcus Rashford und Jadon Sancho vergaben gegen Italien. Danach hagelte es in den sozialen Medien rassistische Beleidigungen. Die Vereine der Spieler, der englische Verband, selbst die UEFA reagierten mit schärfsten Verurteilungen. Doch kurz darauf kam es bei der WM 2022 in Katar zu ähnlichen Vorfällen. Da verschoss Kingsley Coman für Frankreich im Finale einen Strafstoß gegen Argentinien. Und auch der Franzose bekam es knüppeldick ab. In der Kommentarspalte seines Instagram-Posts, den er nach dem Halbfinalsieg gegen Marokko veröffentlicht hatte, stand zu lesen „Kehre nach Afrika zurück“ – dazu mehrere Affen-Emojis, „Zurück in den Dschungel“ und das N-Wort. Ein Albtraum. Immerhin schrieben andere: „Diese Kommentare lassen mich den Glauben an die Menschheit verlieren“ oder: „Wir stehen hinter dir. Stoppt Rassismus.“ Coman wurde in Paris geboren, seine Eltern stammen beide aus Guadeloupe, einer kleinen französischen Inselgruppe in der Karibik. Tuğba Tekkal wertet es durchaus als positives Merkmal des Frauenfußballs, das er von solchen Auswüchsen bislang verschont blieb. In einem Interview mit Amnesty International erklärte sie vor der WM der Männer in Katar: „Rassismus kommt auch im Frauenfußball vor, allerdings ist die Dimension anders. In Bezug auf Homophobie bestehen große Unterschiede: dass sich kaum männliche Fußballer outen, zeigt, dass Homosexualität im Männerfußball noch ein großes Tabuthema ist."

## Mehr Geld

Der Poker hat begonnen. Wer überträgt in Zukunft die Spieler der Frauennationalmannschaft und der Frauenbundesliga? Neue Verträge sollen natürlich mehr Geld bringen. Besonders mit Blick auf die Liga. In der ist das Gefälle unter den Vereinen riesengroß. Topclubs wie Wolfsburg, der FC Bayern, Eintracht Frankfurt oder Hoffenheim bieten den Spielerinnen beste Bedingungen. Bei den anderen ist das nicht der Fall. Bundesligist Köln etwa, so berichtet Geschäftsführer Christian Keller in der perspektivischen Gesprächsrunde vor Saisonstart, hat für die Frauen einen Etat von 1,5 Millionen Euro, nimmt aber nur etwa 600 000 Euro ein. Ein dickes Minusgeschäft also. Die einzige Abhilfe: mehr Sponsoren. Oder welche, die deutlich mehr Geld zahlen als bisher. Wie das funktionieren kann? Nur durch die bereits erwähnte Sichtbarkeit.

Bereits Mitte Oktober 2022 gab es einschneidende Veränderungen. Der DFB hob die Medienrechte an der Liga und der Nationalmannschaft auf ein neues Niveau. „Die Lizenzeinnahmen aus den nationalen audiovisuellen Medienrechten erhöhen sich im Vergleich zur aktuell noch laufenden Rechteperiode um das 16-Fache und liegen ab Sommer 2023 bei jährlich 5,17 Millionen Euro brutto." Mit dieser Zahl liegt die deutsche Liga im europäischen Vergleich auf Rang drei, hinter England und Spanien. Im direkten Vergleich mit den Männern ist immer noch ein gutes Stück Luft nach oben. Die Männer-Bundesliga ist aktuell 180-mal mehr wert als die der Frauen. Selbst die dritte Liga liegt weit drüber, MagentaSport hat bei der Vertragsverlängerung 26,2 Millionen pro Saison auf den Tisch gelegt. 132 Partien pro Saison werden in den nächsten vier Spielzeiten parallel bei MagentaSport und DAZN zu sehen sein, dazu ausgewählte Livespiele bei ARD und ZDF. Hinzu kommt der Montagabend mit der Liveübertragung einer Partie ab 19.30 Uhr bei Sport1. Ein neues Alleinstellungsmerkmal. Allerdings: Nicht alle sind glücklich damit. Es gibt immer noch sehr viele Spielerinnen, die einen Job haben und ihr Geld neben dem Fußball verdienen müssen. Für sie ist das eine Mehrbelastung, über die sich offenbar kaum jemand Gedanken gemacht hat. So sah es auch Giulia Gwinn: „Mehr Livespiele und deutlich mehr Geld als bisher sind wichtige und große Schritte. Aber wir spielen ab der nächsten Saison von Freitag bis Montag, damit viele Sender berichten können. Das ist schwierig für Spielerinnen, die nebenbei noch arbeiten und sich freinehmen müssen." ARD und ZDF übertragen weiterhin die Freundschafts- und Qualifikationsspiele der Nationalmannschaft. Und zwar sowohl die Partien in Deutschland als auch die Auswärtsspiele. Dabei wurde schriftlich fixiert: Zwei Begegnungen pro Jahr müssen zur Hauptsendezeit stattfinden. Das Spiel Deutschland gegen Frankreich in Dresden am 8. Oktober 2022, Beginn um 20.15 Uhr in der ARD, mit einer Quote von rund 3,3 Millionen Zuschauern, wies den Weg, auf dem es weitergehen kann. Auch bei den Länderspielen gab es einen deutlichen Zuschlag finanzieller Art. Keine Frage: Der EM-Boom beschert den Frauen mehr Geld.

Ende Oktober 2022 kritisiert FIFA-Präsident Gianni Infantino noch die angeblich zu niedrigen Gebote für die TV-Rechte heftig. Diese seien „100 Mal weniger, manchmal sogar noch mehr als 100 Mal weniger" als für die WM der Männer 2022 in Katar, und das sei nicht akzeptabel. Die FIFA habe diese Angebote abgelehnt. Seit Mitte November 2022 wird ums Geld gepokert. Die FIFA hat ganz andere finanzielle Vorstellungen als die Verhandlungspartner. FIFA-Frauenfußballdirektorin Sarai Bareman betonte zwar: „Nach der Auslosung der FIFA-Frauen- Weltmeisterschaft 2023 können wir uns auf die größte Frauensportveranstaltung aller Zeiten freuen, die für den Frauenfußball und die Fans rund um die Welt einen weiteren Meilenstein bedeutet." Und weiter: „Mit Blick auf die von der FIFA angestrebte schnellere Entwicklung und Förderung des Frauenfußballs spielen die frei empfangbaren Sendeanstalten eine wichtige Rolle, indem sie neue Zielgruppen erreichen und so den Frauenfußball fördern." Doch auf die vielen Worte der FIFA folgen keine Taten. Im Gegenteil. Auch nach Ostern 2023 gibt es keine Einigung über die Übertragungsrechte. Nicht nur in Deutschland übrigens, in anderen Ländern Europas sieht es nicht anders aus. Die Anstoßzeiten der Spiele, die durch die Zeitverschiebung mit Neuseeland und Australien in den frühen Morgen- respektive Mittagsstunden MESZ sein werden, garantieren keine hohen Einschaltquoten. Im Unterschied zur EM in England, bei der die wichtigen Partien zur Primetime angepfiffen wurden. Neben ARD und ZDF bekundeten auch andere Sendeanstalten Interesse. Unter anderem, so hieß es, RTL und die Pro Sieben/SAT1 AG. Schuld daran trägt allein die FIFA, die unrealistische Preise für die Rechte aufruft, und zwar, um die angehobenen Preisgelder für die Frauen bei der WM zu refinanzieren.

Trotz dieser neuen Größenordnungen im WM-Rechtepoker und in vielen Bereichen des Fußballs der Frauen bleibt in der Bundesliga die Diskussion über ein Grundgehalt vorläufig bestehen. In England erhalten Spielerinnen zwischen 23 000 Euro und annähernd 300 000 Euro pro Jahr. Nationalspielerin Lina Magull vom FC Bayern brachte einmal eine Summe von zumindest zwei- bis dreitausend Euro ins Gespräch, ansonsten würde die Sache wenig Sinn machen. Equal Pay hält sie für nicht realistisch. Schon gar nicht sofort, und es soll ja möglichst schnell etwas passieren. Das geht nur durch Vermarktung der Liga, der Vereine und natürlich der Spielerinnen selbst. Ein paar Beispiele gibt es bereits. Giulia Gwinn hat sich in den sozialen Netzwerken eine große Fangemeinde erarbeitet. Das lässt sich auch in bare Münze umwandeln. Sozusagen in Form der „fußballspielenden Influencerin". Ihrem Manager Felix Seidel liegen zahlreiche Angebote vor. Er hat die freie Wahl.

Für die Sportlerin selbst steht weiterhin der Fußball im Vordergrund. Sie möchte für ihre Leistung auf dem Platz geschätzt werden und nicht wegen Fotos auf Instagram. Sie sagt: „Wir brauchen in allen Vereinen echte Profis und eben nicht nur bei Bayern, Wolfsburg und Frankfurt. Wir dürfen da jetzt nicht stagnieren, weshalb wir Nationalspielerinnen auch so konsequent auf dem Equal Play beharren. Das ist der Schlüssel." Eine bessere Bezahlung erreicht man nur über gute Leistung und die erbringt man nur bei guter Gesundheit. Ist es deshalb nicht sinnvoller, sich zunächst um Equal Play (also eine Verbesserung der Strukturen und Chancengleichheit) zu kümmern? Absolut, sagt Martina Voss-Tecklenburg immer wieder. Die Bundestrainerin hält von der allgegenwärtigen Gelddebatte nicht allzu viel. Sie ist an der Infrastruktur der Vereine interessiert. An der medizinischen Versorgung jeder einzelnen Spielerin, die auf demselben Niveau liegen sollte wie bei den Männern. Da ist der private Kontoauszug erst mal zweitrangig. Investitionen in Steine und in Beine. So stellt sie sich die Zukunft vor. Und es tut sich etwas. Im Saisonreport 2021/22 berichtete der DFB, dass die Personalaufwendungen im Spielbetrieb in den vergangenen Spielzeiten spürbar zugenommen haben. Im Vergleich zur Saison 2017/18 steigerte sie sich um mehr als 55 Prozent. Mit durchschnittlichen Aufwendungen in Höhe von mehr als 1,6 Millionen

Euro wurde ein neuer Höchstwert erreicht. Es zeigt sich, dass die Verbesserung der Bedingungen für die Spielerinnen über alle Clubs hinweg weiter intensiv vorangetrieben wird. Auch wenn man einräumen muss, dass zwischen den einzelnen Clubs Unterschiede bestehen, die zum Teil erheblich sind. Die allgemeine Professionalisierung lässt sich auch bei den personellen Anforderungsprofilen erkennen, die für die Spielzeit 2023/24 erneut angehoben wurden. In Zukunft muss ein Pressesprecher hauptberuflich und in Vollzeit angestellt sein. Gleiches gilt für den Manager sowie den Kommunikation-und-Marketing-Beauftragten. Das hat der DFB den Vereinen vorgegeben.

Und wie sieht es mit der Verbesserung der Trainings- und Spielbetriebsbedingungen aus? Stichwort: Rasenheizung. Darüber verfügen die Bundesligavereine der Frauen immerhin in zehn von zwölf Stadien. Verpflichtend ist sie jedoch nicht. Nicht einmal in England gehört sie zur Grundausstattung der Profivereine. Ende Januar 2023 kam es dort zu einem Kuriosum. Das Spiel zwischen Chelsea und Liverpool wurde angepfiffen und nach wenigen Minuten abgebrochen. Der Grund: erhöhte Verletzungsgefahr für die Spielerinnen auf dem gefrorenen Platz. Interessant, dass der Rasen drei Stunden vor Spielbeginn von den Verantwortlichen als bespielbar eingestuft worden war … Beobachter des englischen Fußballs berichteten später, wie es an diesem kalten Wochenende in den anderen Ligen auf der Insel gehandhabt worden war. Partien, bei denen die Vereine ohne Rasenheizung auskommen mussten, waren deutlich im Vorfeld einfach abgesagt worden. Nicht so bei den

Frauen. Weshalb die Verärgerung der beteiligten Mannschaften und der Fans, die teilweise eine weite Anreise auf sich genommen hatten, umso größer war. Anfang Februar trat ein ähnlicher Fall in Deutschland ein. Die Begegnung zwischen Potsdam und dem FC Bayern München musste am Spieltag abgesagt werden, weil Frost den Rasen unbespielbar gemacht hatte. In der Bundesliga der Männer kommt so etwas nicht vor. Dort hat die DFL bereits seit der Saison 2007/08 eine Rasenheizung zur Auflage gemacht. In Sachen Infrastruktur ist also noch Steigerungspotenzial vorhanden. – Wobei der DFB heute nicht mehr auf dem Standpunkt steht, eine Rasenheizung zwingend vorzuschreiben. Aus ökologischer Sicht wäre es sinnvoller, wenn die Frauen notfalls in die Stadien der Männer ausweichen könnten. Eine positive Meldung kommt da von einem Verein, der nicht unbedingt an erster Stelle genannt wird, wenn es um den deutschen Frauenfußball geht. Aus Leverkusen! Bereits zum dritten Mal wurde 2022 der „Pitch of the Year" vergeben – und zum dritten Mal ging die Auszeichnung für den besten Rasen in der Bundesliga an Bayer 04 Leverkusen. Über ein sogenanntes Greenkeeping-Tool bewerten Verantwortliche der Heim- und Gastvereine sowie die Schiedsrichterin nach jedem Spiel die Rasenqualität mittels eines zehnstufigen Punktesystems von 1–2 (sehr schlecht) bis 9–10 (exzellent). Mit einem Punktedurchschnitt von 8,76 nach elf Heimspielen setzte sich Bayer 04 Leverkusen beziehungsweise die Rasenqualität des Ulrich-Haberland-Stadions gegen die TSG Hoffenheim (8,21) und den FC Bayern München (8,09) durch. Eine außergewöhnliche

Leistung gegen die auf internationalem Niveau spielende Konkurrenz.

Vom Rasen einmal abgesehen, ist die englische Women's Super League nach wie vor das große Vorbild im Frauenfußball. Vor elf Jahren gegründet, ist sie heute die finanzstärkste der Welt. 30 Millionen Pfund zahlt Barclays für drei Jahre Namenssponsoring. Die TV-Übertragungen von Sky und der BBC werden mit knapp 28 Millionen Euro pro Saison vergütet. Eine gesunde kommerzielle Basis. Vorangetrieben hat das alles der englische Verband, teilweise sogar mit Druck auf die Vereine. Alle großen Clubs wurden „gezwungen", eine Frauenmannschaft zu gründen. Elf von zwölf Vereinen in der WSL sind unter dem Dach von einem der großen Clubs – Chelsea, Arsenal, Manchester City und United, um nur einige zu nennen – angesiedelt. 2018 haben sie den Frauenfußball auf der Insel reformiert und professionalisiert. Der Erfolg gibt ihnen recht. Weil sie dran geglaubt haben: an das Produkt und an die Frauen!

Die bestbezahlte Fußballerin der Welt war laut Angaben von SoccerSouls.com und casino.org die US-amerikanische Mittelfeldspielerin Carli Lloyd. Lloyd spielt seit 2005 in der Nationalmannschaft und gewann mit ihren Kolleginnen zweimal olympisches Gold sowie zwei Weltmeisterschaften. 2021 beendete Lloyd mit 39 Jahren ihre Karriere. Ihr letztes Gehalt beim NJ/NY Gotham FC soll sich auf 518 000 Dollar belaufen haben. Unter den Top 5 der Bestverdienenden sind vier US-Amerikanerinnen. Eine Fußballerin aus Deutschland ist selbst in den Top 10 nicht zu finden.

**Carli Lloyd**

US-amerikanische Mittelfeldspielerin

Geboren am 16. Juli 1972

316 Länderspiele, 134 Tore

**Erfolge als Spielerin:**

Weltmeisterin 2015, 2019

Olympiasiegerin 2008, 2012

Weltfußballerin 2015, 2016

**Besonderes:**

Schoss bei der Olympiade 2012 im Finale die beiden entscheidenden Tore.

Schoss im WM-Finale 2015 innerhalb von 15 Minuten drei Tore.

Älteste Torschützin der US-Geschichte mit 38 Jahren und 332 Tagen

In ihrer Heimat wurde eine Eissorte nach ihr benannt.

Und jetzt doch ein Vergleich, wie man ihn eigentlich unterlassen sollte, der aber an dieser Stelle einfach mal sein muss: Die Nummer zehn auf der Liste der weiblichen Topverdiener im Fußball, Christine Sinclair aus Kanada, erhält rund 63-mal weniger als ihr männliches Pendant, der spanische Torhüter David De Gea, dessen Gehalt bei 24 Millionen Dollar liegen soll, wie es zumindest verschiedene Portale übereinstimmend berichten.

Erweitern wir an dieser Stelle den Blick noch einmal auf andere Sportarten. Ausgerechnet die deutschen Handballerinnen setzten im vergangenen Herbst ein starkes Zeichen, als der Verband verkündete, die gleichen Prämien an die Frauen zu zahlen wie an die Männer. Im Falle eines

Titelgewinnes bei der Europameisterschaft hätte das Team also 250 000 Euro erhalten. „Wir signalisieren mit dieser Prämienregelung, was wir intern leben: Unsere Frauen genießen die gleiche Wertschätzung wie unsere Männer", sagt der Präsident des Deutschen Handballbundes Andreas Michelmann. Er versteht die Regelung gleichzeitig „als ein gesellschaftspolitisches Signal". Auf dem Weg zum Equal Pay seien „sicherlich noch weitere Schritte zurückzulegen, aber dieser Entschluss ist mehr als ein Anfang". Schade, kann man da nur sagen, dass es für die DHB-Frauen bei der EM im November 2022 nichts mit dem Titel wurde.

Im Wintersport werden im Alpin-Weltcup der Frauen und der Männer größtenteils gleich hohe Preisgelder verteilt. 100 000 Schweizer Franken müssen laut Reglement des Internationalen Skiverbandes (FIS) insgesamt ausgeschüttet werden. Zwar ist bei Topevents wie in Kitzbühel, Wengen oder Zagreb deutlich mehr zu verdienen als anderswo, aber eben für beide Geschlechter. Beim Skispringen ist das nicht so. Da kämpfen die Frauen schon länger um eine eigene Vierschanzentournee. Bislang jedoch ohne Erfolg. Im April 2022 hatte der Termin eigentlich schon festgestanden. Ab der Saison 2023/24 sollten die Frauen dabei sein. Doch neun Monaten später, Ende Dezember 2022, kam die Rolle rückwärts. Frühestens zur Saison 2024/25, hieß es plötzlich. Und das unmittelbar vor dem Auftakt der des sogenannten Silvester-Turniers der Frauen mit Springen in Villach (Österreich) und Ljubno (Slowenien). Männer und Frauen schüttelten gleichermaßen die Köpfe. Immerhin haben die Frauen schon mal eine eigene Siegertrophäe für die neue Minisprungserie erhalten: die Goldene Eule – das Pendant zum Goldenen Adler, den es für die Männer bei der Vierschanzentournee gibt. Ob das von der Symbolik her gelungen ist, darüber kann man streiten. Bei den Preisgeldern sind die Männer den Frauen weiterhin um ein Fünffaches voraus. Der Tourneesieger erhält 100 000 Schweizer Franken, die Turniersiegerin 20 000 Schweizer Franken.

Last, but not least: Das Tennis-Traditionsturnier in Wimbledon zahlt, wie es auch bei den anderen Grand-Slam-Turnieren üblich ist, Frauen und Männern das gleiche Preisgeld. 2022 lag das im Einzel bei 2,3 Millionen Euro.

Ein Tweet beim Nachrichtendienst Twitter gab der Diskussion ums liebe Geld im Fußball der Frauen eine neue Dynamik. Bundeskanzler Olaf Scholz forderte im Rahmen der Europameisterschaft Equal Pay für die Spielerinnen und bekräftigte das später noch mal in einem ARD-Interview. Die ungleiche Bezahlung von Frauen und Männern im Fußball gefalle ihm nicht. DFB-Direktor Oliver Bierhoff reagierte überrascht und antwortete mit einer Einladung zum Gespräch, in dem er ihn „ein bisschen besser über die Zahlen" aufklären wollte. Das Frauenteam habe einen „genauso großen Trainerstab" wie die Männer, so Bierhoff weiter. „Wir versuchen, die Infrastruktur, das heißt alle Bedingungen, für sie gleichzusetzen." Und auf einer Pressekonferenz in England wischte die 22-jährige Lena Lattwein, nebenbei angehende Wirtschaftsmathematikerin, das Thema handstreichartig vom Tisch: „Es ist leicht, so etwas zu fordern, ohne die Hintergründe zu kennen." Rums. In den folgenden Tagen gab es keine einzige Frage mehr dazu und der

Fokus war wieder voll auf den Sport und die anstehenden Herausforderungen gerichtet. Vor der EM hatten sich der Mannschaftsrat und der DFB auf eine Anhebung der Prämien geeinigt. Von 37 500 Euro auf 60 000 Euro im Falle des Titelgewinnes. Zum Vergleich: Bei den Männern hätte der DFB bei der EM 2021 jedem Spieler 400 000 Euro überwiesen. Interessant ist in diesem Zusammenhang auch ein Blick auf die Prämien, die von den internationalen Verbänden ausgeschüttet werden. Die UEFA verteilte bei der Frauen-EM insgesamt 16 Millionen Euro, beim Turnier der Männer waren es 331 Millionen Euro. Unter den Spielerinnen ist der Ruf nach Equal Pay gar nicht so laut, wie vielleicht angenommen wird. Mittelfeld-Strategin Sara Däbritz äußerte sich bei einer DFB-Pressekonferenz in Herzogenaurach zufrieden mit den Prämienzahlungen: „Es ist eine deutliche Steigerung zur letzten EM. Deswegen sind wir auf einem guten Weg." Die Equal-Pay-Entwicklung in den anderen europäischen Fußballverbänden sei aber ein „tolles Zeichen", ergänzte Däbritz: „Man merkt, dass Bewegung drin ist, dass sich der Frauenfußball stetig weiterentwickelt."

Die Debatte über die ungleiche Bezahlung von Frauen und Männern wird im Fußball schon seit einigen Jahren geführt. Die dänischen Spielerinnen traten im Oktober 2017 sogar in den Streik, um eine bessere Bezahlung zu erreichen. Ein Qualifikationsspiel für die Weltmeisterschaft 2019 fiel aus, 8000 Karten für die Partie gegen Schweden waren bereits verkauft. Die Spielervereinigung der Däninnen veröffentlichte eine Zahl: Die Nationalspielerinnen verdienten im Schnitt umgerechnet 1880 Euro monatlich. Noch im Sommer hatten sie im EM-Finale gestanden – sie fanden, dass sie mehr wert sind. Wie viel die Männer verdienen, ist offiziell nicht bekannt. Doch aus Insiderkreisen ist zu hören, es seien umgerechnet mehr als 2600 Euro pro gewonnenem Qualifikationsspiel, plus Prämie je nach Zuschauermenge im Stadion. Die Frauen bekommen etwa 330 Euro pro Spiel.

Die erfolgreichste Nationalmannschaft im Frauenfußball, das Team der USA, traf im Februar 2021 eine Vereinbarung mit dem nationalen Verband, die Spielerinnen und Spielern zunächst bis 2028 gleiche Bezahlung garantiert. Eine echte Revolution. Vorausgegangen war ein jahrelanger Rechtsstreit zwischen den Spielerinnen und dem Verband, der bis vor ein US-Bundesgericht führte. Die US-Stars um Megan Rapinoe hatten den Verband im März 2019 wegen Diskriminierung verklagt und damit argumentiert, dass sie bei großen Turnieren erfolgreicher sind als die Nationalmannschaft der Männer, aber vom Verband weitaus weniger Prämien und Einnahmen ausgezahlt bekommen. Rapinoe und Co haben vier olympische Goldmedaillen und ebenso viele WM-Titel gewonnen. Die Männer kamen bei einer WM noch nie über das Viertelfinale hinaus.

**Megan Rapinoe**

US-amerikanische Stürmerin

Geboren am 5. Juli 1985

197 Länderspiele, 63 Tore

**Erfolge als Spielerin:**
Weltmeisterin 2015, 2019
Olympiasiegerin 2012
Weltfußballerin 2019
Beste Spielerin und Torschützin der WM 2019
**Besonderes:**
Bekannte sich im Juli 2012 öffentlich zu ihrer Homosexualität.
Stand gemeinsam mit Partnerin Sue Bird (Basketballstar) als erstes offen homosexuelles Paar für die „Body Issue" des *ESPN The Magazine* Modell.
War die erste weiße Athletin, die die US-Nationalhymne aus Protest gegen Rassismus nicht mitsang.

Die Einigung der US-Frauen mit ihrem Verband sieht Folgendes vor: Zukünftig werden alle Einnahmen und Preisgelder aus Männer- und Frauenturnieren in einen großen Topf geworfen und dann gleichmäßig an alle Spielerinnen und Spieler verteilt. „Damit sind die USA laut Verband das erste Land, in dem eine gleiche Bezahlung bei den WM-Boni eingeführt wurde. 2019 hatten sich die australische Männer- und die Frauenmannschaft auf gleiche Lohn- und Arbeitsstrukturen, nicht aber auf gleiche WM-Bonuszahlungen geeinigt." Weiter verständigten sich Verband und Spielergewerkschaften in den USA auf einen offiziellen Tarifvertrag. Ein weiterer Meilenstein für den Fußball der Frauen. Die oben angeführte Teilung der Erfolgserlöse führte übrigens am 29. November 2022 zu großem Jubel im Lager der US-Frauen. Da gelang es nämlich den Männern, sich für das Achtelfinale der WM in Katar zu qualifizieren. Die Frauen profitieren mit einem Anteil von 6,5 Millionen US-Dollar. Das ist mehr, als sie für ihre beiden WM-Titel 2015 und 2019 zusammen kassiert haben.

Durch die Entwicklung in den USA, aber auch in Norwegen, wo Nationalspielerinnen und -spieler bereits seit 2017 die gleichen Prämien erhalten (was möglich wurde, weil die Männer auf Geld aus ihren Sponsoringeinnahmen verzichteten), wächst der Druck auf andere Verbände, in Sachen gleicher Bezahlung nachzuziehen. Im Vorfeld der EM 2022 kündigten acht Verbände (bei insgesamt 16 Teilnehmerländern) an, Equal Pay umsetzen zu wollen. Dazu gehörten England, Norwegen, Finnland, Schweden, Island, Spanien, die Niederlande und die Schweiz. In Deutschland ist frau noch nicht ganz so weit. Selbst eine Spitzenfunktionärin wie Silke Raml, die den DFB in der UEFA-Kommission für den Frauenfußball vertritt, tritt auf die Euphoriebremse. Mit den USA seien die Verhältnisse hierzulande nicht zu vergleichen. Dort würden die Frauen mehr Einnahmen generieren als die Männer, erklärte sie in einem Interview mit dem Deutschlandfunk und setzte noch einen drauf: „Wir wären aus meiner Sicht in Deutschland schlecht beraten, wenn wir den DFB vor uns hertreiben würden und gleiche Bezahlung für die Fußballerinnen fordern würden." Ende Oktober 2022 meldet sich auch DFB-Präsident Bernd Neuendorf zu Wort. Die Debatte um Equal Pay hätte stark vom eigentlichen Konzept des DFB für den Frauenfußball in Deutschland abgelenkt, sagte er der *Neuen Westfälischen Zeitung*. Es ginge ausschließlich um die Prämien und nicht um die weiteren Inhalte, zudem seien in der Diskussion die unterschiedlichen Prämiensysteme vermischt worden. Dabei gäbe es genügend andere Ansatzpunkte, etwas zu verbessern, beispielsweise die Infrastruktur für die Frauenmannschaften in vielen Vereinen. Die Nationalspielerinnen selbst halten sich mit Forderungen weitgehend zurück. Im Gegenteil. Laura Freigang von der Frankfurter Eintracht sieht aktuell keinen Grund, sich zu beschweren, wie sie im Doppel-Interview mit dem Vereinskollegen Timothy Chandler in der *Sport Bild* verriet. Dort antwortet sie auf die Frage, ob sie sich unterbezahlt fühle, klar mit: „Wenn wir keine Millionen einspielen, kann man solche Beträge auch nicht ausschütten" und ergänzte: „Ich fände das gar nicht angemessen, das Gleiche wie die männlichen Fußballkollegen zu verdienen." Olaf Scholz hingegen bekräftigte bei seinem Besuch beim Deutschen Fußball-Bund Anfang August 2022 – er war der von Oliver Bierhoff ausgesprochenen Einladung gefolgt – seine Forderung nach gleichen Prämien.

Wie der DFB das Thema intern handhabt, ließ Ex-Nationalspielerin Tabea Kemme in einem Interview mit dem *SZ-Magazin* im Dezember 2022 durchblicken: „Als ich als Spielerin die Diskrepanz zwischen den Prämien für Nationalspielerinnen und Nationalspieler ansprach, wurde mir vom Verband geraten, das nicht zu tun, von Personen in verantwortlichen Positionen." Genauer ging sie nicht darauf ein, aber es wird deutlich, welch geringen Einfluss die Sportlerinnen auf ihren Sport haben. Dafür gab sie gleich noch ein Beispiel: „Als bekannt wurde, dass bei der Frauen-WM 2015 in Kanada auf Kunstrasen gespielt werden sollte, gab es eine Petition der Spielerinnen dagegen, wegen der Verletzungsgefahr und der Hitze. Als wir die unterschreiben wollten, wurde uns ebenfalls deutlich gemacht, dass wir nicht aufmucken sollen." Ex-Nationalspielerin Julia Simic, die inzwischen Co-Trainerin der U17-Nationalmannschaft ist und als Expertin für mehrere TV-Sender arbeitet, fasste die Diskussion in einem Interview mit *web.de* treffend zusammen. „Es ist völlig klar, dass mit Männerfußball mehr umgesetzt und dementsprechend mehr verdient wird. Aber bei den Verbänden wird das eigene Land repräsentiert. Die Frauen sind ohnehin schon benachteiligt, wenn sie für die Nationalmannschaft spielen. Sie müssen dafür teilweise unbezahlten Urlaub nehmen oder sammeln Fehltage bei der Arbeit an. Da frage ich mich: Müssen die Männer, die eh schon Multimillionäre und auf das Geld vom DFB nicht angewiesen sind, so viel mehr Geld verdienen als die Frauen? Hier würde ich mir eine Anpassung wünschen. Das wird in einigen Ländern wie zum Beispiel USA, Kanada, Schweden oder Australien bereits umgesetzt. In Deutschland wurden die Prämien der Frauen zumindest aufgebessert."

Mehr Geld auf das eigene Konto zu bekommen, bedeutet auch, mehr Verpflichtungen zu haben. Die Frauen bekommen die gesteigerte Aufmerksamkeit inzwischen auch terminlich zu spüren. Neben privaten Sponsoren-Auftritten, TV-Shows oder sonstigen Veranstaltungen, bei denen Einkünfte zu generieren sind, fordern auch die Vereine mehr von ihren Spielerinnen. Beim FC Bayern München gab es offenbar Unruhe innerhalb der Mannschaft, weil der Verein die Vorbereitung auf die Rückrunde der Saison 2022/23 im Januar auf drei Kontinenten abhielt. Erst ging es nach Katar, dann flog der Tross für ein Freundschaftsspiel nach Mexiko und dann zurück nach München. Laut *Bild* soll der Mannschaftsrat, dem unter anderem Lina Magull, Sarah Zadrazil und Glódís Viggósdóttir angehören, sich vor allem über die aus ihrer Sicht zu großen Reisestrapazen beschwert haben. Wichtige Trainingstage gingen verloren, so die Begründung. Allerdings ohne Erfolg. Die Verantwortlichen hielten die Reise für unverzichtbar. Der Verein baue seine Präsenz in Mittel- und Südamerika immer mehr aus, hieß es. Auf einer der letzten Pressekonferenzen vor der Winterpause erklärte Abwehrspielerin Viggósdóttir, die Spielerinnen würden alles tun, was wichtig für den Club sei. Diskussion offenbar beendet.

## Mehr Liebe

Nun sagen Sie doch endlich Ja zum Fußball der Frauen! Nein, wir wollen Sie nicht zwingen, aber überzeugen. Haben wir schon? Umso besser. Geben Sie Liebe. Leidenschaft. Verlieren Sie Ihr Herz an die Frauen.

„Nia, nun fang bitte mal an, richtig zu schluchzen. Zeig dich von deiner emotionalsten Seite."

„Okay, Bernd, ich habe Tränen in den Augen. Ich sehe Tausende Mädchen, die begeistert Fußball spielen. Ich sehe Eltern mit ihren Kindern in die Stadien rennen. Ich spüre die Welle der Begeisterung, die ein ums andere Mal durch die Arenen der Liga tobt. Menschen springen auf, reißen die Arme in die Höhe und schreien vor Freude. Dazu ein Meer aus Fahnen. Merkst du was?"

„Ich habe Gänsehaut am ganzen Körper. Ich schwitze fast ein bisschen. Ich bin extrem berührt."

„Und? Was erwartest du von der nächsten Zukunft?"

„Ich sitze im Stadion, verstehe mein eigenes Wort nicht vor lauter Lärm und übertrage Woche für Woche ein Spiel. Immer live. Immer zur besten Sendezeit. Ich schaue auf die Einschaltquoten und falle wöchentlich mindestens einmal vom Hocker. Es wird gigantisch. Epochal. Die *Bild* titelt mindestens zweimal die Woche von einer (natürlich angezogenen) Fußballerin. Auf Seite eins natürlich. Nia? Nia?"

„Keine Ahnung, was du nimmst, Bernd, aber in meiner Apotheke gibt es das nicht."

„Aber Nia: Wir brauchen doch die Liebe, die Liebe zum Fußball. Die Menschen sollen diese Liebe spüren."

„Mir würde es schon genügen, wenn die Akzeptanz höher wäre als zurzeit und die Menschen mehr über den Sport wissen würden. Das würde auch die Rolle von Mädchen und Frauen in der Gesellschaft stärken. Wir wollen doch nicht gleich übertreiben."

„Verstehe, Nia. Also keine *Love*, die *in the Air is*? Würdest du dich denn zumindest Uli Hoeneß anschließen, der auf einer Jahreshauptversammlung des FC Bayern einmal rief: Das war's noch nicht!?"

„Ja klar, Bernd. Da bin ich bei dir. Es geht ja auch wirklich voran. Aber wir dürfen nicht fantasieren. Wir müssen realistisch bleiben. Alles kann, nichts muss. Es ist vor allen Dingen aber kein Selbstläufer, das haben zum Glück mittlerweile alle verstanden. Es braucht Ernsthaftigkeit und Mut von allen Beteiligten."

„Ach, schade. Ich hatte irgendwie diesen wunderbaren Film vor Augen. *Tatsächlich Liebe.* Liebe, die das ganze Land für die Fußballerinnen entwickelt. 'ne Mischung aus Kitsch und Romantik. Zum Heulen schön."

Apropos Film. Da war doch was. Ach ja, Filme um die Nationalmannschaft. Starregisseur Sönke Wortmann brachte die WM 2006 in die Kinos. Für *Deutschland. Ein Sommermärchen* begleitete Wortmann die DFB-Kicker und Bundestrainer Jürgen Klinsmann während des Turniers. Im Oktober 2006 kam der Film in einigen WM-Städten in Deutschland in die Kinos. Gut zwei Monate später, Anfang Dezember, strahlte die ARD ihn im Hauptabendprogramm aus, mit einer Einschaltquote von rund elf Millionen Zuschauern. Die Filmkritiker gingen ziemlich unsanft mit dem Wortmann-Werk um. In der *Frankfurter Allgemeinen* urteilte Peter Körte unter der Überschrift „Im Bett mit Ballack":

„Wortmann filmt die Klinsmann-Zeit so, wie man in der Völler-Ära Fußball spielte: viel in die Breite, oft zurück, zu zaghaft in die Spitze, nur aufs Ergebnis fixiert." Die vierteilige Dokumentation über die Frauenmannschaft, deren erste drei Episoden vor und während der EM 2022 ausgestrahlt wurden, kam besser weg. Wo vermutlich der entscheidende Unterschied zwischen den beiden Produktionen lag, dürfte die *Frankfurter Allgemeine* treffend beobachtet haben: „Restriktionen, was sie drehen durften, gab es keine, berichteten Martina Hänsel und Björn Tanneberger bei der Vorstellung ihres Werkes in einem Frankfurter Kino. Getreu dem Motto, dass ein gut gemachter Film die Protagonisten zum Leuchten bringen muss, aber sie eben auch schmerzen darf, machte sich das Regisseurduo seit Frühjahr 2021 ans Werk und begleitete die Frauen in den vergangenen 400 Tagen intensiv. Es begann mit Einzelgesprächen, in denen das Konzept erläutert wurde, und es entwickelte sich durch das permanente Wiedersehen eine enge Zusammenarbeit, die nicht zu dem Fehler führte, aus falsch verstandener Vertraulichkeit Dinge gezielt schöner zu präsentieren, als sie sind, sondern auch Raum lässt für Brüche und Unstimmigkeiten. Dadurch zeichnet das Team ein aufschlussreiches Eigenbild, bei dem Probleme nicht ausgespart werden." Auch die Bundestrainerin war voll des Lobes. Sie hatte sogar die EM-Vorbereitung für die Premiere unterbrochen. „Wie hatten das Ziel, mit der Doku mehr Sichtbarkeit für unsere großartigen Persönlichkeiten im Team und ihre starken Geschichten zu erreichen. Das ist uns mit den ersten drei Folgen und der beeindruckenden

Performance bei der EM auf und neben dem Platz gelungen. Wir haben einer breiten Öffentlichkeit gezeigt, wer wir sind. Beim Staffelfinale sind die Zuschauerinnen und Zuschauer nun ganz nah bei dieser emotionalen und mitreißenden EM dabei."

Hand aufs Herz. Wie groß ist die Liebe für die Frauen denn nun wirklich? Groß, sehr groß, vielleicht sogar riesengroß? Oder doch nicht so wahnsinnig groß? Da gibt es Anfang 2023 eine Geschichte aus der Frauenbundesliga, die aufhorchen lässt. Sie handelt von keinem geringeren Verein als der TSG Hoffenheim, seines Zeichens Teilnehmer bei der Champions League und mit sehr ambitionierten Zielen auf nationaler und internationaler Ebene. Kurz vor Jahresende trennt sich die TSG von ihrem Trainer Gabor Gallai. Platz fünf in der Liga, hinter Wolfsburg, Bayern München, Eintracht Frankfurt und dem SC Freiburg – das war den Verantwortlichen ganz offensichtlich zu wenig. Die Kraichgauer wiesen zu diesem Zeitpunkt sechs Zähler Rückstand auf Rang drei auf, der zur Champions-League-Qualifikation berechtigt. Dabei ist die sportliche Negativbilanz ganz sicher auch auf den personellen Aderlass der vergangenen Jahre zurückzuführen. Verließen doch mit Jule Brand, Tabea Waßmuth und Lena Lattwein (alle zu Wolfsburg) sowie Maximiliane Rall (zum FC Bayern) einige Nationalspielerinnen den Verein, die qualitativ nicht so einfach zu ersetzen sind. Wie auch immer, ein Trainerwechsel ist doch nichts Ungewöhnliches, werden Sie denken. Die Nachfolgeregelung ist jedoch einigermaßen kurios. Der Mann, der die TSG wieder nach vorne bringen soll, ist Stephan Lerch. Ein guter alter Bekannter im Frauenfußball. Erfolgstrainer beim VfL Wolfsburg, der die Niedersachsen 2021 nach vier Jahren verließ. Seine Bilanz: dreimal das Double gewonnen und einmal, 2018, das Finale der Champions League erreicht. Lerch entschied sich, seinen Vertrag nicht zu verlängern, und wechselte zu Hoffenheim, wo er im Nachwuchsbereich der Männer die U 19 übernahm. So weit, so gut. Aber: Lerch übernimmt die Frauen nicht in der Winterpause, was eine optimale Vorbereitung auf den zweiten Teil der Saison garantiert hätte und für die Aufholjagd ganz bestimmt erstrebenswert gewesen wäre. Nein, er bleibt bis Mitte März Trainer der U 19 und geht erst danach zu den Frauen! Kann man(n) so machen, muss man(n) aber nicht. Vereinsintern haben sich alle Beteiligten auf diese Lösung geeinigt, aber es bleibt doch ein bitterer Beigeschmack. Zwölf Spiele haben die Hoffenheimerinnen in dieser Spielzeit noch, in denen es um auch die Qualifikation für das internationale Geschäft geht, fünf davon verpasst Lerch. Und das zugunsten einer Männer-Nachwuchsmannschaft?

Mit vereinsinternen Problemen, wenngleich völlig anderer Art, hat auch ein ehemaliger Vorzeigeclub im deutschen Frauenfußball zu kämpfen: Turbine Potsdam. Eine Mannschaft, die sich jahrelang mit dem FFC Frankfurt großartige Duelle um die Spitze im deutschen Frauenfußball geliefert hat. Und die jetzt, im Januar 2023, ganz am Ende der Tabelle der Bundesliga steht. Eine ebenso verrückte wie schwer verständliche Geschichte. Was waren das noch für Zeiten, in denen Trainerlegende Bernd Schröder, der Inbegriff des

Potsdamer Frauenfußballs, einem über den Platz entgegenkam und laut rief: „Mensch, Kollege Schmelzer, im Wintersport kennen Sie sich doch besser aus als beim Frauenfußball. Können Sie mich nicht mal mitnehmen nach Kitzbühel auf die Streif?“ Und dann fing er laut an zu lachen. Herrlich. Eine Figur, ein Typ, einer, der polarisiert hat. Immer geradeheraus. Klare Ansprache, eine Vorliebe für hartes, intensives Training. Die einen haben ihn für seine Art geliebt, andere kamen damit überhaupt nicht klar. Schröder stand für den Arbeiterverein, der sich mit aller Macht gegen die reichen Frankfurterinnen stemmte. So zumindest waren die damaligen verbalen Auseinandersetzungen der jeweiligen Vereinsvertreter zu deuten. Was nie vergessen werden darf: Schröder hatte Erfolg. 37 Titel hat Bernd Schröder in seinen 45 Jahren bei Turbine Potsdam gewonnen. Sie lesen richtig! In 45 Jahren bei einem einzigen Verein. Sowohl als Trainer wie auch als Manager. Schröder war Turbine und ist es eigentlich immer noch. Inzwischen als Ehrenpräsident. Gefragt nach seinen größten Erfolgen, sagte er immer als Erstes: „Die erste gesamtdeutsche Meisterschaft 2004 in Frankfurt. Da haben wir unserem Erzfeind sieben Dinger eingeschenkt.“ Sieben Tore gegen den FFC, Schröder wird diesen Tag sicher nie vergessen. Zudem gewann er den UEFA Women’s Cup 2005 und die Women’s Champions League 2010. 7,5 Millionen Fans waren damals an den TV-Bildschirmen dabei, es war nachts und es ging ins Elfmeterschießen bei diesem Finale in Madrid. 2016 verabschiedete er sich von der Seitenlinie. 60 Nationalspielerinnen hat er unter seinen Fittichen gehabt, was für eine Zahl. Darunter

Ariane Hingst, Nadine Angerer, Svenja Huth. Sie wurden Weltmeisterinnen, Europameisterinnen und Olympiasiegerinnen. Eine beachtliche Lebensleistung einer der ganz großen Trainerfiguren des deutschen Fußballs der Frauen!

Doch die Gegenwart sieht anders aus. War Turbine in der Saison 2021/22 noch knapp an der Qualifikation zur Champions League gescheitert, stürzt der Traditionsverein im folgenden Jahr richtig ab. Vieles ist nicht mehr auf dem aktuellen Stand, sagen sie in Potsdam. Gerade was die Trainingsbedingungen betrifft. Zwischenzeitlich mussten sich die Frauen den Platz mit einer Rugbymannschaft teilen. Zudem trägt American-Football-Erstligist Potsdam Royals seine Heimspiele im Stadion Luftschiffhafen aus, in dem die Turbinen in der Regel trainieren. Noch Fragen? Dem Vernehmen nach ist die Struktur des Vereins auf dem Stand von vor zehn Jahren stehen geblieben. Damals war Turbine erfolgreich. Aber die Umstellung auf veränderte Zeiten und neue Anforderungen ist offenbar nicht gelungen. Trainer gehen, Präsidenten treten zurück, es herrscht relativ viel Chaos und das spiegelt sich auch auf dem Platz wider. Der nächste negative Höhepunkt fand kurz vor dem ersten Spiel nach der Winterpause, Anfang Februar 2023, statt. Zwei Tage vor der Partie gegen den FC Bayern bittet Trainer Sven Weigand um die Auflösung seines Vertrags. Er hatte die Mannschaft erst vier Monate zuvor übernommen, allerdings auch alle vier Spiele seiner Amtszeit verloren. Sie müssen sich dringend zusammenraufen in Potsdam. Sonst droht der Absturz in die Bedeutungslosigkeit. Und das wäre jammerschade für den Frauenfußball.

Tabea Kemme, als Spielerin mit über 150 Pflichtspielen von 2006 bis 2018 bei Turbine und dazu 47-mal für die Nationalmannschaft im Einsatz gewesen, wollte als Präsidentin einen Neuanfang. Wollte die Frauen gegenüber den Männermannschaften selbstbewusster, wahrscheinlich auch offensiver positionieren. Bei der Abstimmung im Herbst 2021 scheiterte sie an ihrem männlichen Widersacher, Rolf Kutzmutz (inzwischen zurückgetreten), knapp mit 100 zu 110 Stimmen. Was dabei sehr deutlich wurde: die Zerrissenheit innerhalb des Vereins. Der Wahlkampf wurde mit harten Bandagen geführt, es kam zum Zerwürfnis. Tabea Kemme meinte später, sie „finde keine Identifikation mehr mit diesem Verein“, bei dem sie so lange gespielt habe. Die Form der „Wertschätzung“, die man ihr im Wahlkampf entgegengebracht hatte, gab ihr wohl den Rest.

# DAS FAZIT

## Mann, Mann, Mann

Geld, Gier, Macht! Diese Begriffe haben die vergangenen Monate geprägt, wenn es um den Fußball ging. Um den der Männer allerdings. Die WM 2022 im November und Dezember in Katar hat einiges kaputt gemacht, viele haben die Spiele am Fernsehen boykottiert. Gerade die Wochen vor dem Eröffnungsspiel und die erste Turnierwoche waren von negativen Schlagzeilen geprägt. Wir erinnern uns an das Thema „One-Love-Armbinde", an die Einreisebeschränkungen für Fans, an die Worte des katarischen WM-Botschafters, der in der ZDF-Dokumentation *Geheimsache Katar* sagte, schwul zu sein, sei ein „geistiger Schaden". Was für ein Wahnsinn. Ganz oben in der Rangliste der Negativschlagzeilen natürlich die unwürdigen Lebensverhältnisse der Arbeiter in Katar, die die Stadien, die Infrastruktur und teilweise ganze Städte in der Wüste gebaut haben. Es ging um nicht gezahlte

Gehälter, Tote, eine Zweiklassengesellschaft, die die Scheichs geschaffen hätten. Nicht zu vergessen die Machtspiele der FIFA, korrupte Funktionäre und verschiedentliche Gerüchte bzw. Vorwürfe über finanzielle Verstrickungen der DFL respektive einiger Vereine. Als FIFA-Präsident Gianni Infantino seine einstündige Rechtfertigungs-Pressekonferenz mit den Worten begann „Today, I feel Qatari. Today, I feel Arab. Today, I feel African. Today, I feel gay. Today, I feel disabled. Today, I feel a migrant worker", spätestens da waren viele Fußballfans fassungslos. Heute fühle ich mich als Katarer, heute fühle ich mich als Araber, heute fühle ich mich afrikanisch. Heute fühle ich mich homosexuell. Heute fühle ich mich behindert, heute fühle ich mich als Arbeitsmigrant. Was auch immer Infantino hier fühlt, es fühlte sich an wie aus einer anderen Welt. Gleichzeitig gab die FIFA bekannt, dass sie mit der WM in Katar so viel Geld einnahm wie niemals zuvor. In einer dpa-Meldung Ende November 2022 hieß es:

> Die FIFA hat mit den Verträgen zur Fußball-WM 2022 in den vergangenen vier Jahren Rekordeinnahmen in Höhe von rund 7,25 Milliarden Euro erzielt. FIFA-Präsident Gianni Infantino kündigte während einer Versammlung der Nationalverbände zudem ein Nettoergebnis in Höhe von knapp einer Milliarde Euro an. ‚Diese Mittel können wir sofort wieder in den Fußball investieren, und zwar ab jetzt und für den nächsten Zyklus, um den Fußball weltweit noch stärker wachsen zu lassen', sagte Infantino einer FIFA-Mitteilung zufolge. Die Einnahmen entsprechen einer Steigerung um etwa eine Milliarde Euro

im Vergleich zum vorausgegangenen Vierjahreszyklus zur WM 2018 in Russland. Laut der Nachrichtenagentur AP stiegen damit die FIFA-Reserven auf 2,4 Milliarden Euro. ‚Wir sind vereint in unserem Bestreben, den weltweiten Fußball voranzubringen. Gemeinsam mit allen 211 Mitgliedsverbänden und mit allen Konföderationen werden wir in den kommenden vier Jahren weiterhin zusammenarbeiten und großartige Dinge schaffen', wurde Infantino zitiert.

Schon zu diesem Zeitpunkt war klar, wer bei der nächsten Wahl zum FIFA-Präsidenten der Sieger sein würde. Gianni Infantino natürlich, der auch der einzige Kandidat war. Mit März 2023 wurde der 52-Jährige im Amt bestätigt – ohne die Stimmen des DFB, der ausdrücklich erklärt hatte, dass er Infantino nicht wiederwählen werde. Infantino wird das nicht weiter geärgert haben, er konnte sich der Unterstützung von mehr als 200 Verbänden sicher sein. Dennoch gab es eine eiskalte Retourkutsche der FIFA. Und die trifft ausgerechnet eine Schiedsrichterin: Riem Hussein. Die in Deutschland viermal zur „Schiedsrichterin des Jahres" gewählte Hussein wird nicht für die Weltmeisterschaft 2023 in Australien und Neuseeland nominiert, obwohl sie an allen Vorbereitungslehrgängen des Fußballweltverbandes teilgenommen hat. Dabei genießt die gelernte Apothekerin einen hervorragenden Ruf. Sie leitet auch Spiele bei den Männern, was bisher nur Bibiana Steinhaus-Webb getan hat. Bei der WM 2019 in Frankreich, ihrer ersten, kam sie gleich dreimal zum Einsatz und machte einen tollen Job. Bei der

EM 2022 gab es nach Englands Kantersieg über Norwegen viel Lob für sie. Und auch beim Finale der Women's Champions League 2021 zwischen Barcelona und Chelsea zeigte die Bad Harzburgerin als Chefin auf dem Platz eine tadellose Leistung. Für die WM 2023 wurden nun aber lediglich Katrin Rafalski, als Assistentin, und Marco Fritz, als Videoassistent, berücksichtigt. Damit nehmen die Machtspiele der FIFA eine neue Dimension an, in der Qualität keine Rolle mehr spielt. Ebenfalls neu: Das „System" greift in den Frauenfußball über. – Und es schwächt durch solche Entscheidungen eiskalt das internationale Ansehen des DFB. Auch wenn das offiziell niemand so bestätigen oder dementieren würde.

Werfen wir einen Blick auf die Vergabe der Fußball-WM der Frauen 2027. Deutschland hat sich zusammen mit den Niederlanden und Belgien um die Ausrichtung des Turniers beworben. Das Motto der drei Länder lautet „Three Nations. One Goal" (Drei Nationen. Ein Ziel). Die FIFA möchte allerdings erst 2024 über die Vergabe entscheiden, also drei Jahre vor Kick-off. Das ist sehr spät, wenn man bedenkt, dass die Männer-WM 2022 in Katar bereits 2010 vergeben wurde (zusammen mit der WM 2018 in Russland). Zwölf Jahre Vorlauf für die Männer, drei für die Frauen? Auch hier dürften die Vorbehalte der FIFA gegenüber dem DFB eine Rolle spielen. Präsident Infantino erklärte öffentlich, er würde das Turnier gerne an ein Land vergeben, das im Frauenfußball bisher noch nicht in Erscheinung getreten ist. Inzwischen ist Südafrika im Spiel, das mit den WM-Stadien von 2010 ins Rennen gehen will. Es wäre das erste

Frauenturnier dieser Art auf dem afrikanischen Kontinent. Die *Frankfurter Allgemeine Zeitung* fragte Bundestrainerin Martina Voss-Tecklenburg, ob die kritische Haltung des DFB in Bezug auf die Verhältnisse in Katar dem Verband jetzt auf die Füße fallen könnte? „Ich kann mir nur vorstellen, dass die FIFA den Frauenfußball weiterentwickeln möchte, und das geht am besten im Herzen Europas“, antwortete die Bundestrainerin optimistisch.

Eines muss man allerdings auch sehen: Der Fußball der Frauen in Deutschland profitierte von der WM der Männer in Katar. 17 000 Fans sahen im November das DFB-Achtelfinal-Pokalspiel der Frauen zwischen dem 1. FC Nürnberg (Zweite Liga) und dem VfL Wolfsburg, ausgetragen im altehrwürdigen Max-Morlock-Stadion. Das war eine neue Bestmarke für ein Pokalspiel, das kein Endspiel war. In Bremen waren es sogar 20 417 Zuschauer, die in der Bundesliga den SV Werder gegen den SC Freiburg unterstützten. Damit wurde der Bundesligarekord aus dem Eröffnungsspiel nur knapp verpasst (23 200 bei der bereits erwähnten Partie Frankfurt gegen den FC Bayern München; diese Zahl ist bei Redaktionsschluss im April 2023 wiederum überholt: die Partie zwischen dem 1. FC Köln und Eintracht Frankfurt besuchten 38 365 Zuschauer), es war aber natürlich Vereinsrekord. Zum Rahmenprogramm in Bremen gehörte ein Auftritt von Grillmaster Flash mit seinem Hit *Als die Mädchen durch den Tisch traten*. Die aktive Werder-Fanszene hatte zum Boykott der WM aufgerufen und für das Heimspiel des Frauenteams geworben. „Wir können das für uns nutzen. Es besteht die Möglichkeit, dass viele Fans Spiele live vor Ort sehen wollen“, hatte Bundestrainerin Martina Voss-Tecklenburg mit Blick auf die mit der WM verbundene lange Winterpause der Männer gesagt, und sie sollte recht behalten.

Und noch etwas zeigt sich seit der WM: Es gibt inzwischen viele Verzahnungen, ja sogar eine gegenseitige Befruchtung zwischen Männer- und Frauenfußball. Der Trainer von Deutschlands Gruppengegner Japan, Hajime Moriyasu, sagte in einer Pressekonferenz, dass die Frauen eine Inspiration für ihn seien, weil sie 2011 Weltmeister wurden. Der Fußball der Frauen hat in Japan einen extrem hohen Stellenwert. „Nadeshiko“, der Spitzname des Frauenteams, ist der japanische Name einer Blume, der *Dianthus superbus* (zu Deutsch Prachtnelke), und die Bezeichnung für das klassische japanische Frauenideal. Japanische Fans kürten ihn per Abstimmung. Japan ist das einzige asiatische Team, das bisher an allen Weltmeisterschaften teilgenommen hat. Der Sieg über die USA 2011 in Deutschland war eine Sensation.

Ein anderes Beispiel ist Kanada. Hier ernannte der Verband 2018 John Herdman zum Cheftrainer der Männer, nachdem der als Frauennationalcoach herausragende Arbeit geleistet hatte. Der gebürtige Engländer führte die Kanadierinnen zweimal zu Olympiabronze (2012 und 2016). Ein Riesenerfolg. Zuvor hatte er die Neuseeländerinnen trainiert. Und denken Sie nicht, die Spieler hätten Herdmann bei seiner ersten Ansprache schief angeschaut. Ganz im Gegenteil. Er machte seinen Job – und führte Kanadas Männerteam zur WM 2022. Es war die erste Teilnahme an einer Weltmeisterschafts-Endrunde seit 1986! Nun wird er seine Mannschaft in aller Ruhe auf die WM 2026 vorbereiten. Als Co-Gastgeber ist Kanada automatisch qualifiziert. Wenn nichts dazwischenkommt, wird Herdmann der erste Trainer sein, der sowohl ein Frauen- wie auch ein Männerteam bei einer Heim-WM betreut. Mit den Frauen schaffte er es 2015 bis ins Viertelfinale.

## Blick nach vorne

Laut einer Prognose der UEFA soll die Fan-Gemeinschaft des europäischen Frauenfußballs von 2021 bis 2033 um das 2,3-fache wachsen. Im Jahr 2021 gab es rund 144 Millionen Fans, 2033 sollen es 328 Millionen Fans sein. Vorausschauend hat die UEFA schon vor einigen Jahren Nadine Keßler, eine ehemalige Weltklassefußballerin, angeworben und zur Bereichsleiterin Frauenfußball gemacht. Auch der Plan, „mehr Frauen in die Führungsgremien zu holen", wurde erfolgreich vorangetrieben. „Die stärkere Beteiligung von Frauen in UEFA-Gremien ist ein strategisches Ziel, das wir bereits zu circa 75 Prozent erreicht haben. Wir sehen einen Anstieg von 53 Prozent an Verbänden mit eigenen Führungsstrukturen im Frauenfußball und 55 Prozent mehr Absolventinnen der UEFA Academy, in der verschiedene akademische Fußballkurse angeboten werden." Nadine Keßler blickt in dieser UEFA-Mitteilung stolz auf das Erreichte. Innerhalb kürzester Zeit hat sie bei der UEFA nicht nur einen beachtlichen Aufstieg geschafft, sondern auch bereits viele ihrer Ideen verwirklicht. Die dreimalige

Gewinnerin der Champions League, viermalige Deutsche Meisterin, Europameisterin und Weltfußballerin, die ihre Karriere 2016 aufgrund einer Verletzung beenden musste, verfügt über das notwendige Know-how. Auch beim Thema UEFA Women's Nations League dürfte ihr Input eine Rolle gespielt haben. Denn auch hier geht die UEFA, indem sie diesen Wettbewerb im Herbst 2023 auch bei den Frauen einführt, den nächsten Schritt. Damit verbunden ist ein neuer Qualifikationsmodus für Europameisterschaften und Weltmeisterschaften. Künftig gibt es also zwei miteinander verknüpfte Phasen, die Nations League und die European Qualifiers, die aufeinander aufbauen und beide in einem Ligaformat ausgetragen werden. Anfang November 2022 wurde das bekannt. Bei den Männern gibt es die Nations League seit 2018. Wie das UEFA-Exekutivkomitee entschied, sieht das neue System bereits im Vorfeld der EM 2025 erstmals eine Verbindung aus einer neu eingeführten Nations League und einer europäischen Qualifikation vor. Es besteht nicht nur die Chance auf einen weiteren Titel, auch die EM-, WM- und Olympiatickets werden künftig über diesen Weg vergeben. Er sei „überzeugt, dass dieses Format allen europäischen Nationalverbänden helfen und den Traum von der Qualifikation für ein großes internationales Turnier am Leben erhalten wird", sagte UEFA-Präsident Aleksander Čeferin in der Erklärung seines Verbandes. Die Entscheidung kann als Reaktion auf die sportliche Ungleichheit sowie zu viele einseitige Partien und hohe Ergebnisse in der Qualifikation gedeutet werden. Die DFB-Frauen etwa gewannen neun von zehn Spielen auf dem Weg zur

WM 2023 in Australien und Neuseeland, wiesen letztlich gar ein Torverhältnis von 47 : 5 auf. Ähnlich lief es bei anderen Topnationen wie England oder Frankreich.

In der neu geschaffenen Nations League spielen die Teams zunächst in einem Ligaformat mit jeweils drei Stärkeklassen in Vierer- oder Dreiergruppen. Es folgen Auf- und Abstiegsspiele sowie eine Endphase, in der die vier besten Mannschaften um den Titel kämpfen. Zudem geht es in der Gruppenphase darum, sich eine gute Ausgangsposition für die sogenannten European Qualifiers zu verschaffen. Diese werden ebenfalls an sechs Spieltagen im selben Format ausgespielt. Die acht in der Schlusstabelle der A-Liga, der obersten Klasse, bestplatzierten Teams qualifizieren sich direkt für die EM 2025. Die verbleibenden Startplätze werden über zwei Play-off-Runden in Hin- und Rückspiel vergeben. Die Abschlusstabellen der europäischen Qualifikation nach Auf- und Abstieg dienen als Ausgangslage für die darauffolgende Nations League. Die Qualifikation zur Endrunde der Weltmeisterschaft 2027 läuft nach denselben Grundsätzen ab. Alle vier Jahre dient die Nations-League-Endphase auch als Qualifikationsweg für das olympische Fußballturnier, die europäischen Vertreter neben Frankreich für Olympia 2024 in Paris werden somit in der ersten Ausgabe ermittelt. Bislang wurden diese Olympiastartplätze bei der WM vergeben.

Die finanziellen Auswirkungen sind bemerkenswert. 2021 hatte der europäische Frauenfußball noch einen kommerziellen Wert von etwa 116 Millionen Euro. Bis 2033 geht die UEFA von einem sechsfachen Wachstum auf rund

686 Millionen Euro aus. Etwa 295 Millionen Euro könnten auf das Sponsoring fallen.

Luxus zu zeigen oder gar mit Luxus zu prahlen, ist nicht das Ding der Frauen. Eher das stille Genießen. Ein gemütlicher Abend mit Teamkolleginnen, gemeinsames Kochen, ein Ausflug, unverplante Zeit, die man mit Freunden oder der Familie verbringt. Für die meisten ist das Luxus, sagen sie zumindest. Sportwagen, Designerjacken, teure Uhren, mal kurz mit dem Learjet nach Dubai, das haben wir bei den Frauen bislang weder gesehen noch davon gehört. Auch ausgiebige Recherchen in den sozialen Netzwerken ergeben keine Hinweise darauf, dass die ein oder andere nicht doch „heimlich" mit Luxus prahlt. Da ist absolut nichts zu finden. Heile Welt? Nein. Aber eine andere Welt. Und eine, in der man auch nicht ständig andere für das, was sie tun oder lassen oder kaufen, beurteilt und kritisiert. Bodenständig ist schließlich nicht gleichbedeutend mit bieder.

Es ist auch eine Form von Luxus, sich die Freiheit zu nehmen und seine Meinung zu äußern, egal wie unbequem sie sein mag. Wie gefällt Ihnen Folgendes? Tabea Kemme wird von der *Süddeutschen Zeitung* gefragt: „Wenn man Sie morgen zur DFB-Präsidentin wählen würde, was würden Sie als Erstes angehen?" Und antwortet: „Wenn man beim DFB in Frankfurt reinkommt, sieht man direkt am Fahrstuhl die Ebenen der Zuständigkeiten, die die perfekte Veranschaulichung der Hierarchie dieses Verbandes darstellt. Die Teams für Nachhaltigkeit und Fanbelange sind ganz unten, ganz oben ist der Präsident. Als Erstes würde ich diese Hierarchie zerschlagen, alles auf eine Ebene packen und mit einer ganz klaren Doppelspitze als Kommunikator:in aller Belange agieren. Dann würde ich den kompletten Laden durchleuchten, um die ganzen Finanzströme zu verstehen. Es braucht Transparenz."

Für gewaltige Diskussionen sorgte die neu ins Leben gerufene DFB-Taskforce, die Präsident Bernd Neuendorf Anfang Dezember 2022 auf einer Pressekonferenz in Frankfurt vorstellte. Sie soll den Verband bei der Suche nach einem Nachfolger für Oliver Bierhoff unterstützen, der nach der enttäuschenden WM als Direktor zurückgetreten war und seinen Vertrag aufgelöst hat. Zum Gremium unter der Leitung von Neuendorf und Vizepräsident Hans-Joachim Watzke gehören Karl-Heinz Rummenigge, Rudi Völler, Oliver Kahn, Matthias Sammer und Oliver Mintzlaff. Eine reine Männerrunde, wofür es umgehend Kritik hagelte. „Da fehlt mir persönlich so ein bisschen die Durchmischung", sagte Bundestrainerin Martina Voss-Tecklenburg ebenfalls in der *Süddeutschen.* „Es fehlt mir ein bisschen die Internationalität. Es tut uns gut, auch über den Tellerrand hinauszuschauen." Und selbstverständlich fehlte ihr eine Frau!

„Das hätte ja Nia Künzer sein können ..."

(lacht) „Es gibt einige, die ihre Expertise einbringen könnten. Martina Voss-Tecklenburg hätte ich mir sehr gut vorstellen können. Die ist eine absolute Expertin, die gut in das Gremium gepasst hätte. Die Besetzung wirkt auf den ersten Blick etwas irritierend – und aktionistisch."

„Du hältst die Zusammensetzung also für mäßig optimal?“

„Mir geht es um verschiedene Blickwinkel, um einen Austausch, der uns alle voranbringt, andere Meinungen. Ich weiß nicht, ob diese Taskforce vielfältige Perspektiven zusammenbringt. Ich glaube schon, dass in diesem Gremium Expertise vorhanden ist, aber die fehlende Diversität ist augenscheinlich. Diversität heißt ja nicht nur Frau oder Mann, sondern bedeutet auch unterschiedliches Alter, verschiedene Erfahrungen und Perspektiven. Das kommt mir viel zu kurz.“

„Beobachter von außen hatten den Eindruck, das Ganze war eine ziemliche Hauruckaktion. Hast du andere Informationen?“

„Du musst dem DFB zugutehalten, dass er unter einem immensen Druck steht. Zudem scheint auch in den eigenen Reihen ständig Unruhe zu herrschen. Immerhin gab es ja noch eine zweite Gruppe, die ‚DFB-Intern‘, die sich ebenfalls mit der Bierhoff-Nachfolge beschäftigte. Da sind Célia Šašić und Philipp Lahm dabei, und die haben einen anderen Blick auf viele Dinge. Das halte ich für positiv.“

„Ein wenig überraschend ist die Lösung für die Nachfolge von Bierhoff schon. Der DFB präsentierte Mitte Januar 2023 Rudi Völler. Völler wird von dem Expertenrat vorgeschlagen, dem er selber angehört. Grotesk. Watzke erklärte den Findungsprozess später so: ‚Wir haben zusammengesessen in der Taskforce und dann habe ich spontan gesagt: Rudi, das wäre doch was für dich. Wir sind ja eher Bauchmenschen und dann war der Stein im Wasser.'"

> „Ich habe Rudi Völler kennengelernt, ein wirklich feiner Mensch. Der ‚Nicht-Auswahlprozess' ist schon etwas seltsam, aber wenn ich es richtig verstanden habe, soll noch eine weitere Position besetzt werden, um insbesondere die sportliche Entwicklung voranzutreiben, und es soll wohl auch eine weitere – weibliche – Führungskraft installiert werden."

## Eine Ode an die Frauen

Viele machen den Fehler, *die* Frauen mit *den* Männern zu vergleichen. Wir haben es schon ganz zu Anfang gesagt und sagen es hier noch einmal: Das ist Unsinn. Warum? Weil weder *die* Frauen noch *die* Männer selber es tun. Sie wollen es nicht. Kein Mensch würde die Ergebnisse eines 100-Meter-Laufes der Frauen anhand der Laufzeiten der Männer bewerten. Das ist in allen Sportarten so. Tennis, Schwimmen, Skifahren. Egal. Und es gilt eben auch im Frauenfußball, den wir ja inzwischen nur noch Fußball nennen. Eigene Voraussetzungen, eigene Leistungen und eigene Kriterien, bitte! Die Frage muss immer lauten: Welche Möglichkeiten bestehen? Und was machen die Beteiligten aus ihnen? Auf den Fußball der Frauen bezogen gibt es nur eine einzige

Antwort: Sie machen viel daraus. Nicht erst seit ein paar Monaten. Seit Jahrzehnten. Das ist das Bemerkenswerte.

Das Schöne an dieser Sportart: Sie führt kein Leben in einer abgehobenen, eigenen Welt. Da gibt es kein Abkapseln, keine Bodyguards, keine Spielerinnen, die die drei Meter vom Auto ins Mannschaftshotel mit staatstragender Miene absolvieren, selbst wenn niemand vor dem Hotel steht. Für all dieses Gebaren stehen die Frauen nicht. Weder auf noch neben dem Platz. Beim Fußball der Frauen geht es vornehmlich um Fußball, nicht um die Selbstinszenierung der Akteure. Und das ist der einzige Vergleich mit den Männern, der zulässig ist. Keine Theatralik nach einem Foul. Keine spektakulären Stürze nach einem Rempler. Normaler Torjubel. Ohne Huldigung an den Heiligen Vater oder die verstorbene Großmutter. Auch kein Schnulleralarm, keine Scharfschützengestik. Da springt auch nicht gleich die ganze Bank auf und brüllt wüste Beschimpfungen in Richtung der Unparteiischen, weil ihnen eine Entscheidung nicht gefällt. Auf dem Platz müssen keine Megarudel aufgelöst werden. Niemand trommelt wutentbrannt mit der flachen Hand auf den Boden. Abseits ist Abseits. Elfmeter Elfmeter. (Oder eben nicht.) Schwalben sieht man(n) so häufig wie Springbrunnen in der Wüste. Die Spielerinnen haben Respekt voreinander und wertschätzen einander. Auch und gerade während der 90 Minuten auf dem Platz.

Warum sich der Fußball der Frauen in Deutschland dennoch bislang nicht nachhaltig durchsetzt, ist schwer nachvollziehbar. Die Zeiten, in denen die Frauen teilweise auf

Bolzplätzen spielten (besser gesagt: spielen mussten) und für Fans und das Fernsehen wenig attraktiv waren, sind lange vorbei. Mannschaften wie Eintracht Frankfurt, Turbine Potsdam, der VfL Wolfsburg oder Bayern München haben in den letzten beiden Jahrzehnten großartige Erfolge vorzuweisen. National wie international. Immerhin erlebt die Frauenbundesliga einen gewissen Boom, auf den wirklich alle sehr lange gewartet haben. Für die Nationalmannschaft jedoch gibt es selbst nach WM- und zahlreichen EM-Titeln sowie olympischen Medaillen keine signifikanten Steigerungen. Dabei findet man oder frau in der Liga alles, was Fußball attraktiv und interessant macht! Guten Sport und Fan-Nähe. Autogramme, Selfies und ein kurzer Plausch – beim Frauenfußball ist das nicht nur möglich, sondern sogar erwünscht. Potsdams langjähriger Kulttrainer Bernd Schröder ließ es sich niemals nehmen, vor einem Spiel mit mir, dem Reporter, kurz über alpine Skirennen zu diskutieren. Weil er unbedingt wissen wollte, wie es auf der berüchtigten Streif in Kitzbühel wirklich zugeht …

Sie merken: Wir mögen den Fußball. Deutschland zählt für uns zu *den* Ländern des Fußballs. Die Nationalmannschaft hat alles gewonnen, was es zu gewinnen gibt. Sie begeistert, sie repräsentiert den Sport und seine Hauptdarstellerinnen auf einmalige Weise. Das ist spätestens nach der EM in England für alle offensichtlich. Mehr Werbung in eigener Sache geht nicht. Dass jetzt auch Borussia Dortmund und andere gestandene Bundesligavereine in den Frauenfußball einsteigen, ist ein tolles Signal. „Dranbleiben“, hört man überall. Dranbleiben! Die Zeit ist reif für den ganz großen Wurf. Darin sind sich die Frauen und die Männer einig.

Übrigens: Ständig aufpassen, was und *wie* wir etwas im Umfeld des Fußballs der Frauen sagen, ist für uns kein Thema. War es nie. Die Frauen, gerade die Fußballerinnen, gehen mit vielen Dingen viel entspannter um als die Männer … Spielen sie deshalb den besseren Fußball? Weil sie einfach spielen wollen? Oder spielen sie einfach ihren eigenen? Machen Sie sich Ihr eigenes Bild! Schalten Sie den Fernseher ein oder gehen Sie ins Stadion und schauen Sie sich die Frauen an! Und ihren Fußball. Ohne Vergleiche anzustellen. Einfach zuschauen. Sie merken: Wir wollen Sie zu nichts überreden, höchstens ein bisschen. Es tut auch nicht weh. Im Gegenteil. Es macht Spaß. Coole Atmosphäre. Kein Stress. Genuss. Klingt das nicht alles irgendwie überzeugend? Wie sagte es Alexandra Popp: „Der Hype-Zug ist unterwegs durch Deutschland!“ Unsere Empfehlung: Einfach einsteigen! Und die Reise kann beginnen.

# DANK

Vielen Dank an unser Frauenfußball-Team im Ersten, für die vielen angenehmen und super-kollegialen gemeinsamen Stunden, an die Verantwortlichen der ARD, die uns in den vergangenen Jahren immer wieder das Vertrauen geschenkt haben, gerade Sportkoordinator Axel Balkausky. Und natürlich an die Fans des Frauenfußballs, die uns im Rahmen der Übertragungen begleitet (und ertragen :)) haben. Und last but not least Dank an alle Protagonistinnen in diesem Buch!

Edel Sports
Ein Verlag der Edel Verlagsgruppe


Neumühlen 17, 22763 Hamburg
www.edelsports.com

Projektkoordination: Dr. Marten Brandt
Lektorat: Julia Niehaus, Dr. Marten Brandt
Layout und Satz: Datagrafix GSP GmbH, Berlin | www.datagrafix.com
Umschlaggestaltung: Groothuis. Gesellschaft der Ideen und Passionen mbH | www.groothuis.de
Lithografie: Frische Grafik
Gestaltung der Bildstrecke: Groothuis. Gesellschaft der Ideen und Passionen mbH

Druck und Bindung: GGP Media GmbH, Pößneck

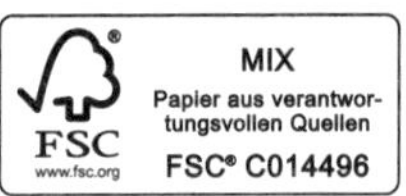




Printed in Germany

ISBN 978-3-98588-056-0